Thomas Krzenck

»... sich selbst zur Freude und Genugtuung, der Stadt Leipzig aber zur Ehre und zum Nutzen.«

1867–2017

150 Jahre Leipziger Geschichtsverein

D1732201

Sax Verlag

Schriften des Leipziger Geschichtsvereins – Neue Folge – Band 4

Herausgegeben vom Leipziger Geschichtsverein e. V.

Bibliografische Information der Deutschen Nationalbibliothek:

Die Deutsche Nationalbibliothek verzeichnet diese Publikation
in der Deutschen Nationalbibliografie; detaillierte bibliografische Daten
sind im Internet über http://dnb.de abrufbar.

ISBN 978-3-86729-209-2

Inhalt

Luftbild vom Markt 2010 (Quelle: Stadtplanungsamt)

Vorwort

Die vorliegende Festschrift ist keineswegs die erste ihrer Art. Der viertälteste Geschichtsverein in Sachsen, gegründet 1867 (nach Zwickau 1857, Freiberg 1860 und Leisnig 1866), hatte bereits aus Anlass seines 50-jährigen Bestehens eine erste Festschrift erhalten. Sie war, unter den ungünstigen Umständen des Ersten Weltkrieges, verfasst und herausgegeben worden vom Vorsitzenden Prof. Dr. Ernst Kroker und vom Vorstandsmitglied Paul Benndorf und konnte eine insgesamt positive Bilanz des bisherigen Wirkens des Vereins ziehen. Leipzigs Oberbürgermeister und Ehrenmitglied des Vereins Rudolf Dittrich (1855–1929) schickte dazu ein in Leder gebundenes handverfasstes Glückwunschschreiben.

Eine weitere, etwas schmalere Festschrift erschien zum 125-jährigen Jubiläum des Vereins 1992, in der der Historiker Walter Fellmann eine knappe Übersicht und zugleich kritische Bilanz der Tätigkeit des Vereins, der erst kurz zuvor als solcher wiedergegründet worden war, in seinen Hauptentwicklungslinien zog. Gerade die zwölf Jahre zwischen 1933 und 1945, als der Verein während der NS-Zeit »gleichgeschaltet« wurde und nur noch »Arier« Mitglied sein durften, gehört zu den dunklen Seiten in der Vereinsgeschichte. 1945 war an eine Wiederbelebung des Vereins für die Geschichte Leipzigs aufgrund alliierter Bestimmungen so nicht zu denken. Die Tätigkeit des »Arbeitskreises für Stadt- und Kulturgeschichte« ab Ende 1947 sowie nachfolgend in der DDR die Arbeit der 1955 ins Leben gerufenen »Fachgruppe Stadtgeschichte« zeigte die politische Instrumentalisierungjeglicher Vereinstätigkeit im Rahmen der marxistisch-leninistischen Geschichtsauffassung und der allgegenwärtigen Präsenz der SED. Allerdings gab es auch positive Ansätze seriöser Arbeit – etwa mit Blick auf die Vorortforschung, die Denkmalpflege oder die Vortragstätigkeit durch renommierte Historiker in Leipzig.

Die vorliegende, nunmehr dritte Festschrift zum 150-jährigen Bestehen des Leipziger Geschichtsvereins e.V., der mit aktuell 275 Mitgliedern noch immer zu den größten Vereinen in der Messe- und Universitätsstadt Leipzig gehört, möchte die wechselvolle Historie des Vereins in ihren Grundlinien sowie im stadtgeschichtlichen Kontext nachzeichnen und die in den Jubiläumsgaben 1917 und 1992 angedeutete Entwicklung des Vereins ausführlicher darstellen – insbesondere dort, wo es die Quellen nahelegen. Der Verfasser stützt sich dabei in erster Linie auf den im Stadtarchiv Leipzig aufbewahrten Bestand des Vereins für die Geschichte Leipzigs. Dieser fällt mit anderthalb laufenden Aktenmetern schmal aus, zumal es sich mehrheitlich um Verwaltungsakten handelt, bietet aber interessante Einblick in das Innenleben des Vereins sowie seine gesellschaftliche Reputation und Anerkennung in der Stadt Leipzig. Das überlieferte Material lässt sich darüber hinaus auch, zumindest in

Ansätzen, sozialstatistisch auswerten. Hinzu kommt noch der im Staatsarchiv Leipzig aufbewahrte Bestand »Fachgruppe Stadtgeschichte« im Kulturbund der DDR sowie Schrift- und Bildmaterial aus dem Stadtgeschichtlichen Museum.

Der Verein steht im 21. Jahrhundert vor nicht geringen Herausforderungen in einer sich immer rascher verändernden – auch medialen – Welt. War es um 1900 fast selbstverständlich, mit der Mitgliedschaft im Verein für die Geschichte Leipzigs ehrenamtliches bürgerschaftliches Engagement zu demonstrieren, fällt es heute nicht leicht neue Mitglieder zu gewinnen, die sich aktiv in die Vereinsarbeit einbringen. Vielleicht kann die Rückbesinnung auf die 150-jährige Tradition des Vereins hier zum Nachdenken anregen, mündend in einer Mitgliedschaft. Das Jubiläum »1000 Jahre Leipzig« im Jahre 2015 – genauer gesagt ging es um die Ersterwähnung Leipzigs im Jahre 1015 in der Chronik des Bischofs Thietmar von Merseburg – hätte sicherlich ohne die aktive Beteiligung des Leipziger Geschichtsvereins e. V. nicht mit so zahlreichen Aktivitäten begangen werden können. Der Geschichtsverein war es auch, der in diesem Zusammenhang eine moderne wissenschaftliche Stadtgeschichte angeregt hat, die der Verein für die Geschichte Leipzigs bereits vor 1945 ins Auge gefasst hatte.

Der Titel der vorliegenden Festschrift ist jenem eingangs erwähnten Glückwunschschreiben des Rates der Stadt Leipzig vom Dezember 1917 entnommen. Die darin zum Ausdruck gebrachte Devise hat auch 100 Jahre später nichts von ihrer Aktualität eingebüßt.

Der Verfasser möchte sich an dieser Stelle für die Unterstützung durch die Direktorin des Stadtarchivs Leipzig, Dr. Beate Berger, sowie durch die Mitarbeiter des Stadtarchivs bedanken, ebenso bei Petra Oelschlaeger für zahlreiche wertvolle Hinweise und Zuarbeiten. Dank gebührt in besonderer Weise auch Christoph Kaufmann und Marko Kuhn vom Stadtgeschichtlichen Museum. Dr. Beate Kusche und Markus Cottin haben das Manuskript kritisch gelesen, Markus Cottin hat dem Verfasser zugleich Material aus der Hinterlassenschaft von Karl-Heinz Kretzschmar zur Verfügung gestellt. Beiden Historikern sei aufrichtig gedankt. Der Autor bedankt sich zugleich beim Leipziger Geschichtsverein und dem Sax-Verlag für die Möglichkeit, das vorliegende Manuskript zu veröffentlichen. Doris Mundus gebührt für ihr fachkundiges Lektorat ein besonderer Dank.

Leipzig, im Sommer 2017 Thomas Krzenck

Die Gründung des Vereins für die Geschichte Leipzigs im Kontext von Vereinsgründungen und stadtgeschichtlicher Entwicklung

Die Geburtsstunde des Vereins für die Geschichte Leipzigs schlug am 17. Dezember 1867, als sich laut erstem handschriftlichem Mitgliederverzeichnis 19 Leipziger Bürger in der Gaststätte »Stadt Frankfurt« in der Großen Fleischergasse trafen.[1] Rekonstruieren lassen sich der Gründungsakt und das damit verbundene Procedere anhand dreier zeitgenössischer Quellen: des ersten gedruckten Berichts des Vereins, mehrerer in den Leipziger Nachrichten veröffentlichter – meist kurzer – Berichte und schließlich des handschriftlichen Mitgliederverzeichnisses vom Gründungsabend.[2] Am 20. Dezember 1867 meldeten die Leipziger Nachrichten auf ihrer Titelseite:

»Nachdem durch zwei in den Leipziger Nachrichten kürzlich erschienene Artikel die Anregung gegeben war, hat sich an den zwei letztvergangenen Dienstagen ein Kreis von Männern zusammengefunden, die, von warmem Interesse für die Vergangenheit und Gegenwart unserer Stadt erfüllt, sich zu einem V e r e i n f ü r G e s c h i c h t e L e i p z i g s constituiert haben und nach den Festtagen mit dem Programm desselben an die Oeffentlichkeit treten werden. Der Verein bezweckt durch wissenschaftliche Forschungen die geschichtliche Entwicklung Leipzigs möglichst aufzuklären, die Kenntnis der letzteren in weitere Kreise zu verbreiten und für Erhaltung und Vermehrung der städtischen Merkzeichen thätig zu sein. Der jährliche Beitrag der Mitglieder wird ein sehr mäßiger sein. Von der in unseren Bürgerkreisen lebendigen Liebe zur Stadt läßt sich erwarten, dass ein Verein mit solchen Zwecken großen Anklang und zahlreiche Betheiligung findet.«[3]

Schaut man genauer in die Berichterstattung der Leipziger Nachrichten und in den ersten Bericht des Vereins, wird rasch deutlich, dass der 17. Dezember das entscheidende Datum eines Prozesses darstellte, der wenige Wochen zuvor seinen Ausgang

---

1   Stadtarchiv Leipzig, Verein für die Geschichte Leipzigs Nr. 12, Bl. 002. Zur Gründungsgeschichte vgl. auch: Stadtarchiv Leipzig, Verein für die Geschichte Leipzigs, Nr. 38, Erster Bericht des Vereins.

2   Erster Bericht des Vereins von seiner Gründung bis zu Ende 1869, in: Schriften des Vereins für die Geschichte Leipzigs 1, Leipzig 1872, S. 242–249. Die Bände sind von der Sächsischen Landes- und Universitätsbibliothek Dresden digitalisiert und abrufbar unter http://digital.slub-dresden.de/werkansicht/dlf/92659/4/0/ (Bd. 1). Die Leipziger Nachrichten, die seit 1861 erschienen, sind für den Untersuchungszeitraum auf Mikrofilmen im Stadtarchiv Leipzig einsehbar.

3   Leipziger Nachrichten, 20.12. 1867, S. 1.

Abb. 1: Gasthaus »Stadt Frankfurt«, Große Fleischergasse 13 – Gründungsort des Vereins für die Geschichte der Stadt Leipzig. Aufnahme kurz vor dem Abriss 1910.

genommen hatte. In den Leipziger Nachrichten vom 18. November 1867 findet sich ein mit dem anonymen »civis« (Bürger) gezeichneter Artikel, in dem – ausgehend von der kurz zuvor stattgefundenen 350-jährigen Feier der Reformation sowie anderer Jubiläen – auf die reiche Geschichte der Stadt sowie die stummen steinernen Zeugen derselben verwiesen wird und am Ende gefragt wird, ob nicht an besonders geschichtsträchtigen Gebäuden »Kennzeichen für ihre historische Bedeutung« angebracht werden könnten, um deren Bedeutung zu sichern. In gleichem Atemzug warf der anonyme »civis« – hinter dem sich der Architekt Oscar Mothes verbarg – die Frage auf, ob zu diesem Zweck nicht auch ein Verein zu gründen sei.[4] Die nächste Wortmeldung folgte postwendend: Am darauffolgenden Tage meldete sich in der gleichen Zeitung ein ebenfalls anonymer »Bürger« zu Wort, der es seinerseits als Unsinn erachtete, an jedem Haus eine Tafel anbringen und die »Steine sprechen« zu lassen.[5] Damit wurde, wie der weitere Verlauf zeigt, jedoch ein Stein ins Rollen gebracht: Einen Tag später wiederholte Oscar Mothes – diesmal bereits nicht mehr anonym, sondern bei Nennung seines Namens – den Vorschlag zur Gründung des Vereins. Eine direkte Antwort folgte am 3. Dezember, als ein mit »E. A. R.« (dahinter verbarg sich der

---

4   Stadtarchiv Leipzig, Leipziger Nachrichten 3 (20.09.1867–19.01.1868), S. 2986 (18.11.1867).
5   Stadtarchiv Leipzig, Leipziger Nachrichten 3 (20.09.1867–19.01.1868), S. 3000 (19.11.1867).

Lehrer Ernst August Rommel) gezeichneter Absender dem Vorschlag zur Gründung eines Vereins schließlich seine Zustimmung signalisierte und konkret dafür plädierte, diesen »Verein für Geschichte Leipzigs« zu nennen, der »vielleicht alle Monate einmal zusammen« käme und »gediegene localgeschichtliche Vorträge« brächte; darüber hinaus wurde als weitere Aufgabe die Zusammenführung verstreuter Sammlungen angeregt.[6]

Zwei Wochen später war es dann soweit: Oscar Mothes und Ernst August Rommel luden »eine Anzahl solcher Männer ein, von denen sie mit Bestimmtheit erwarten durften, dass sie Interesse an einem Vereine für die Geschichte Leipzigs nähmen«.[7] Eine erste beratende Zusammenkunft mit elf Teilnehmern fand am 10. Dezember 1867 in einem Zimmer des Gasthauses »Zur Stadt Frankfurt« in der Fleischergasse statt, wobei fünf der Anwesenden den Auftrag erhielten, Programm und Statut des zu gründenden Vereins auszuarbeiten. Zu den Beauftragten gehörten u. a. der Stadtschreiber Philipp Schleißner, der Architekt Oscar Mothes und der Volksschullehrer Ernst August Rommel – die beiden letztgenannten Personen agierten ja bereits seit mehreren Wochen als Männer der ersten Stunde! Schon eine Woche später, am

6   Stadtarchiv Leipzig, Leipziger Nachrichten 3 (20.09.1867–19.01.1868), S. 3117(3.12.1867).
7   Schriften des Vereins für die Geschichte Leipzigs, Erster Band, Leipzig 1972, S. 243.

17. Dezember 1867, lagen die ausgearbeiteten Dokumente vor, sodass die im gleichen Lokal versammelten Personen, deren Zahl sich auf 19 erhöht hatte, unter dem Vorsitz von Oscar Mothes die Entwürfe beraten und verabschieden konnten. Damit war der »Verein für Geschichte der Stadt Leipzig« formal gegründet.[8]

Drei Tage nach der Vereinsgründung vermeldeten auch die Leipziger Nachrichten, wie bereits angeführt, dieses Ereignis und verwiesen darauf, dass die Gründungsmitglieder nach den Weihnachtsfeiertagen mit Programm und Statut an die Öffentlichkeit zu treten beabsichtigten. Vorwegnehmend wurde schon das grundlegende Ziel des Vereins genannt. Daran anknüpfend erschien am 13. Januar 1868 in den Leipziger Nachrichten ein weiterer Beitrag über den neuen Verein, der noch einmal

Prof. Dr. Heinrich Wuttke (1818–1876) – Gründungsmitglied des Vereins

Bildquelle: Universitätsarchiv Leipzig, N06241–059

Der Sohn des Bürgermeisters aus dem schlesischen Brieg studierte 1835–1838 an der Universität Breslau Geschichte, Philosophie und Philologie und hielt nach Promotion und Habilitation (jeweils über Thukydides) Vorlesungen an der Universität Leipzig, wo 1848 die Ernennung zum ordentlichen Professor für Historische Hilfswissenschaften folgte. Bleibende Bedeutung erlangte seine »Geschichte der Schrift«. Wuttke gehörte im Revolutionsjahr 1848 als einer der aktivsten Anführer der liberalen Linken in Sachsen der Frankfurter Nationalversammlung an. Als Historiker vertrat er eine großdeutsche, Österreich mit einbeziehende Geschichtsauffassung, zu seinen Schülern zählte u. a. Heinrich von Treitschke (1834–1896), einer der meistgelesenen Historiker seiner Zeit, doch anders als sein Lehrer setzte er auf eine kleindeutsche (preußische) Lösung. Wuttke veröffentlichte zahlreiche Abhandlungen zur Geschichte Schlesiens, u. a. 1864 ein Städtebuch des Landes (Codex diplomaticus: Allgemeine Geschichte der Städte im Lande Posen. Geschichtliche Nachrichten von 149 einzelnen Städten).

Wuttke war Mitglied zahlreicher Vereine, vor allem in Leipzig (u. a. Schillerverein und Leipziger Vaterlandsverein), und gehörte zu den Gründungsmitgliedern des Vereins für Geschichte Leipzigs. Im ersten Jahrgang der Schriften erschien von ihm ein Aufsatz zum Thema »Geschichte Leipzigs bis zum Ende des 13. Jahrhunderts«. Wuttke beteiligte sich bis zu seinem Tode sehr aktiv am Vereinsleben und leitete die Literarische Sektion des Vereins. Laut den im Stadtarchiv aufbewahrten Unterlagen des Vereins sowie der Schriften hielt Wuttke zudem insgesamt 13 Vorträge. Wuttkes Nachlass wird in der Handschriftenabteilung der UB Leipzig aufbewahrt. Im Stadtteil Schönefeld ist eine Straße nach ihm benannt.[9]

---

8   Ebd., S. 243.
9   Straßenverzeichnis der Stadt Leipzig (Stand: 02.01.2017). Online abrufbar unter https://www.leipzig.de/fileadmin/mediendatenbank/leipzig-de/Stadt/02.1_Dez1_Allgemeine_Verwaltung/12_Statistik_und_Wahlen/Raumbezug/Strassenverzeichnis.pdf.

Abb. 3: Gasthaus Stadt Dresden, um 1860. Zeichnung von Adolf Eltzner.

dessen wesentliche Ziele hervorhob und betonte, dass »Fachmänner der historischen Wissenschaften« für deren Verwirklichung erforderlich seien, um keine »dilettantische Geschichtsschreibung« zu betreiben. Darüber hinaus benötige man aber auch »künstlerisch und technische gebildete Mitarbeiter, welche die ihren Fächern zugehörigen Arbeiten übernehmen«. Es sei vor allem notwendig, möglichst viele Bürger für eine Mitarbeit zu gewinnen. Taktisch geschickt wurde darauf verwiesen, dass verschiedene – namentliche genannte – Personen, unter ihnen die Buchhändler Felix List (1824–1892) und Herman Richard Francke (1822–1898) sowie der Architekt Oscar Mothes, unter Angabe ihrer Adresse ihre Bereitschaft signalisiert hatten, zwischen dem 13. und 18. Januar 1868 Anmeldungen zum Beitritt entgegenzunehmen.[10]

Die eigentlichen Vorstandswahlen hatten die Gründungsväter auf den 23. Januar 1868 gelegt, um in der Zwischenzeit für den neuen Verein zu werben und eine genügende Anzahl interessierter und potenzieller Mitglieder zu gewinnen. Diese Absicht ging auf, denn zur dritten Hauptversammlung kamen immerhin 53 Männer im Saal des Gasthauses »Stadt Dresden« am Johannisplatz 1/2 zusammen.[11] Im Mittelpunkt der von einem Festvortrag aus Anlass der unmittelbar bevorstehenden Einweihung des neuen Theaters umrahmten Veranstaltung stand die satzungsgemäße Wahl eines Vorstandes, die dann auf die Gründungsinitiatoren Friedrich August Eckstein, Emil

---

10 Stadtarchiv Leipzig, Leipziger Nachrichten 3 (20.09.1867–19.01.1868), S. 116 (13.01.1868).
11 Schriften des Vereins für die Geschichte Leipzigs, Erster Band, Leipzig 1872, S. 243.

**Prof. Dr. Friedrich August Eckstein (1810–1885) –
erster Vorsitzender des Vereins für Geschichte Leipzigs**

Fotografie, um 1865.
(Quelle: Stadtarchiv Leipzig, Thomasschule, Nr. 45, Bl. 6)

Der in Halle/Saale als Sohn eines Maurers geborene Eckstein kam nach dem frühen Tod seines Vaters zunächst als Halbwaise in das Waisenhaus der Franckeschen Stiftungen, um später nach dem Abitur an der Universität seiner Vaterstadt Philologie zu studieren. Nach der Promotion wurde er über Zwischenstationen 1842 Rektor der Lateinischen Hauptschule in Halle, Freimaurer und liberaler Abgeordneter der Zweiten Preußischen Ständekammer. 1863 übersiedelte er nach Leipzig, wo ihn der Bürgermeister Carl Wilhelm Koch zum Rektor der Thomasschule (bis 1881) bestellte, die sich unter Ecksteins Führung zu einem der bedeutendsten humanistischen Gymnasien Deutschlands entwickelte. Zugleich lehrte er als Pädagogik-Professor an der Universität Leipzig. Der mit zahlreichen Auszeichnungen bedachte Eckstein starb 1885. Nach ihm wurde 1902 eine Straße in Leipzig-Connewitz benannt. Eckstein hinterließ als Altphilologe ein umfangreiches pädagogisches Werk.

Vom 23.1.1868 bis zum 17.12.1869 stand Eckstein als eines der Gründungsmitglieder an der Spitze des Vereins für Geschichte Leipzigs, doch stellte er sich nach knapp zweijähriger Amtszeit »aus Zeitmangel« nicht mehr zur Wiederwahl.[12]

Kneschke, Oscar Mothes, Philipp Schleißner und Heinrich Wuttke fiel, wobei der Letztgenannte aus nicht näher bekannten Gründen seinen Verzicht bekundete und der Oberlehrer Ernst August Rommel an dessen Stelle in den Vorstand gewählt wurde. Die mit Wegzug des Vorstandsmitglieds Emil Kneschke freigewordene Stelle nahm im Oktober dann doch der Historiker und Universitätsprofessor Heinrich Wuttke ein. Die Verteilung der Funktionen innerhalb des Leitungsgremiums sah dabei wie folgt aus:

Vorsitzender:	Friedrich August Eckstein
Kassierer:	Philipp Schleißner
Schriftführer:	Ernst August Rommel
Leiter der artistischen Sektion:	Oscar Mothes
Leiter der literarischen Sektion:	Heinrich Wuttke[13]

Der Verein für Geschichte Leipzigs war insgesamt der 49. deutsche Geschichtsverein, der vierte seiner Art in Sachsen, nachdem bereits Zwickauer Bürger 1857 in ihrer

12 Stadtarchiv Leipzig, Verein für die Geschichte Leipzigs, Nr. 79, Bl. 81.
13 Ebd., S. 243.

Stadt einen solchen gegründet und 1860 auch die Freiberger sowie 1866 die Leisniger einen Verein ins Leben gerufen hatten.[14]

Einen kleinen, freilich nicht unbedeutenden Stein im großen Mosaikbild des langen 19. Jahrhunderts der Industrialisierung und der Verbürgerlichung mit all ihren Facetten verkörpert das Vereinswesen als Teil einer neuen Kultur, wobei heutige Wahrnehmungen des 19. Jahrhunderts noch immer stark von der Selbstbeobachtung jener Zeit geprägt sind.[15] Für Deutschland bedeutete das 19. Jahrhundert ein Säkulum gravierender Veränderungen: 1806 war die altständische Ordnung mit der offiziellen Auflösung des Heiligen Römischen Reiches deutscher Nation zusammengebrochen, 1871 erfolgte unter preußischer Führung die Proklamation des Deutschen Reiches, das freilich nach nicht einmal fünfzigjährigem Bestehen als Folge der Niederlage im Ersten Weltkrieg schon wieder untergehen sollte.[16] Gleichsam als Kontinuum lässt sich eine ursprünglich von der Aufklärung initiierte, reichhaltige Rückbesinnung auf die ältere deutsche (vaterländische) Geschichte feststellen, die zugleich eine Beschäftigung mit der eigenen lokalen Historie beförderte und damit auch eine – beginnend im Geschichtsunterricht – »Sinnstiftung durch Geschichte« hervorbrachte, die sich nachfolgend in der Gründung von Geschichtsvereinen manifestierte. Letztere sollten eine identitätsstiftende Funktion erfüllen und als wichtigste Exponenten des in der historiographiegeschichtlichen Forschung meist vernachlässigten Bereiches der außeruniversitären, aber dennoch in fest institutionalisierter Form auftretenden bürgerlichen Gesellschaftskultur gelten.[17]

Gerade hier zeigt sich explizit die verortete Pflege einer einer ein Wir-Gefühl erzeugenden regionalen und und lokalen Erinnerungskultur. Übergreifend und gleichsam als vereinsgeschichtlichen Kontext hat bereits Hermann Heimpel 1963 auf vier Phasen in der Entwicklung von Vereinen hingewiesen: der »gemeinnützig-patriotischen Phase« in den Jahren 1779–1819 schloss sich jene des sogenannten Vormärz an (1819–1848), der wiederum seit den 1850er Jahren »Vereine der im liberalen Kompromiss erreichten konservativen Erholung« folgten, die schließlich seit der Reichsgründung 1871 die »Gruppe der Selbstverständlichkeiten« ablöste.[18] Mit Blick auf die »sozialen Konstituierungsfaktoren des Bürgertums« fanden diese Phasenmodelle auch Eingang in andere, ähnlich ausgerichtete Einteilungen in der Geschichte des Vereinswesens in Deutschland

---

14 Zwischen 1862 und 1942 erschienen die »Mitteilungen des Freiberger Altertumsvereins« (Alte Serie). 1990 wurde der Verein wiederbegründet und gibt jetzt die »Mitteilungen des Freiberger Altertumsvereins« (Neue Serie) heraus.

15 Vgl. Jürgen Osterhammel, Die Verwandlung der Welt. Eine Geschichte des 19. Jahrhunderts, München 2009, S. 26.

16 Zu Grundzügen der Entwicklung vgl. Michael Stürmer, Das ruhelose Reich. Deutschland 1866–1918, Berlin 1994 (Siedler Deutsche Geschichte).

17 Vgl. Georg Kunz, Verortete Geschichte, Göttingen 2000, S. 12.

18 Hermann Heimpel, Geschichtsvereine einst und jetzt, Göttingen 1963, S. 4, 7 und 13–14.

im 19. Jahrhundert.[19] Dieter Hein unterscheidet sogar fünf aufeinander folgende Phasen: 1. Die Phase der sogenannten Gesellschaften der Aufklärung, als deren Träger in erster Linie Adel, höhere Beamtenschaft und eine schmale Schicht Intellektueller fungierten. 2. Die Hochzeit der allgemeinen geselligen Vereine, die zum einen vom stark aufstrebenden Wirtschaftsbürgertum (Kaufleuten, Bankiers und Fabrikanten), zum anderen von der neuen Schicht des Bildungsbürgertums (Professoren, Ärzte, Intellektuelle) getragen wurden. 3. Die um 1820/30 einsetzende Phase einer Ausdifferenzierung der bestehenden Vereinsstruktur mit wachsender Vielfalt und sich vergrößernden Trägerschichten. 4. In den 1840er Jahren setzte – gleichsam als Weiterentwicklung, mitunter sogar Gegenentwurf zur etablierten bürgerlichen Geselligkeit – die Phase der Musik-, Turn- und Gesangvereine ein, die sich breiteren Schichten (kleine und mittlere Beamte, kleinere Kaufleute, Angestellte und Handwerksmeister) öffneten. 5. Die bis in die 1880er Jahre währende Phase der immensen inneren Ausdifferenzierung des bereits bestehenden Vereinsnetzes, die sich als eine Blütezeit von Vereinen präsentierte, unterschieden nach Konfessionen, Stand oder Profession.

In Sachsen gehörte das Vereinswesen ebenfalls zum bunten Spektrum der mitunter divergierenden Entwicklung. Infolge der zu den Errungenschaften der Revolution von 1848/49 zählenden Vereinsfreiheit kam es nicht nur zu einer Intensivierung der Arbeit verschiedener Vereine, die als »charakteristische neue Form des Zusammenschlusses unter bürgerlichen Vorzeichen auch in Sachsen entstanden waren«.[20] Hatten diese vor der Revolution noch unter halblegalen Voraussetzungen etwa in Westsachsen oder im Erzgebirge gearbeitet, entfalteten sie ihre Tätigkeit 1848 nahezu exorbitant, wobei sich viele Vereine durch ihr Wirken in der Öffentlichkeit und durch eine versuchte Einflussnahme auf die öffentliche Meinung auf das Feld politischer Auseinandersetzungen begaben. »Vaterlandsvereine«, in denen die radikaldemokratische Richtung des Liberalismus dominierte, und eher vom gemäßigt liberalen Bürgertum organisierte »Deutsche Vereine«, die Ende März/Anfang April 1848 zuerst in Leipzig entstanden, werden dabei sogar als Frühformen politischer Parteien angesehen.[21] Hinzu kamen mit den konstitutionellen Vereinen noch die konservativen Kräfte sowie die sich ausbreitende Frauenbewegung mit ihrer Protagonistin Louise Otto-Peters (1819–1895), die aber erst 1865 mit der Gründung des »Allgemeinen Deutschen Frauenvereins« eine organisatorische Form fand.

Ein wesentliches Ziel in der Frühphase der Gründung von historischen Vereinen bestand – neben der »Konservierung älterer Kunst- und Befestigungswerke, von

---

19 Vgl. Otto Dahn (Hg.), Vereinswesen und bürgerliche Gesellschaft in Deutschland (Historische Zeitschrift, Beiheft 9), München 1984; Dieter Hein, Soziale Konstituierungsfaktoren des Bürgertums, in: Lothar Gall (Hg.), Stadt und Bürgertum im Übergang von der traditionalen zur modernen Gesellschaft, München 1993, S. 151–181.

20 Katrin Keller, Landesgeschichte Sachsen, Stuttgart 2002, S. 282.

21 Ebd., S. 282.

schriftlichen Überresten, Gegenständen des täglichen Gebrauchs – in der Erforschung der Lebensumstände und der Lebensräume der Menschen in der Vergangenheit«.[22] Deren stetig wachsende Zahl belegt zum einen eine Form der Vergesellschaftung des Bürgertums, zum anderen liefert sie ein eindrucksvolles Zeugnis für die Konjunktur, die die regionale und lokale Geschichtsforschung erlebte. Um die Zersplitterung der Arbeit der historischen Vereine zu überwinden, wurde im Jahre 1852 unter maßgeblicher Beteiligung des Gründers des Germanischen Nationalmuseums Nürnberg, Hans von und zu Aufseß (1801–1872), sowie des Prinzen Johann von Sachsen – Mäzen und Gelehrter in einer Person – der Gesamtverein der deutschen Geschichts- und Altertumsvereine gegründet, dessen vordergründiges Ziel darin bestand, »... durch Zusammenschluss der Geschichtsträger vieler Territorien, Landschaften und Städte die Einheit der deutschen Geschichte in der Vielheit zu betonen und damit die landes- und regionalgeschichtliche Forschung anzuregen«[23]. Die nachfolgende Übersicht verdeutlicht die unterschiedliche territoriale (auch territorial übergreifende und ältere Kulturlandschaften berücksichtigende) und lokale Ausrichtung der seit dem Beginn des 19. Jahrhunderts bis fast zur Reichsgründung 1871 entstandenen historischen Vereine.

Übersicht zu den bis 1867 gegründeten deutschen Geschichtsvereinen (Auswahl)

1805	Verein für Geschichte und Naturgeschichte der Baar
1812	Verein für Nassauische Altertumskunde und Geschichtsforschung in Wiesbaden
1821	Verein für Lübeckische Geschichte und Altertumskunde
1824	Verein für Geschichte und Altertumskunde Westfalens, Abteilung Paderborn
1825	Vogtländischer Altertumsforschender Verein zu Hohenleuben
1827	Historischer Verein für Oberfranken
1830	Historischer Verein Bamberg
1832	Hennebergisch-Fränkischer Geschichtsverein
1834	Historischer Verein für Schwaben
1835	Verein für mecklenburgische Geschichte und Altertumskunde
1839	Verein für Hamburgische Geschichte
1841	Verein von Altertumsfreunden im Rheinland
1843	Württembergischer Geschichts- und Altertumsverein

22 Vgl. Alfred Wendehorst, 150 Jahre Gesamtverein der deutschen Geschichts- und Altertumsvereine, in: Blätter für deutsche Landesgeschichte 2002, S. 1–63 (Zitat hier auf S. 1).

23 Vgl. hierzu auch die Internetseite des Gesamtvereins, aufrufbar unter http://www.gesamtverein.de/ Willkommen.73.0.html.

1844	Hanauer Geschichtsverein
1847	Verein für Geschichte und Landeskunde Osnabrück
1851	Historischer Verein für Geldern
1852	Verein für Thüringische Geschichte
1854	Historischer Verein für den Niederrhein
1856	Historischer Verein Landsberg am Lech
1857	Altertumsverein für Zwickau und Umgebung
1859	Mannheimer Altertumsverein
1860	Freiberger Altertumsverein
1861/62	Historische Gesellschaft Bremen
1863	Verein für die Geschichte und Altertumskunde von Erfurt
1865	Verein für die Geschichte Berlins
1866	Geschichts- und Altertumsverein zu Leisnig
1867	Verein für die Geschichte Leipzigs

Das Vereinswesen stellte generell ein verbindendes Element für die verschiedenen bürgerlichen Gruppierungen dar. Neben das Wirtschafts- trat noch das Bildungsbürgertum – die Zugehörigkeit definierte sich primär über die akademische Bildung –, wobei durch den Ausbau des Schulwesens, des Justizbereiches und der Verwaltung eine quantitative Zunahme des Letzteren zu verzeichnen ist, was sich – wir greifen hier voraus – auch auf die Zusammensetzung des Vereins für die Geschichte Leipzigs auswirken sollte. Zudem zeichnete sich das Bildungsbürgertum durch ein gemeinsames Wertesystem aus, in dem Bildung, Lebensstil und politische Grundüberzeugungen eine entscheidende Rolle spielten – auch mit Blick auf die Mitgliedschaft in einem Verein! Eine dritte Gruppierung des Bürgertums ist hier ebenfalls im Blick zu behalten, nämlich dessen handwerklich-gewerblicher Teil.

Grundsätzlich lassen sich bei dieser letzten Gruppe gerade in der ersten Hälfte des 19. Jahrhunderts sowohl sozialer Ab- (Proletarisierung) als auch sozialer Aufstieg (in das Unternehmertum) beobachten. In der zweiten Jahrhunderthälfte folgte dann die Ausformung eines bürgerlichen Mittelstandes, der ebenfalls über die Mitgliedschaft in Vereinen – wie die Analyse der Sozialstruktur aufzeigt – persönliches Interesse an Vergangenem (etwa der Geschichte) und gesellschaftliches Prestige zu verbinden suchte. Vereine entstanden in fast allen Lebensbereichen – so gab es beispielsweise gesellige und wissenschaftliche, künstlerisch ausgerichtete und Turn-, Gesangs- und karitative Vereine. Letztere kennzeichnete eine weite Verbreitung vor allem in großen Städten; zudem erlebten sie gerade im letzten Drittel des 19. Jahrhunderts eine erhebliche zahlenmäßige und inhaltliche Spezialisierung. Die Verknüpfung einer dafür notwendigen, quantitativ breiter werdenden »Trägerschicht« mit objektiv zur Verfügung stehenden Finanzmitteln und gemeinnützigem Denken lässt sich im Bereich der Kunst besonders anschaulich verdeutlichen. 1828 wurde in Dresden ein öffentlich engagierter Kunstverein gegründet. Der Leipziger Kunstverein finanzierte 1858 sogar den Neubau des Museums der bildenden Künste zumindest teilweise. Vereinsgründungen erfolgten darüber hinaus in für Sachsen so wichtigen Bereichen wie der Musikkultur oder der Literatur.[24]

Dies gilt selbstverständlich auch für Leipzig, wo sich zwischen 1815 und 1914 eine quantitativ wie qualitativ gleichermaßen vielgestaltige Vereinslandschaft herauskristallisierte, die – mit Blick auf die konkreten Namen – von Albertea bis Zöllnerverein reichte.[25] Bereits 1996 hat Joachim Schlesinger eine grundlegende Studie zur Vereinslandschaft in Leipzig vorgelegt, die gerade dem 19. Jahrhundert hinsichtlich der hier sich vollziehenden Veränderungen eine Schlüsselrolle zuweist.[26]

Die eigentlichen Vereinsgründungen in Leipzig vollzogen sich in einem in vier Phasen ablaufenden Prozess, wobei das Revolutionsjahr 1848 und das Jahr der Reichsgründung 1871 wie auch bei den Phasenmodellen von Heimpel und Hein markante Eckpunkte bilden.[27] In den Jahren 1815 bis 1835 waren es zunächst allgemeine Geselligkeits-, Wissenschafts-, Bildungs- sowie Religionsvereine, die das Bild dominierten. Einen Eindruck hiervon vermittelt die nachfolgende Tabelle.

Vereine in Leipzig zwischen 1811 und 1837 (Auswahl)

1811	Zwangs- und Unterstützungskasse der Buchdrucker
1814	Unterstützungsverein für Leipzig und Umgebung
1814	Verein zur Feier des 18. Oktober 1813. Historisch-theologische Gesellschaft
1817	Auswanderungsverein Neue Welt
1820	Speise- und Gesangsverein Erholung
1821	Juristische Gesellschaft
1825	Börsenverein der Deutschen Buchhändler
1828	Bürgerverein Leipzig
1829	Medizinische Gesellschaft
1832	Gustav-Adolf-Verein
1837	Bürgerverein Glocke

---

24 Keller, Landesgeschichte Sachsens (wie Anm. 20), S. 369–377.
25 Doreen Franz, Von Albertea bis Zöllnerverein – Die Leipziger Vereinslandschaft 1815–1914, in: Leipziger Almanach 2013/2014, Leipzig 2016, S. 207–234. Die Vfn. verweist in diesem Zusammenhang auf die Bedeutung der überlieferten und digital zugänglichen Adressbücher als wichtige Quelle.
26 Joachim Schlesinger, Wolfgang Geier, Gemeinschaften (Vereine) in Leipzig, Münster 1996.
27 Für die Zeit nach 1870/1871 vgl. darüber hinaus Wolfgang Mommsen, Bürgerliche Kultur und künstlerische Avantgarde. Kultur und Politik im deutschen Kaiserreich 1870 bis 1918, Frankfurt am Main 1994.

Besonders in den beiden Dekaden nach 1850 wird die Differenzierung der bereits vorhandenen Vereinstypen sichtbar, wobei Wohltätigkeit, Gewerbeförderung sowie die Pflege von Kunst und Wissenschaft inhaltliche Schwerpunkte darstellen.[28] Eine Sonderrolle nehmen – vor dem Hintergrund des Entwicklungsgangs der Arbeiterbewegung (Leipzig gehörte hier neben Hamburg, Köln und Berlin zu den Zentren) – die Arbeitervereine mit unterschiedlicher Spartenausrichtung ein. Exemplarisch genannt seien der Zigarrenarbeiterverein (1849/50), der Gewerbliche Bildungsverein (1861) und der Allgemeine Deutsche Arbeiterverein (1863).[29] Während die Zahl der religiösen Vereine zurückging, kamen seit den 1840er Jahren Turn- und Sportvereine hinzu.[30] Es folgte eine innere Ausdifferenzierung. Musik, Kunst und Militär – so ließen sich die nachfolgenden Jahrzehnte charakterisieren, wobei anfänglich eine Diskrepanz zwischen der Zunahme der Vereine und dem Wachstum der Einwohner Leipzigs zu beobachten ist (erstere wuchsen schneller als die eigentliche Bevölkerung), eine Tendenz, die erst mit den Eingemeindungen (ab 1889) einen Ausgleich erfuhr, als bei den Vereinsneugründungen ein gewisser Sättigungsgrad konstatiert werden konnte.[31]

Nach 1848 in Leipzig gegründete Vereine (Auswahl)

1848	Volksbibliotheken-Verein
1852	Buchdruckergesellschaft Typographia
1858	Stolzescher Stenographenverein
1861	Gewerblicher Bildungsverein
1863	Allgemeiner Deutscher Arbeiterverein (unter Führung von Ferdinand Lassalle)
	Leipziger Rennklub
	Astronomische Gesellschaft
1864	Gründungsversammlung des Schrebervereins
1865	Allgemeiner Deutscher Frauenverein
1867	Verein für die Geschichte Leipzigs
1869	Sektion Leipzig des Deutschen und Österreichischen Alpenvereins

So verflocht sich in dieser Phase ein – wie Hartmut Zwahr feststellte – »kaum mehr überschaubares Ganzes von staatlichen und kommunalen, Klassen-, Fraktions- und Gruppeninteressen ... in Gestalt der etwa 160 Gesellschaften, Vereine und Anstalten

---

28 Zu näheren Angaben vgl. Franz, Von Albertea bis Zöllnerverein (wie Anm. 25), S. 218–223.
29 Vgl. Neues Leipzigisches Geschicht-Buch, hrsg. von Klaus Sohl, Leipzig 1990, S. 174–178.
30 Franz, Von Albertea bis Zöllnerverein (wie Anm. 25), S. 222.
31 Ebd., S. 223.

Leipzigs«.[32] Es finden sich als Reflexion einer institutionalisierten bürgerlichen Öffentlichkeit in der Praxis so unterschiedliche Institutionen wie der Albertverein als Sammlungsort überzeugungstreuer Monarchisten, der Arbeiterbildungsverein als sozialdemokratische Ortsorganisation oder der Verband der Sächsischen Konsumvereine neben den bereits erwähnten Zusammenschlüssen.

In diese Zeitspanne lässt sich die Gründung des Vereins für die Geschichte Leipzigs einordnen.[33] Dies geschah in einer nicht nur vereinshistorisch, sondern zugleich auch stadtgeschichtlich für Leipzig wichtigen Entwicklungsphase, als die Messe- und Universitätsstadt nach der Mitte des 19. Jahrhunderts schon äußerlich aus allen Nähten zu platzen schien, was auch die Entwicklung der Einwohnerzahlen verdeutlicht.[34]

Jahr	Einwohner
1861	78 495
1871	106 925
1880	149 081
1885	170 340
1890	215 987
1891[35]	359 502
1895	399 995
1900	456 156

Dieser rasante Anstieg der Einwohnerzahl begleitete in signifikanter Weise den Aufstieg Leipzigs zu einem wirtschaftlichen, kulturellen und politischen Zentrum von geradezu nationaler und bereits anklingender internationaler Bedeutung, eine Tendenz, die die Stadtoberen vor gravierende infrastrukturelle Herausforderungen an Stadtentwicklung und Stadtausbau stellte.[36] Gerade der Zeitabschnitt seit der Reichsgründung

---

32 Hartmut Zwahr, Leipzig im Übergang zur bürgerlichen Gesellschaft (1763–1871), in: Neues Leipzigisches Geschicht-Buch (wie Anm. 29), S. 178.

33 Für die darauffolgende Phase zwischen der Jahrhundertwende und dem Ausbruch des Ersten Weltkriegs lässt sich von Zenit und Stagnation sprechen, als berufsspezifische Vereine eine Hochzeit erlebten. Vgl. Ebd., S. 226–229. Hier auch weitere Literaturhinweise.

34 Angaben nach Frauke Gränitz, Daten und Fakten zur Leipziger Stadtgeschichte, Leipzig 2013 (Quellen und Forschungen zur Geschichte der Stadt Leipzig, Bd. 5), S. 84.

35 Die explosionsartige Entwicklung der Einwohnerzahlen hängt mit der seit 1889 einsetzenden ersten Leipziger Eingemeindungswelle zusammen, die bis 1910 anhielt und in deren Verlauf Dörfer und Industriegemeinden wie beispielsweise Reudnitz und Plagwitz zu Leipzig kamen. Vgl. Gränitz, Daten und Fakten (wie Anm. 34), S. 28–29.

36 Zu Grundlinien der Entwicklung Leipzigs im Betrachtungsraum vgl. Hartmut Zwahr, Leipzig im Übergang zur bürgerlichen Gesellschaft (1763–1871), in: Neues Leipzigisches Geschicht-Buch (wie Anm. 29), S. 132–179; Ursula Oehme, Fritz Staude, Leipzigs Aufstieg zur Großstadt (1871–1918), in: Ebd., S. 180–225. Mit Blick auf das bürgerliche Leben in Leipzig im 18. und 19. Jahrhundert sowie bürgerlichen Familien in der

1871 erlangte für die Entwicklung der Stadt Leipzig eine elementare Bedeutung, weil sich hier die grundlegenden Veränderungen innerhalb weniger Jahrzehnte für alle sichtbar vollzogen. Aus der »kleinen Stadt mit dem großen Rufe« wurde durch Maßnahmen und Prozesse, zu denen u. a. die Eingemeindung der Vororte, die Umgestaltung der Messen, der außerordentliche Aufschwung von Handel, Industrie und Verkehr sowie eine überaus rege Bautätigkeit gehörten, eine sich rasant verändernde Großstadt mit einer engagierten und kompetenten Stadtverwaltung, an deren Spitze 1877 mit Otto Georgi (1831–1918) erstmals ein Oberbürgermeister stand, dem dann 1899 Bruno Tröndlin (1835–1908) folgte. Sowohl die Zahl der Betriebe unterschiedlicher Größe als auch die Zahl der hier Beschäftigten vervielfachte sich.[37]

Dies hatte massive Auswirkungen auf die soziale Differenzierung der stetig zunehmenden Stadtbevölkerung, und auch das geistig-musische Klima in der Stadt veränderte sich. Zudem trug die Entwicklung von Industrie, Handel und Messe ganz wesentlich zur Veränderung des Gesichts der ursprünglichen Altstadt und zur Herausbildung der »City« bei.[38] Eine neue Repräsentationsarchitektur, ein vielfältiges bürgerliches Kulturleben, wachsender Wohlstand und reichlich fließende Stiftungsgelder, nicht allein für wohltätige Zwecke, schufen ein Klima, in dem auch das Nachdenken über die eigene Geschichte eine wachsende Bedeutung erlangte.

Zuwachs Vereine und Bevölkerung Leipzigs[39]

Jahr	Anzahl der im jeweiligen Adressbuch Leipzigs verzeichneten Vereine	Einwohnerzahl Leipzigs
1815	39	33 773
1830	52	40 946
1850	111	66 724 (1852)
1870	271	106 925 (1871)
1880	415	149 081
1890	598	295 025
1900	1076	456 124
1914	1484	624 845

    Messestadt vgl. Wustmann und andere. Bürgerliches Leben in Leipzig im 18. und 19. Jahrhundert, hrsg. von Thomas Fuchs und Sylvia Kabelitz, Leipzig 2015.

37 Ursula Oehme, Fritz Staude, Leipzigs Aufstieg zur Großstadt (1871–1918), in: Neues Leipzigisches Geschicht-Buch (wie Anm. 29), S. 180.

38 Ebd., S. 191–210.

39 Vorlage: Franz, Von Albertea bis Zöllnerverein (wie Anm. 25), S. 234.

Abb. 4: Leipzig um 1890 – Marktplatz, Westseite.

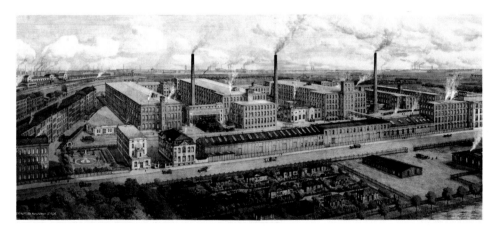

Abb. 5: Die 1884 gegründete Firma entwickelte sich binnen eines Vierteljahrhunderts zur größten Baumwollspinnerei Kontinentaleuropas.

Abb. 6: Leipzig, um 1870 – Markt Nordwestseite.
Leipzig Markt Nr. 8 und Hainstraße Nr. 1 / Kleine Fleischergasse Nr. 2, Haus zur Goldenen Schlange /
Barthels Hof. Barthels Hof vor der Umgestaltung vom Markt aus gesehen. Die Umgestaltung mit Verle-
gung des Renaissanceerkers des Hauses »Zur goldenen Schlange« zur Hofseite erfolgte 1870/71. (Hermann Walter (1838–1909)

Dr. Eduard Brockhaus (1829–1914) – Angehöriger einer Buchhändlerdynastie und prominentes Mitglied im Verein für Geschichte Leipzigs

Porträt Heinrich Eduard Brockhaus, Porträt, 1905. (Quelle: Wikipedia)

Eduard Brockhaus wurde als Sohn von Heinrich Brockhaus, Sohn des Verlagsgründers Friedrich Arnold Brockhaus, in der Messestadt geboren. Er besuchte die Thomasschule und studierte in seiner Vaterstadt, in Heidelberg und Berlin. Nach der Promotion zum Dr. phil. trat Eduard Brockhaus im September 1850 in die väterliche Firma ein, wo er eine verlegerische Lehre absolvierte. Ab 1854 führte Eduard Brockhaus in dritter Generation den Verlag und grafischen Großbetrieb F. A. Brockhaus in Leipzig gemeinsam mit seinem Bruder Rudolf. Zwischen 1857 und 1883 redigierte Eduard die in seinem Verlag erscheinende Deutsche Allgemeine Zeitung selbst. Eduard Brockhaus galt als hochgebildete Persönlichkeit, für den stets Firma und Arbeit an erster Stelle standen. Wie schon sein Vater kümmerte er sich um die Interessenvertretung von Verlegern und Druckern. Der ganz dem Verlagsgeschäft zugewandte Eduard Brockhaus bekleidete zahlreiche Ämter: Von 1872 bis 1886 war er Vorsitzender des Deutschen Buchdruckervereins, 1880 bis 1894 Vorsitzender des Vereins der Buchhändler zu Leipzig, 1892 bis 1895 zudem 1. Vorsteher des Börsenvereins der Deutschen Buchhändler zu Leipzig, wobei auf seine Anregung hin deren historische Kommission entstand. Darüber hinaus griff Eduard Brockhaus aktiv ins politische Leben ein: Von 1871 bis 1878 war er nationalliberaler Abgeordneter im Deutschen Reichstag. Zum 100-jährigen Bestehen der Firma F. A. Brockhaus im Jahre 1905 verfasste er eine Festschrift. Im Jahre 1854 hatte er Emilia Weiß geheiratet, aus der Ehe gingen sechs Söhne hervor, darunter der Verleger Albert und der Kunsthistoriker Heinrich Brockhaus. Zusammen mit seinem Bruder Rudolf war Eduard Brockhaus Mitglied im Verein für Geschichte Leipzigs.

Mit der Wahl des Vorstands und der Verabschiedung der Statuten des Vereins für Geschichte Leipzigs im Januar 1868 konnte schließlich die eigentliche Vereinsarbeit beginnen.

In die Gründungszeit des Vereins für Geschichte Leipzigs fallen auch die Anfänge des Stadtarchivs, das sich nachfolgend als wichtiger Ansprech- und Kooperationspartner des Vereins erweisen sollte, was sich beispielsweise in der Person Gustav Wustmanns zeigte, der zeitweilig in Personalunion Archiv und Verein leitete. Die Leipziger Stadtverordneten hatten zwei Jahre vor Gründung des Vereins für Geschichte Leipzigs vom Rat die Etablierung eines »statistischen Bureaus« verlangt, dessen Hauptaufgabe in der Zusammentragung von Material aus sämtlichen Bereichen der Stadtverwaltung und dessen Auswertung für die Abfassung von Verwaltungsberichten bestand.[40] Die an der Spitze des Rats stehenden Carl Wilhelm Otto Koch (1810–1876) als Bürgermeister

---

40 Einführend im Überblick hierzu Beate Berger, Stadtarchiv und Geschichtsverein in Leipzig. Partner in Vergangenheit, Gegenwart und Zukunft, in: Archivar. Zeitschrift für Archivwesen, 65. Jahrgang, Heft 4, 2012,

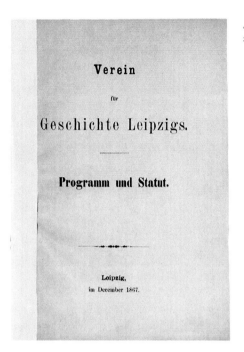

Abb. 7: Programm und Statut des Vereins für Geschichte Leipzigs, 1867.

und Martin Eduard Stephani (1817–1885) als Vizebürgermeister sprachen sich zudem mit Erfolg dafür aus, aus Sicht des Rates die statistischen Aufgaben direkt mit chronikalischen und archivalischen Aufgaben zu verbinden. 1867 nahm ein »Stadtarchivrat und statistisches Bureau der Stadt Leipzig« seinen Dienst auf, an dessen Spitze man den Nationalökonom und Statistiker Georg Friedrich Knapp (1842–1926) berief, der dieses Amt bis 1874 innehatte und zugleich eine Professur für Statistik an der Philosophischen Fakultät der Universität Leipzig erhielt. Allerdings hatte Knapp bereits vor Amtsantritt darum gebeten, die Amtsbezeichnung »Stadtarchivar« in »Vorsteher des statistischen Bureaus und Archivs der Stadt Leipzig« umzubenennen. Die Anfänge des Stadtarchivs reichen also in das Jahr 1867 zurück, auch wenn die Anstellung des Philologen Gustav Wustmann 1881 als Direktor des Stadtarchivs im Grunde genommen erst als wirklicher Beginn für diese städtische Institution anzusehen ist.

S. 372–379. Des Weiteren vgl. Anett Müller, 125 Jahre Stadtarchiv? Die Gründung des Stadtarchivariats und statistischen Bureaus der Stadt Leipzig im Jahre 1867, in: Leipziger Kalender, Sonderband 2007/1.

Sozialstruktur und Mitgliederbewegung

Die breite Verankerung in der stadtbürgerlichen Gesellschaft zeigt die soziale Struktur des Vereins auf, wie sie die nachfolgende Tabelle zu verdeutlichen sucht. Auch wenn diese nur einen Ausschnitt aus fast fünf Jahrzehnten Vereinsgeschichte darstellt, treten hier doch einige Auffälligkeiten hervor. Überdurchschnittlich stark im Verein vertreten sind in erster Linie Kaufleute, Lehrer und Buchhändler. Dies scheint wenig erstaunlich, rekrutierte sich doch gerade aus diesen Gruppen das intellektuelle und finanzielle Kapital des Vereins. Die starke Vertretung der Kaufleute und vor allem der Buchhändler reflektiert natürlich die Bedeutung Leipzigs als Messe- und Buchstadt.[41]

Im Jahre 1885 gab sich der Verein – bereits seit 1870 erscheint der Name »Verein für d i e Geschichte Leipzigs in den offiziellen Dokumenten – neue, 24 Paragraphen umfassende Statuten. Paragraph 2 regelte den Erwerb der Mitgliedschaft:

> »Mitglied des Vereins kann jede unbescholtene verfügungsfähige Person werden, welche Aufnahme durch Anmeldung beim Vorstande begehrt. Der Vorstand verkündet den Namen des Angemeldeten in der nächsten Vereinsversammlung oder durch Anschlag an der im Vereinslokal befindlichen Tafel; erfolgt innerhalb zweier Wochen kein Widerspruch, so gilt die Aufnahme als genehmigt und der Aufgenommene hat seinen Namen eigenhändig in das Mitgliederbuch einzutragen.«[42]

§ 11 bestimmte mit Blick auf den Vereinsvorstand, dass dieser aus zehn Personen in folgender Mandatsverteilung zu bestehen habe:
1. erster Vorsitzender (Vorsteher),
2. zweiter Vorsteher,
3. Schriftführer 1,
4. Schriftführer 2,
5. Kassierer,
6. Vorsteher des Pflegeausschusses (1. Person),
7. Vorsteher des Pflegeausschusses (2. Person),
8. Bibliothekar,
9. Sonstiges Vereinsmitglied ohne Portefeuille
10. Sonstiges Vereinsmitglied ohne Portefeuille.[43]

---

41 Zur Bedeutung Leipzigs als Buchstadt vgl. Thomas Keiderling, Aufstieg und Niedergang der Buchstadt Leipzig, Beucha 2012.
42 Stadtarchiv Leipzig, Verein für die Geschichte Leipzigs, Nr. 3, Bl. 19.
43 Ebd., Bl. 19. Die folgende Satzung aus dem Jahre 1911 umfasste dann 22 Paragraphen. Vgl. Stadtarchiv Leipzig, Verein für die Geschichte Leipzigs, Nr. 7.

Abb. 8: Das Buchhändlerhaus um 1900 – Sitz des Börsenvereins von 1888 bis zur Zerstörung 1943.

Im Verein für die Geschichte Leipzigs vertretene soziale Gruppen in den Jahren 1867 bis 1912 (Auswahl)

soziale Gruppe	1867–1870	1889	1912
Kaufleute	18	38	41
Rechtsanwälte	5	8	11
Lehrer	37	11	26
Buchhändler	15	25	37
Handwerker	14	18	10
Beamte/Angestellte	4	6	16
Fabrikanten	1	1	21
Architekten	3	6	5
Pfarrer	2	1	7
Ärzte	1	-	13
Privatpersonen	3	1	16

Aus dem Mitgliederverzeichnis von 1916 geht darüber hinaus hervor, dass außer natürlichen auch juristische Personen dem Verein angehörten.[44] So finden wir beispielsweise die Königliche Akademie für Graphische Künste und Buchgewerbe,[45] den Börsenverein der deutschen Buchhändler zu Leipzig,[46] die Brauerei C. W. Naumann A. G.,[47] die Gelbgießer-Innung zu Leipzig und die Riquet & Co, A. G. – Tee-Einfuhr, Kakao- und Schokoladenfabrik.[48] Zu den prominenten natürlichen Personen zählten u. a. Dr. jur. et phil. Raimund Köhler,[49] Direktor des Messamts für die Leipziger Mustermessen, der Kaufmann und Kommerzienrat Anton Mädler,[50] Erich Martin, Direktor der Deutschen Bank Leipzig, der Baurat August Zeise,[51] Direktor der Leipziger Elektrischen Straßenbahn, sowie Felix Goldmann,[52] Rabbiner der Israelitischen Religionsgemeinde. Mit der seminaristisch ausgebildeten Lehrerin Marianne Gutzschebauch finden wir zudem ein frühes Beispiel für die Mitgliedschaft einer Frau im Verein für die Geschichte Leipzigs.[53] Interesse verdient in diesem Zusammenhang auch die Entwicklung der jährlichen Eintritte in den Verein, die die nachfolgende Tabelle verdeutlicht.

Zahl der jährlichen Eintritte in den Verein für Geschichte Leipzigs zwischen 1867 und 1902[54]

Jahr	Eintritte	Jahr	Eintritte	Jahr	Eintritte
1867	22	1874	8	1881	4
1868	107	1875	16	1882	9
1869	29	1876	31	1883	6
1870	121	1877	3	1884	4
1871	46	1878	3	1885	17
1872	35	1879	8	1886	5
1873	73	1880	5	1887	11

---

44 Stadtarchiv Leipzig, Verein für Geschichte Leipzigs, Nr. 23.
45 Ebd., Bl. 5.
46 Ebd., Bl. 6.
47 Ebd., Bl. 7.
48 Ebd., Bl. 20.
49 Ebd., Bl. 13.
50 Ebd., Bl. 18.
51 Ebd., Bl. 29.
52 Ebd., Bl. 12.
53 Ebd., Bl. 12.
54 Quelle: Stammrolle der Mitglieder des Vereins für die Geschichte Leipzigs. Stadtarchiv Leipzig, Verein für die Geschichte Leipzigs Nr. 11.

Jahr	Eintritte
1888	15
1889	10
1890	22
1891	15
1892	154

Jahr	Eintritte
1893	61
1894	26
1895	36
1896	46
1897	26

Jahr	Eintritte
1898	24
1899	9
1900	3
1901	5
1902	1

Die Zahl der Mitglieder seit der Gründung des Vereins unterlag starken Schwankungen, was auf unterschiedliche Gründe zurückzuführen sein dürfte. Nur in einem konkreten Fall wurde dabei dem Vorsitzenden selbst die Schuld zugewiesen – Gustav Wustmann, der den Typ des strengen, unnahbaren Gelehrten verkörperte. In einem weiteren Fall hielten manche die Vereinspolitik für verfehlt, konkret die Abgabe der Sammlungen an die Stadt. Viele Austritte gab es darüber hinaus um 1930, was sich auf die Weltwirtschaftskrise und ihre Frustrationserscheinungen zurückführen lässt. Der Mitgliedsbeitrag von drei Mark (zwischenzeitlich nach dem Ersten Weltkrieg auf 5 Mark erhöht) dürfte jedenfalls nicht vordergründig eine Rolle gespielt haben.[55]

Mitgliederzahlen des Vereins 1867 bis 1937 (Auswahl)[56]

Jahr	Mitglieder
1869	182
1876	382
1880	270
1882	237
1883	220
1890	182

Jahr	Mitglieder
1897	413
1900	377
1907	365
1916	300
1920	560
1925	806

Jahr	Mitglieder
1930	600
1932	572
1933	552
1935	488
1937	442

Deutlich sichtbar reflektieren sich in diesen Zahlen Schwankungen, wobei die Höchstzahl an Mitgliedern, knapp über 800, in die Zeit der Weimarer Republik Mitte der zwanziger Jahre des 20. Jahrhunderts fällt. Von Beginn an bemühte sich der Verein dabei – was in den Akten seine Bestätigung findet – mehr Mitglieder zu gewinnen, zumal für eine Großstadt wie Leipzig (1933: 713 470 Einwohner) der Verein doch recht klein war. Vergleichbare Städte im west- und nordwestdeutschen Raum fanden einen

---

55 Vgl. Walter Fellmann, 125 Jahre Leipziger Geschichtsverein 1867–1992. Schriften des Leipziger Geschichtsvereins neue Folge, Bd. 1/1992, Beucha 1992, S. 7–8.

56 Die Angaben nach Fellmann, 125 Jahre Leipziger Geschichtsverein (wie Anm. 55), S. 27 und dem im Stadtarchiv Leipzig lagernden Bestand Verein für die Geschichte Leipzigs. Zur Mitgliederentwicklung nach 1945 vgl. die entsprechenden Kapitel und Übersichten in dieser Festschrift!

größeren Zuspruch, und auch Dresden wurde seitens des Vorstands immer wieder in den Quellen als Beispiel für einen zahlenmäßig stärkeren Verein dargestellt. Trotz mancher Werbeaktion zeigt man sich von der Leipziger Bevölkerung enttäuscht, wie Ernst Kroker 1917 in der Festschrift zum 50-jährigen Bestehen des Vereins für die Geschichte Leipzigs mit deutlichen Worten anmerkte:

»Man begnügt sich vielfach nicht damit, an den Arbeiten auf diesem Gebiete gleichgültig vorbeizugehen; man hält sie vielmehr für überflüssig ... In unserer Bürgerschaft ... ist der geschichtliche Sinn schwach entwickelt ... Leipzig ist eine Handelsstadt mit rasch wechselnder Bevölkerung, in der die alteingesessenen Geschlechter, in anderen Städten die Träger der geschichtlichen Überlieferung, fast ganz fehlen. Nur wenige reiche Familien haben es in Leipzig über die 4. oder 5. Generation gebracht; die meisten sind nach raschem Emporsteigen wieder hinabgesunken, oder sie sind aus der Stadt aufs Land hinausgezogen und im Landadel aufgegangen. An ihre Stelle sind neue, fremde Geschlechter getreten, ohne Zusammenhang mit der Geschichte der Stadt und ohne Verständnis dafür.«[57]

In den Akten des Vereins für die Geschichte Leipzigs finden sich auch Beispiele von »Eigeninitiativen« einzelner Mitglieder, Attraktivität und Ausstrahlung des Geschichtsvereins zu verbessern bzw. neue Mitglieder zu werben. So wandte sich etwa 1915 Siegfried Moltke (1869–1958), Schriftsteller, Autor mehrerer historischer Abhandlungen zur Leipziger Messe- und Handelsgeschichte, Bibliothekar der Industrie- und Handelskammer zu Leipzig, seit 1901 Mitglied im Verein und später auch im Vorstand, in einem maschinenschriftlichen Schreiben an den Vorsitzenden Ernst Kroker mit folgender Nachricht:

»Nun ist mein Sohn nicht mehr das ›jüngste‹ Mitglied unseres lieben Geschichtsvereins: ich habe soeben – hoffentlich vorläufig, denn ich fahnde nach weiteren – die Herren Dr. iur. Ernst Wendtland, Syndikus der Handelskammer, Leipzig, Tröndlinring 2, und Dr. iur. Erich Klien II, Sekretär der Handelskammer, Leipzig – Go(hlis), Berggartenstraße 1, als Mitglieder gewonnen. Vivant sequentes!«[58]

Moltke war offenkundig in unermüdlicher, ja rühriger - letztlich auch erfolgreicher - Weise um die Gewinnung neuer Mitglieder besorgt, haben sich doch in den Akten gut zwei Dutzend solcher Erfolgsmeldungen erhalten. Das neu gewonnene Mitglied Dr. Max Ronniger machte sich in einem mehrseitigen Brief an den Vorstand des

---

57 Schriften des Vereins für die Geschichte Leipzigs, Bd. 12, S. 25 und 76.
58 Lat.: Die nach uns Kommenden sollen leben! Stadtarchiv Leipzig, Verein für die Geschichte Leipzigs, Nr. 107, Bl. 155.

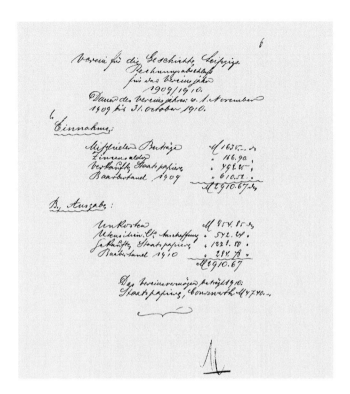

Abb. 9: Jahresrechnung des Vereins für 1909/10.

Vereins vom Januar 1918 ausführlich Gedanken, wie man die Arbeit interessanter und – mit Blick auf neue Mitglieder – ertragreicher gestalten könne. Anlass hierfür bot für den Absender des Schreibens die gerade erschienene Festschrift zum 50-jährigen Bestehen des Vereins. Ronniger hatte sich das Mitgliederverzeichnis des Vereins aus dem Jahre 1915 angeschaut und dabei u. a. festgestellt, dass nur drei besoldete Stadträte (davon zwei im Ruhestand) dem Verein angehörten. Ronniger führte aus: »Es müsste m. E. eine Selbstverständlichkeit sein, dass diejenigen Herren, die bestimmend an Leipzigs Geschicken mitwirken, Mitglieder wären.«[59] Ronniger regte darüber hinaus eine großangelegte Werbekampagne an, um im Angesicht des soeben begangenen Jubiläums neue Mitglieder zu gewinnen, auch und gerade aus den Reihen von Industrie, Handel und Banken, die der »Kroker-Stiftung« tatkräftig unter die Arme greifen sollten. Er regte darüber hinaus ein ganzes Bündel an Maßnahmen an: Der Verein solle sich an den Volkshochschulkursen beteiligen, Sonntagsspaziergänge in der Stadt unter fachkundiger Führung veranstalten, in der Presse aktiver hervortreten und durch den Beitritt zum Verein Mitgliedern Lipsiensia und Saxonica zu Vorzugspreisen anbieten. Inwieweit Ronnigers konkrete Vorschläge im Vorstand Gehör fanden, lässt sich

---

59 Stadtarchiv Leipzig, Verein für die Geschichte Leipzigs, Nr. 25, Bl. 025–027.

Abb. 10: Maschinenschriftliche Jahresrechnung 1915/1916.

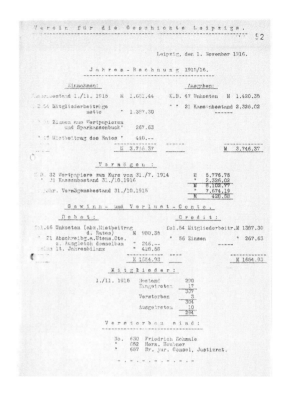

anhand der Aktenlage nicht feststellen. Fest steht hingegen: Bis 1920 stieg die Zahl der Vereinsmitglieder wieder spürbar an!

Nur zwei Monate nach der 50-Jahr-Feier im Dezember 1917 bat der Vorstand unter Krokers Führung annähernd 900 dezidiert angesprochene Leipziger Bürger schriftlich, dem Verein beizutreten, doch lediglich 34 (!) reagierten positiv.[60] Immerhin stieg aber gerade zwischen 1920 und 1925 die Zahl der Mitglieder doch beträchtlich an. Dr. Friedrich Schulze, der Kroker als Vorsitzender des Vereins 1926 folgte, meinte – offenbar den Höchststand an Mitgliedern vor Augen – 1927 im Vorstand: »Das Vorbild ... des Vereins für die Geschichte des Bodensees, der 1 420 Mitglieder umfasst, sollte uns anspornen, im kommenden Jahr zunächst einmal das erste Tausend zu erreichen.«[61] Dieser Optimismus erwies sich freilich als falsch, die Mitgliederzahlen waren fortan stetig rückläufig.

---

60 Stadtarchiv Leipzig, Verein für die Geschichte Leipzigs, Nr. 75.
61 Ebd., Nr. 34, Bl. 10. Zu bedenken ist, mit Blick auf die Zahl der Mitglieder des Vereins für die Geschichte des Bodensees u. a. die Tatsache, dass dieser in einer völlig anderen Geschichtslandschaft verankert war und darüber hinaus ein flächenmäßig weitaus größeres Gebiet erfasste.

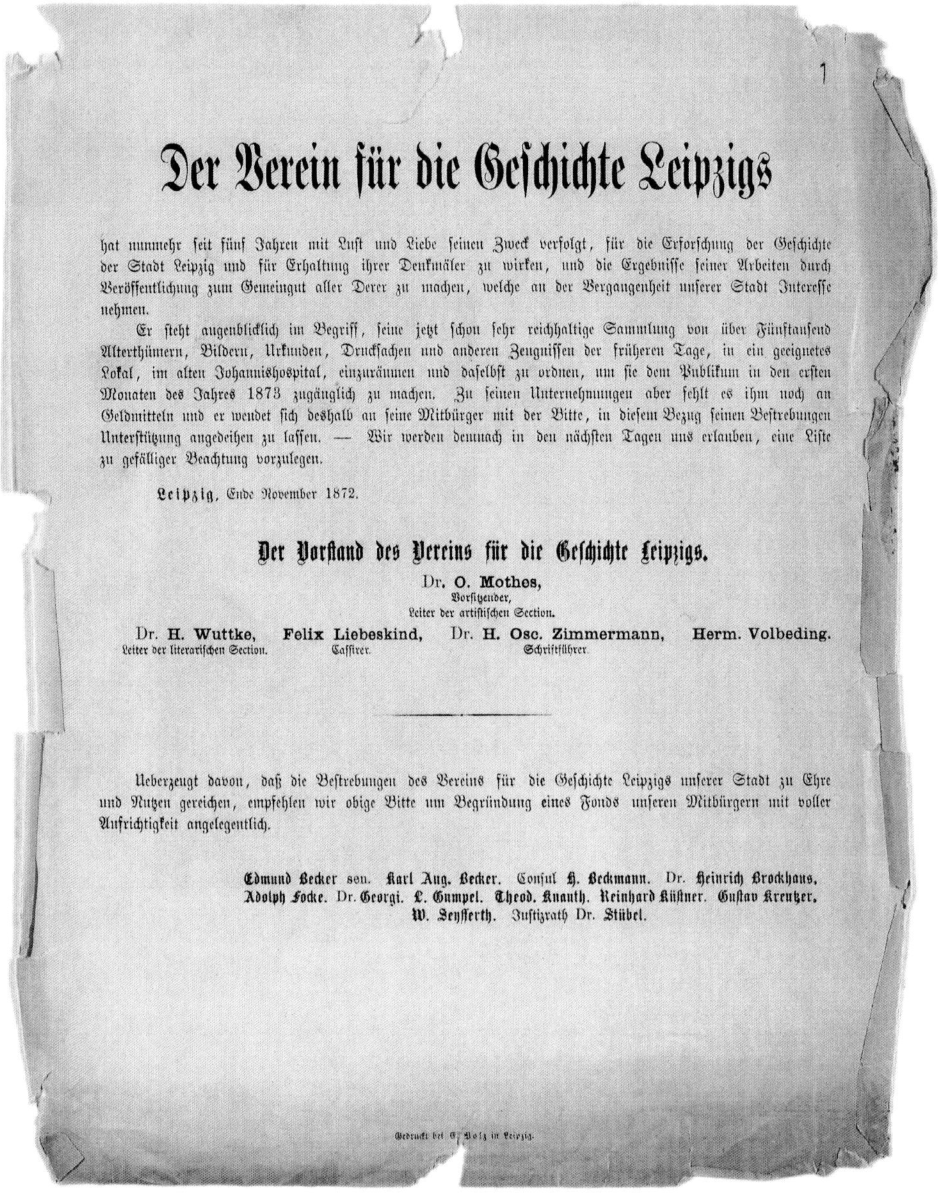

Der Verein für die Geschichte Leipzigs

hat nunmehr seit fünf Jahren mit Lust und Liebe seinen Zweck verfolgt, für die Erforschung der Geschichte der Stadt Leipzig und für Erhaltung ihrer Denkmäler zu wirken, und die Ergebnisse seiner Arbeiten durch Veröffentlichung zum Gemeingut aller Derer zu machen, welche an der Vergangenheit unserer Stadt Interesse nehmen.

Er steht augenblicklich im Begriff, seine jetzt schon sehr reichhaltige Sammlung von über Fünftausend Alterthümern, Bildern, Urkunden, Drucksachen und anderen Zeugnissen der früheren Tage, in ein geeignetes Lokal, im alten Johannishospital, einzuräumen und daselbst zu ordnen, um sie dem Publikum in den ersten Monaten des Jahres 1873 zugänglich zu machen. Zu seinen Unternehmungen aber fehlt es ihm noch an Geldmitteln und er wendet sich deshalb an seine Mitbürger mit der Bitte, in diesem Bezug seinen Bestrebungen Unterstützung angedeihen zu lassen. — Wir werden demnach in den nächsten Tagen uns erlauben, eine Liste zu gefälliger Beachtung vorzulegen.

Leipzig, Ende November 1872.

Der Vorstand des Vereins für die Geschichte Leipzigs.

Dr. O. Mothes,
Vorsitzender,
Leiter der artistischen Section.

Dr. H. Wuttke,   **Felix Liebeskind,**   **Dr. H. Osc. Zimmermann,**   **Herm. Volbeding.**
Leiter der literarischen Section.   Cassirer.   Schriftführer.

Ueberzeugt davon, daß die Bestrebungen des Vereins für die Geschichte Leipzigs unserer Stadt zu Ehre und Nutzen gereichen, empfehlen wir obige Bitte um Begründung eines Fonds unseren Mitbürgern mit voller Aufrichtigkeit angelegentlich.

Edmund Becker sen.   Karl Aug. Becker.   Consul H. Beckmann.   Dr. Heinrich Brockhaus.
Adolph Focke. Dr. Georgi. L. Gumpel. Theod. Knauth. Reinhard Küstner. Gustav Kreutzer.
W. Seyfferth.   Justizrath Dr. Stübel.

Gedruckt bei G. Bolz in Leipzig.

Abb. 11: Spendenaufruf des Vereins für die Geschichte Leipzigs zur Unterstützung seiner Sammeltätigkeit (1872).

Die Ära der wegweisenden Vorsitzenden
(Eckstein, Mothes, Wustmann, Mangner und Kroker)

Die nicht einmal zwei Jahre während Amtszeit des Gründungsvorsitzenden Friedrich August Eckstein blieb, bei allen Verdiensten des engagierten Universitätsgelehrten und Altphilologen, aufgrund der kurzen Wirkungszeit an der Spitze des Vereins weitestgehend Episode, auch wenn gerade 1868/69 wichtige Weichenstellungen für die weitere Entwicklung vorgenommen wurden. Eckstein hatte offenkundig nicht damit gerechnet, wie anspruchsvoll und vor allem zeitintensiv die Tätigkeit als Vereinsvorsitzender insbesondere beim Aufbau effektiver Strukturen sein würde, vor allem, weil es sich von Beginn an um eine ehrenamtliche Funktion handelte.

Die folgenden 13 Jahre unter dem Vorsitz von Oscar Mothes (1869–1882), die neun Jahre unter Gustav Wustmann (1882–1891), Eduard Mangners immerhin 20jährige (1891–1911) und vor allem die 15-jährige Amtszeit Ernst Krokers (1911–1926) haben den Verein in weitaus größerem Umfang inhaltlich geprägt. Die insgesamt fast sechs Jahrzehnte während Amtszeiten der vier genannten obersten Repräsentanten des Vereins bilden geradezu eine Ära, wobei es zu berücksichtigen gilt, dass sich der Wirkungsort des Vereins – Leipzig – in diesen Dezennien rasant veränderte, die Messe- und Universitätsstadt endgültig in die Phalanx der größten und führenden Kommunen in Deutschland (in einem sich zudem wandelnden staatlichen Rahmen) aufstieg – mit allen damit verbundenen positiven wie negativen Entwicklungstendenzen.[62]

Für den in der Reihenfolge zweiten Vorsitzenden des Vereins für die Geschichte Leipzigs, Oscar Mothes, galt es zunächst erst einmal, die begonnene Sammeltätigkeit von Zeugnissen zur Leipziger Stadtgeschichte in geordnete – auch dauerhaft räumliche – Bahnen zu lenken und zugleich durch eine aktive Öffentlichkeitsarbeit für den Beitritt zum Verein sowie für finanzielle Unterstützung der Arbeit zu werben, wie das Beispiel eines »Spendenaufrufs« aus dem Jahre 1872 verdeutlicht.

Unter Leitung von Oscar Mothes wurde, nach mehreren Zwischenstationen, der Umzug der Sammlungen in das neue Domizil, das 1872 freigewordene Alte Johannisspital, bewerkstelligt, das für beinahe vier Jahrzehnte die neue Heimstätte des Sammlungsbestandes des Vereins werden sollte. Zwei Jahre zuvor hatte der Verein – vor dem Hintergrund des Deutsch-Französischen Krieges und seiner Stimmungsreflexion in der Bevölkerung – mit einer einwöchigen Sonderschau im Hotel de Prusse am

---

62 Zu grundlegenden Entwicklungstendenzen vgl. Neues Leipzigisches Geschicht-Buch (Kapitel »Leipzigs Aufstieg zur Großstadt« sowie »Leipzig in den Jahren der Weimarer Republik und unter dem Hakenkreuz«, wie Anm. 29).

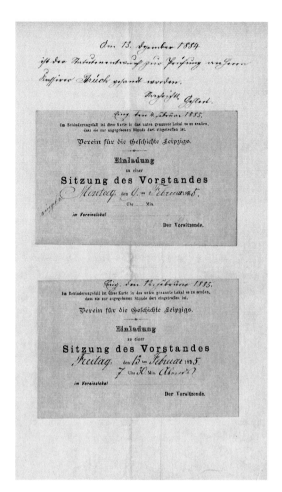

Abb. 12: Einladung zu einer Vorstandssitzung des Vereins für die Geschichte
Leipzigs (1885).

Rossplatz zur »Völkerschlacht 1813« in der Öffentlichkeit von sich reden gemacht.
Immerhin über 3 000 Besucher, darunter Schüler und Studenten, sahen die Ausstellung. Dies übertraf alle Erwartungen. Da der Hotelbesitzer dem Verein weder Miete
noch Nebenkosten berechnete, erwies sich das realisierte Vorhaben finanziell als Erfolg: Der Verein konnte einen Überschuss erzielen, der den jährlichen Mieteinnah-
men entsprach; er stärkte zugleich auch Selbstvertrauen und Ansehen des Vereins für
die Geschichte Leipzigs.[63]

Mit Gustav Wustmann trat 1882 ein Gelehrter an die Spitze des Vereins für die
Geschichte Leipzigs, der wie der Gründungsvorsitzende Eckstein Philologie studiert
und etliche Jahre als Lehrer sein Brot verdient hatte. Auf dieser Grundlage näherte

---

63 Vgl. Fellmann, 125 Jahre Leipziger Geschichtsverein (wie Anm. 55), S. 9.

Dr. Oscar Mothes (1828–1903) – zweiter Vorsitzender des Vereins

Der in Leipzig geborene Sohn eines Gerichtsdirektors studierte 1845 bis 1847 bei Gottfried Semper in Dresden Architektur. Als ersten selbstständigen Auftrag entwarf er die Dorfkirche in Rüdigsdorf (Kohren-Sahlis), ein frühes Zeugnis der Neugotik in Sachsen. Nach Militärdienst und Studienreisen nach Italien und Spanien ließ er sich 1853 als Architekt in Leipzig nieder. Im Jahre 1865 promovierte der Freimaurer Mothes an der Universität Leipzig zum Dr. phil. In den beiden Folgejahrzehnten befasste sich Mothes beruflich vor allem mit Neu- und Umbauten von Schlössern und Villen unter Verwendung vornehmlich gotischer Stilelemente. 1879/80 zeichnete er verant-wortlich für den Umbau der Matthäi-Kirche (im Zweiten Weltkrieg zerstört) in Leipzig. Darüber hinaus publizierte er zahlreiche Abhand-lungen zur frühchristlichen und mittelalterlichen Architektur. Unter seiner Leitung wurde 1861 der Leipziger Gewerbliche Bildungsverein gegründet. Mothes zählte zu den Gründungsmitgliedern des Vereins

(um 1877, Stadtgeschichtli-ches Museum Leipzig, Inv. Nr. Leb. 1/36 b.)

für die Geschichte Leipzigs, dem er fast 13 Jahre (1869–1882) als Vorsitzender vorstand, wobei er sich – gemäß der Satzung des Vereins – besondere Verdienste bei der Sammlung »historischer Altertümer« erwarb, die den Grundstock des späteren Stadtgeschichtlichen Museums bildeten. 1884 zog Mothes nach Zwickau, wo er bis 1900 als Stadtbaurat wirkte. 1888 wurde er zum Ehrenmitglied des Vereins für die Geschichte Leipzigs ernannt. Mothes starb 1903 in Dresden. Sein Grabmal befand sich auf dem zu DDR-Zeiten aufgelassenen Neuen Johannisfriedhof zu Leipzig und zählte zu den 120 als kunsthistorisch wertvoll eingestuften Grabdenkmälern, die auf den Alten Johannisfriedhof umgesetzt und nach 1990 restauriert wurden.

Seit 1907 gibt es in Leipzig eine Mothesstraße, allerdings benannt nach dem Vater August Ludwig Mothes (1794–1856).[64]

er sich der Geschichte Leipzigs mit einem feinen Gespür für die Quellen zur älteren Geschichte der Messe- und Universitätsstadt. Nur ein Jahr nach der Festanstellung als Oberbibliothekar der Stadtbibliothek und als Direktor des Ratsarchivs übernahm Wustmann auch die Führung des knapp 15 Jahre bestehenden Geschichtsvereins, übte gleichsam eine Art dreifache Oberaufsicht über die außeruniversitäre Beschäfti-gung mit Leipzigs reicher Vergangenheit aus, die er in allen drei Bereichen nachhaltig prägen sollte.[65] Wustmanns Wirken an der Spitze von Stadtbibliothek und Ratsarchiv darf als uneingeschränkt erfolgreich und wegweisend bezeichnet werden, was sich – trotz aller Anstrengungen – für die neun Jahre an der Spitze des Vereins für die Ge-schichte so nicht mit letzter Konsequenz sagen lässt. Auf der einen Seite erschienen drei weitere Bände der Vereinsschriften, darunter ein Band mit gesammelten Schriften

---

64 Leipzig-Lexikon, online abrufbar unter http://www.leipzig-lexikon.de/reg/mm.htm.

65 Zu Wustmann vgl. Beate Berger, Geehrt und vergessen. Einige Anmerkungen zum 160. Geburtstag von Gustav Wustmann (1844–1910), in: Volker Schimpff, Wieland Führ (Hgg.), Historia in Museo. Festschrift für Frank-Dietrich Jacob, Langenweißbach 2004, S. 23–31.

Wustmanns (1885), nachdem dieser schon mit der Mehrzahl eigener Studien das Erscheinen des zweiten Bandes sieben Jahre zuvor abgesichert hatte. Allerdings scheint das Vereinsleben als solches, schenkt man den Worten Krokers in dem Glückwunschschreiben des Vereins zum 80. Geburtstag Eduard Mangners Glauben, im Argen gelegen zu haben. Dass Wustmann ein großer Gelehrter und hervorragender Verwalter der ihm anvertrauten Ämter in Stadtbibliothek und Ratsarchiv war, steht außer Frage. Unbestritten ist auch sein Verdienst, 1905 mit dem ersten Band seiner – wenn auch von konzeptionellen Schwächen geprägten – Geschichte der Stadt Leipzig, die von den Anfängen bis zur Reformationszeit reicht, die »erste quellenbegründete Gesamtdarstellung der Stadtgeschichte« vorgelegt zu haben.[66] Zugleich jedoch wird Wustmann als »spröde, eigenwillig und eigensinnig« beschrieben.[67] Und auch der Nachruf auf ihn in der Leipziger Zeitung vom 23. Dezember 1910 lässt, bei allen würdigenden Worten, den Hauch einer Kritik aufscheinen:

> »In der Verwaltung der ihm anvertrauten Schätze konnte er mitunter eigensinnig, zurückhaltend oder wenig mitteilsam sein – doch das alles war eine Folge seiner leidenschaftlichen Liebe zu seinen Büchern und Akten, deren Erhaltung ihm erste Bürgerpflicht war.«[68]

Man rühmte sein großes Wissen, seine Belesenheit, sein außerordentliches pädagogisches Talent – doch lassen die Quellen zugleich einen autokratischen Vorsitzenden erkennen. Insofern kann man jedenfalls darüber spekulieren, wer sich 1891 von wem trennte: Wustmann vom Verein oder Letzterer von Wustmann ...

Nach dem Rücktritt Wustmanns galt es jedenfalls zunächst erst einmal die Wogen zu glätten. Nicht unerwartet wurde der bis dahin zweite Vorsitzende des Vereins für die Geschichte Leipzigs und zugleich dessen Gründungsmitglied, Eduard Mangner, Wustmanns Nachfolger. Eduard Mangner, der nun vierte Vorsitzende des Vereins, war als Pädagoge Repräsentant einer über Jahrzehnte hinweg im Geschichtsverein maßgeblich – wenn auch mit Schwankungen – vertretenen sozialen Gruppe: der Lehrer. Mangner stand 20 Jahre dem Verein vor, war damit der am längsten an der Spitze des Vereins stehende Vorsitzende, dennoch bleibt seine Biographie im Vergleich zu den anderen Vorsitzenden, trotz der zahlreichen von ihm überlieferten Briefe, verhältnismäßig blass. Immerhin: Der Ruf des Vereins für die Geschichte der Stadt Leipzig ging weit über die Stadtgrenzen hinaus, was der wachsende Schriftenaustausch verdeutlicht. Indirekt leistete der Verein auch »Aufbauhilfe« für andere Geschichtsvereine,

---

66 Vgl. Enno Bünz, 1000 Jahre Leipzig – der lange Weg zur großen Stadtgeschichte. Einführung, in: Geschichte der Stadt Leipzig. Bd 1: Von den Anfängen bis zur Reformation, hrsg. von Enno Bünz, Leipzig 2015, S. 22.
67 Vgl. H.-Christian Mannschatz, Das Gedächtnis der Stadt Leipzig: Gustav Wustmann zum 150. Geburtstag, in: Leipziger Amtsblatt, Nr. 8 (18.4.1994).
68 Vgl. Universitätsbibliothek Leipzig, Nachlass Gustav Wustmann (NL 297/1/1434).

wie das Beispiel Gera verdeutlicht. Der Rat der Stadt Gera wandte sich Anfang März 1898 an den Leipziger Geschichtsverein, da in der reußischen Residenzstadt ebenfalls ein historischer Verein gegründet werden sollte, weshalb man aus Leipzig die Übersendung der Statuten und einen Geschäftsbericht erbat.[69]

In die lange Amtszeit Eduard Mangners fällt vor allem der Umzug der Sammlungen des Vereins in das Alte Rathaus zu Leipzig. Von Beginn an war es das Anliegen des Vereins gewesen, die in den Sammlungen zusammengetragenen Exponate auch der Öffentlichkeit zugänglich zu machen.[70] Zwar war diese Möglichkeit im Alten Johannishospital gegeben, jedoch nur eingeschränkt. Hinzu kam, dass die Sammlungen seit der Vereinsgründung stetig gewachsen sind, aber nur ehrenamtlich in einzelnen Pflegschaften betreut werden konnten. Ein weiterer Punkt, der wiederholt Anlass zur Sorge bot, waren die knappen Finanzen des Vereins, dem die Stadt eigentlich permanent mit Blick auf einen Mietkostenzuschuss unter die Arme greifen musste. Exemplarisch lässt sich dies an nachfolgendem Beispiel aus den »Acten des Vereins für die Geschichte Leipzigs den Verkehr mit dem Rath der Stadt Leipzig und anderen Behörden betr.« belegen. So heißt es in einem Antwortschreiben des Rats an den Vorstand des Vereins, der sich zuvor hilfesuchend an die Stadtväter gewandt hatte, vom September 1885:

»Dem geehrten Vorstand theilen wir ganz ergebenst mit, dass wir in Berücksichtigung der von demselben in der Eingabe vom 23./30. Januar d. J. dargelegten misslichen finanziellen Verhältnisse des Vereins für die Geschichte Leipzigs mit Zustimmung der Herren Stadtverordneten beschlossen haben, vom laufenden Jahre an den Zeithen aus der Stadtkasse dem genannten Verein gewährten jährlichen Beitrag das für die Vereinslokalitäten an das Johannishospital zu bezahlenden jährlichen Mietzinses zu erhöhen.

Wir haben demgemäß unsere Stadtkasse angewiesen, die auf gegenwärtiges Jahr zur Erfüllung des erhöhten Beitrages noch zu gewährenden 360 M. in Abschlag auf die zweite Mietzinsrate von 630 M. sowie fernerhin und bis auf Weiteres den Betrag alljährlich zur Deckung das dem Johannishospitale zukommenden Mietzinses an unsere Stiftungsbuchhalterei abzuführen.

Mit größter Hochachtung

Leipzig den 19. September 1885

Der Rath der Stadt Leipzig

O. Georgi[71]

---

69 Stadtarchiv Leipzig, Verein für die Geschichte Leipzigs, Nr. 100, Bl. 24.
70 Stadtarchiv Leipzig, Verein für die Geschichte Leipzigs, Nr. 1 (Statut 1867), Bl. 4.
71 Stadtarchiv Leipzig, Verein für die Geschichte Leipzigs, Nr. 89, Bl. 1.

Prof. Dr. Gustav Wustmann (1844–1910) – dritter Vorsitzender des Vereins

Gustav Wustmann, um 1900, gemalt von seinem Sohn Gustav Wustmann (1873–1939). Leihgabe der Enkelin an das Stadtgeschichtliche Museum Leipzig (Standort Stadtarchiv Leipzig, 2015_44369,1)

Der in Dresden als Sohn eines Feuerwerkers geborene Wustmann besuchte zunächst die dortige Garnisonsfreischule und nachfolgend schulgeldfrei die Kreuzschule (1854–1862), um anschließend dank einer Förderung in Leipzig 1862 bis 1866 Klassische Philologie und Archäologie zu studieren und mit einer Abhandlung über den griechischen Maler Apelles zu promovieren. Nach kurzer Tätigkeit als Probe- und Hilfslehrer an der Thomasschule wechselte Wustmann als Gymnasiallehrer an die Nikolaischule, wo er als Goethe- und Schillerfachmann unter den Schülern hohe Anerkennung genoss. 1870 heiratete Wustmann Marie Aumüller, aus der Ehe gingen in rascher Folge vier Söhne und eine Tochter hervor.

1871 trat er eine nebenamtliche Arbeit als Sekretär der Stadtbibliothek Leipzig an, die damals noch über umfangreiche historische Handschriftenbestände verfügte. 1874 verfasste der auch publizistisch tätige Wustmann eine Monografie über den Leipziger Ratsbaumeister Hieronymus Lotter. 1881 übernahm der der Forschung zuneigende Wustmann die Leitung der Stadtbibliothek und des Ratsarchivs (seit 1940 Stadtarchiv), nachdem der Leipziger Rat hier eine dotierte Stelle eingerichtet hatte. Das Ratsarchiv war für Wustmann keine Ansammlung »abgethaner Acten«[72], sondern eine wissenschaftliche Einrichtung, und der neue Leiter begann nachfolgend systematisch die Quellen zur Geschichte Leipzigs zu erschließen. Darüber hinaus untersuchte er kritisch die zeitgenössische Sprachpraxis, woraus das 1891 erschienene Buch »Allerhand Sprachdummheiten. Kleine deutsche Grammatik des Zweifelhaften, des Falschen und des Hässlichen« resultierte, das nachfolgend insgesamt 14 Auflagen erlebte. Der Bestand der Leipziger Stadtbibliothek vervierfachte sich unter Wustmanns Leitung. Für das Ratsarchiv konnte Wustmann eine bessere Unterbringung erreichen, zugleich führte er eine erste, lediglich aus zwei Punkten bestehende Benutzerordnung ein. Außerdem förderte Wustmann zahlreiche zur Leipziger Stadtgeschichte forschende Doktoranden, doch galt er zugleich als »schwieriger Zeitgenosse«.[73] Wustmanns Kompetenz und seine rastlose Publikations- und Vortragstätigkeit veranlassten die Mitglieder des Vereins für die Geschichte Leipzigs, ihn 1882 zum Vorsitzenden zu wählen. Wustmann nutzte die Vereinsabende reichlich zum eigenen Auftritt, während die Schriften des Vereins quasi sein Organ wurden. Überdies gab es auch Streitigkeiten mit dem autokratischen Vorsitzenden, der 1891 sein Amt niederlegte.

Wustmann erhielt 1897 den Professorentitel. Er starb 1910. Im Nachruf in den Leipziger Neuesten Nachrichten war u. a. zu lesen: »So hat der Leipziger Stadtbibliothekar und Archivdirektor in Wort und Schrift, als Vortragender im Verein für Geschichte Leipzigs und als der berufenste Geschichtsschreiber unserer Stadt jahrzehntelang befruchtend gewirkt.«[74] Der in der Universitätsbibliothek Leipzig aufbewahrte Nachlass zeigt u. a. einen mit zahlreichen Persönlichkeiten innerhalb und außerhalb Leipzigs stehenden Gelehrten und geschätzten Fachmann. Seine Publikationsliste weist 21 Monographien aus, darunter den 1905 erschienenen ersten Band der Geschichte der Stadt Leipzig, trotz methodischer Schwächen noch immer ein lesenswertes Buch, freilich ohne Einzelnachweise.[75]

---

72 Beate Berger, Geehrt und vergessen (wie Anm. 65), S. 27.
73 Ebd., S. 29.
74 Ernst Kroker, Paul Benndorf, Der Verein für die Geschichte Leipzigs in den fünfzig Jahren von 1867 bis 1917, Leipzig 1917 (Schriften des Vereins für die Geschichte Leipzigs, 12), S. 26.
75 Vgl. Enno Bünz, 1000 Jahre Leipzig – der lange Weg zur großen Stadtgeschichte (wie Anm. 65), S. 22.

Nur zwei Wochen später sandte der Vorstand ein Schreiben an den Rat, in dem er unterstrich, dass durch den gewährten Zuschuss der jährliche Mietzins nun vollständig gedeckt sei. Zugleich bedankte man sich aufrichtig für die »abermalige wohlwollende Förderung seiner Bestrebungen«.[76] Das »Stadtverordnetencollegium« erhielt nur einen Tag später ein separates Schreiben. Neben dem darin geäußerten Dank für die Erhöhung der finanziellen Unterstützung von 900 auf 1 260 Mark heißt es hierin:

> »Wir hegen die Hoffnung, dass es den städtischen Behörden gelingen werde, auch ohne das Grassimuseum in Angriff zu nehmen, die Raumfrage unserer Sammlungen demnächst in zweckmäßiger und befriedigender Weise zu lösen.«[77]

Doch auch die nachfolgenden beiden Jahrzehnte änderten nichts an der misslichen Situation. Eine 1905 avisierte städtische Zuwendung zeigte das ganze Dilemma deutlich. Offenkundig sollte der Verein ein neues Domizil in der Salomonstraße erhalten, das zwar verkehrsgünstig gelegen war, jedoch baulich nicht den Anforderungen zur Unterbringung der Sammlungen entsprach. Die im Verein in diesem Kontext entbrannte Diskussion führte dazu, dass – auch eingedenk der Tatsache, dass eine professionelle Betreuung des Sammlungsbestandes sich als dringend erforderlich erwies – der Vorstand die Zuwendung ablehnte und seinerseits der Stadt die Sammlung als Geschenk anbot.[78] Hierüber wurden intensive Verhandlungen geführt, an denen sich auch der Oberbürgermeister Bruno Tröndlin (1835–1908) beteiligte. Im Verein selbst schienen jedoch die Fronten der Befürworter und Ablehner verhärtet. Die Abstimmung in der Hauptversammlung am 18. Dezember 1906 im Saal des kaufmännischen Vereinshauses jedenfalls glich einer Zerreißprobe. Schließlich konnten sich die Befürworter durchsetzen, zumal es zur Abgabe der Sammlungen keine vernünftige Alternative gab.[79]

Am 30. Januar 1907 billigten die Stadtverordneten den Vertrag. Vom 27. Oktober bis 8. November 1909 wurde das Alte Johannishospital geräumt, und am

---

76 Ebd., Bl. 2.

77 Ebd., Bl. 2. Der Leipziger Kaufmann Franz Dominic Grassi (1801–1880) hatte der Stadt ein Vermögen von 2,327 Millionen Mark hinterlassen (etwa 20 Millionen Euro), aus dem nachfolgend zahlreiche Bauvorhaben (u. a. Neues Gewandhaus, Städtisches Museum am Augustusplatz) finanziert wurden, vor allem auch das nach dem Stifter benannte Museum, dessen erster Bau 1892 bis 1895 am Königsplatz (heute Wilhelm-Leuschner-Platz) entstand und der das Museum für Völkerkunde und das Museum für Kunsthandwerk beherbergte. Heute befindet sich darin die Stadtbibliothek.

78 Stadtarchiv Leipzig, Verein für die Geschichte Leipzigs, Nr. 100, Bl. 61–62. Das an den Rat gerichtete Schreiben vom 4. Februar 1906 stammt aus der Feder von Ernst Kroker.

79 Stadtarchiv Leipzig, Verein für die Geschichte Leipzigs, Nr. 29, Bl. 23. Vgl. des Weiteren Klaus Sohl, Sammeln, bewahren, vermitteln. Zum 75jährigen Bestehen des Museums der Stadt Leipzig, in: Leipzig: Aus Vergangenheit und Gegenwart, Bd. 3, Leipzig 1984, S. 184–231. Vgl. hierzu auch die Einladungskarte zur außerordentlichen Generalversammlung vom 18. Dezember 1906 (Stadtarchiv Leipzig, Verein für die Geschichte Leipzigs, Nr. 100, Bl. 80).

11. Dezember 1911 erfolgte die feierliche Eröffnung des Stadtgeschichtlichen Museums im Alten Rathaus mit den Sammlungen des Vereins.[80] Dr. Albrecht Kurzwelly wurde als Museumsdirektor berufen; er hatte sich bereits als ehrenamtlicher Sammlungsvorstand und exzellenter Kenner der Bestände einen Namen gemacht; der Rat würdigte mit dieser Personalentscheidung zweifellos auch die Leistungen des Geschichtsvereins.

Unter den Bedingungen, die der Vorstand des Vereins unter Führung Eduard Mangners am 23. Januar und 4. Februar 1906 an die Schenkung knüpfte, verdient – außer der Bestimmung, dass die Mitglieder des Vereins das Stadtgeschichtliche Museum im Alten Rathaus kostenfrei besuchen dürfen – vor allem der nachfolgende Paragraph Erwähnung:

> »6. Dem Verein wird für seine Geschäftszwecke insbesondere zur Abhaltung seiner Vorstandssitzungen, wenn nicht im Alten Rathause, so doch in einem anderen städtischen Gebäude ein größeres Zimmer, in dem einige Vereinsschränke Aufstellung finden können, soweit möglich zur alleinigen Benutzung unentgeltlich zur Verfügung gestellt.«[81]

Dieser vertraglich fixierte Paragraph sollte freilich auch nach Übergabe der Sammlungsbestände für Unruhe sorgen. Für Vorträge stellte der Rat fortan die Alte Börse zur Verfügung, was für den Verein ein großes Plus bedeutete, zumal er hier von einer Miete befreit wurde und lediglich die Nebenkosten (Licht und Heizung) zu tragen hatte. Ein Geschäftszimmer erhielt der Verein im Erdgeschoss des Hauses Matthäikirchhof 2, freilich erwies sich die neue Adresse nur als Übergangslösung.

Der Vorstand konnte in dem Geschäftszimmer nur ein einziges Mal tagen (8. Februar 1911), da das Haus – was wohl seit Längerem bekannt war – abgebrochen wurde, der Verein nunmehr ohne Quartier dastand und sich der Rat nicht in der Lage sah, rasch Abhilfe zu schaffen. Der Verein musste sich also selbst nach neuen Räumlichkeiten umschauen, lediglich der Mietzuschuss in Höhe von 400 Mark konnte vorübergehend in bar in Empfang genommen werden.[82] Dank intensiver Suche wurde der Vorstand jedoch rasch fündig und bezog kurz darauf im Vordergebäude Packhofstraße 3 sein neues Domizil, wie der erhaltene Mietvertrag vom 12. April 1911 aussagt.[83] Es sollte nicht die letzte Adresse des Vereins sein.

Neben der finanziellen Unterstützung waren es immer wieder historische Objekte, die der Rat dem Verein für seine Sammlungsbestände überließ – eine damit

---

80 Vgl. Fellmann, 125 Jahre Leipziger Geschichtsverein (wie Anm. 55), S. 13. Stadtarchiv Leipzig, Kap. 31, Nr. 15, Bd. 1.

81 Stadtarchiv Leipzig, Verein für die Geschichte Leipzigs, Nr. 100, Bl. 74.

82 Stadtarchiv Leipzig, Verein für die Geschichte Leipzigs, Nr. 112, Bl. 1.

83 Vgl. hierzu das Dokument Nr. 5 im Anhang.

Abb. 13: Ausschnitt aus den
mit der Übergabe der Ver-
einssammlungen an den Rat
verbundenen vertraglichen
Bestimmungen.

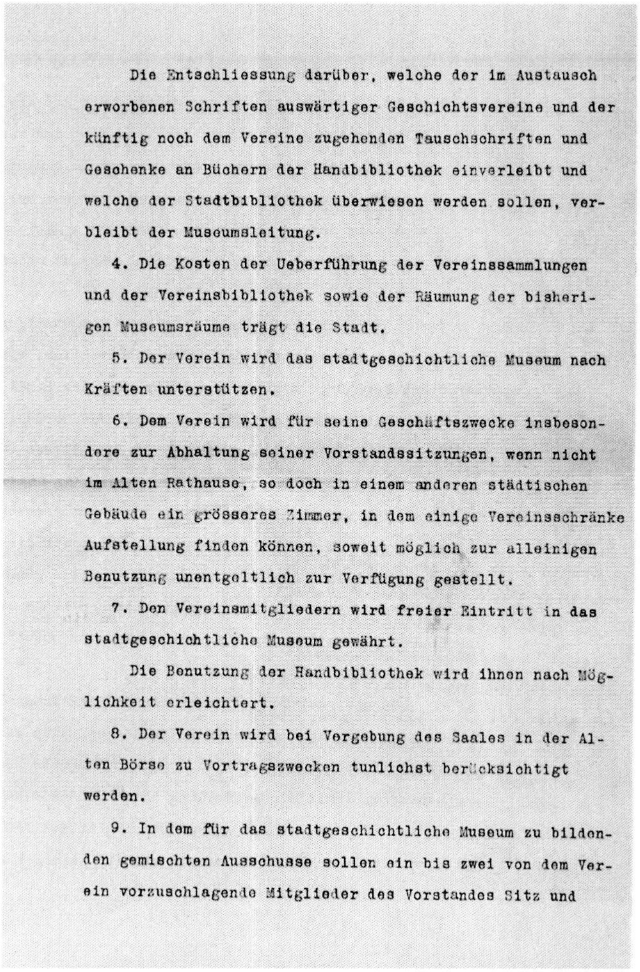

Die Entschliessung darüber, welche der im Austausch erworbenen Schriften auswärtiger Geschichtsvereine und der künftig noch dem Vereine zugehenden Tauschschriften und Geschenke an Büchern der Handbibliothek einverleibt und welche der Stadtbibliothek überwiesen werden sollen, verbleibt der Museumsleitung.

4. Die Kosten der Ueberführung der Vereinssammlungen und der Vereinsbibliothek sowie der Räumung der bisherigen Museumsräume trägt die Stadt.

5. Der Verein wird das stadtgeschichtliche Museum nach Kräften unterstützen.

6. Dem Verein wird für seine Geschäftszwecke insbesondere zur Abhaltung seiner Vorstandssitzungen, wenn nicht im Alten Rathause, so doch in einem anderen städtischen Gebäude ein grösseres Zimmer, in dem einige Vereinsschränke Aufstellung finden können, soweit möglich zur alleinigen Benutzung unentgeltlich zur Verfügung gestellt.

7. Den Vereinsmitgliedern wird freier Eintritt in das stadtgeschichtliche Museum gewährt.

Die Benutzung der Handbibliothek wird ihnen nach Möglichkeit erleichtert.

8. Der Verein wird bei Vergebung des Saales in der Alten Börse zu Vortragszwecken tunlichst berücksichtigt werden.

9. In dem für das stadtgeschichtliche Museum zu bildenden gemischten Ausschusse sollen ein bis zwei von dem Verein vorzuschlagende Mitglieder des Vorstandes Sitz und

verbundene Wertschätzung der unermüdlichen Aktivitäten des Vereins auch zum Wohle der Stadt Leipzig![84] Von der Übergabe der Vereinssammlungen profitierte zunächst einmal vor allem die Stadt Leipzig. Da das Alte Rathaus vor dem Hintergrund des Aufstiegs Leipzigs zur Großstadt den Anforderungen einer modernen – auch mehr Platz erfordernden – Verwaltung nicht mehr gewachsen war, hatten die Stadtverordneten im Jahre 1896 den Bau eines neuen, größeren und moderneren Rathauses

84 In einem Schreiben des Rates an den Vorstand des Vereins für die Geschichte Leipzigs vom 4. August 1887 etwa teilte der Absender mit, dass sich die Aufstellung des Wetterhahnes der im Vorjahr abgebrochenen alten Peterskirche auf dem neuen Reichsbankgebäude als ungünstig erweise und man daher beschlossen habe, das historische Objekt dem Verein für seine Sammlungen zu überlassen. Stadtarchiv Leipzig, Verein für die Geschichte Leipzigs, Nr. 89, Bl. 7.

Abb. 14: Matthäikirchhof – beginnender Abriss der barocken Bebauung ab 1909

beschlossen.[85] Den ausgeschriebenen Wettbewerb gewann im Folgejahr der Architekt und Leipziger Stadtbaudirektor Hugo Licht (1841–1923), und nach knapp sechs-jähriger Bauzeit wurde am 7. Oktober 1905 in Anwesenheit des sächsischen Königs Friedrich August III. das Neue Rathaus an der Stelle der mittelalterlichen Pleißenburg feierlich seiner Bestimmung übergeben.

Die Idee, das frei gewordene Alte Rathaus zum Sitz von Stadtarchiv und Stadtge-schichtlichem Museum zu erwählen, stammte von Gustav Wustmann. Am 20. April 1909 übergab der Verein nach längeren Diskussionen in seinem Vorstandszimmer im Alten Johannishospital die Sammlungen an die Stadt Leipzig, die bei diesem feierli-chen Zeremoniell von dem erst im Vorjahr gewählten Oberbürgermeister Rudolf Dit-trich vertreten wurde. Die Stadtverordnetenversammlung und der Rat hatten bereits zuvor der Gründung eines Stadtgeschichtlichen Museums ihre Zustimmung erteilt.

85 Zum Alten Rathaus vgl. Doris Mundus, Das Alte Rathaus in Leipzig, Leipzig 2003. Zu den Umzugsplä-nen des Rates S. 79–85. Zur Übergabe der Vereinssammlungen und zur Gründungsgeschichte des Stadtge-schichtlichen Museums S. 114–119.

Abb. 15: Das Neue Rathaus kurz nach seiner Fertigstellung, 1905.
Bernhard Müller, Leipzig nach 1905.

Die Übergabe der Sammlungen an die Stadt Leipzig bedeutete zugleich, dass an die Stelle einer engen Zusammenarbeit mit dem Ratsarchiv der Verein nunmehr seine eigentliche Heimstatt im Stadtgeschichtlichen Museum fand, was wiederum in der Person Albrecht Kurzwellys seinen Ausdruck fand, der Vereins- und Museumsarbeit auf das Trefflichste zu verbinden verstand.

Trotz der mehr oder weniger intensiven Verbindungen zur Universität und zu akademischen Kreisen erstaunt es, dass zahlreiche gesellschaftliche Ereignisse, Veranstaltungen und Auseinandersetzungen, die Leipzig in den Fokus rückten und in ihrer Resonanz weit über die Stadt hinausreichten, scheinbar spurlos am Verein für die Geschichte Leipzigs vorübergingen. Weder der zweite deutsche Historikertag, der im März 1894 in Leipzig tagte, noch der zwischen 1895 und 1899 ausgetragene Richtungsstreit innerhalb der Historikerzunft zwischen den Anhängern Leopold von Rankes (1795–1886) und den Schülern Karl Lamprechts (1856–1915) fand in den überlieferten Protokollen der Vorstandssitzungen des Vereins eine Resonanz. Lamprecht

Abb. 16: Auf der Sitzung der Finanzdeputation des Leipziger Rates wurde am 23. Februar 1911 beschlossen, dem Verein für die Geschichte Leipzigs aufgrund der Kündigung seiner Räumlichkeiten Matthäikirchhof 2 den Mietbeitrag der Stadt in bar zu übergeben.

hatte 1906 die Gründung des Seminars für Landesgeschichte und Siedlungskunde in Leipzig unterstützt.[86]

In einem Glückwunschschreiben Ernst Krokers an Eduard Mangner vom 21. August 1917, also sechs Jahre nach Mangners altersbedingtem Rückzug vom Vorsitz, würdigte dessen Nachfolger aus Anlass des 80. Geburtstages des »greisen Ehrenvorsitzenden« dessen bleibende Verdienste. Es heißt dort:

> »Es war eine trübe Zeit für den Verein , als Sie seine Führung übernahmen. Nach einem frischen Aufschwung war ein lähmender Rückschlag eingetreten; die Zahl der Mitglieder war auf 182 gesunken, und das Vereinsleben stockte, ja es drohte zu verlöschen. Ihr Werk war es, dass der Verein in kurzer Frist mehr als das Doppelte von Mitgliedern zählte, und dass sich die Vereinstätigkeit wieder frisch und fruchtbar regte. Die Schriften des Vereins, von denen in fünfundzwanzig Jahren nur drei erschienen waren, folgten sich jetzt in größerer Zahl und in kürzeren Zwischenräumen. In die Studienausflüge im Sommerhalbjahr und in die wissenschaftlichen Vortragsabende des Winterhalbjahrs kam nicht nur mehr Regelmäßigkeit, sondern auch reicher Inhalt.«[87]

---

86 Zum Kontext vgl. Berger: Stadtarchiv und Geschichtsverein (wie Anm. 40), S. 374.
87 Stadtarchiv Leipzig, Verein für die Geschichte Leipzigs, Nr. 112, Bl. 55.

Eduard Mangner (1837–1923) –
Pädagoge und vierter Vorsitzender des Vereins

Der aus Weimar stammende Mangner war der letzte noch lebende Mitbegründer des Vereins für die Geschichte Leipzigs, der im ersten handschriftlichen Mitgliederverzeichnis an elfter Stelle erscheint. Mangner war sein Leben lang Pädagoge aus Leidenschaft und herausragender Repräsentant einer im Geschichtsverein über Jahrzehnte stark vertretenen sozialen Gruppe, die sich der Erforschung der Geschichte Leipzigs widmete. Nach dem Besuch eines Lehrerseminars arbeitete er zunächst seit 1859 als Hilfslehrer an der I. Leipziger Bürgerschule, bevor er 1864 an der im gleichen Jahr eingerichteten V. Bürgerschule eine Festanstellung, als Lehrer erhielt. Aus den erhaltenen Schulakten geht hervor, dass Mangner Mädchenklassen unterrichtete, wobei auf dem Stundenplan vor allem Religion, Geschichte, Naturkunde und Deutsch standen. 1899 erscheint Mangner in den Akten als Oberlehrer, 1903 ging er in Pension. Sein jährliches Einkommen belief sich auf 3 600 Mark. Eduard Mangner war 1861 Mitbegründer der Pädagogischen Ge-

(Quelle: Stadtarchiv Leipzig, Leipzig. Eine Monatsschrift, 12/1926)

sellschaft, vor deren Mitgliedern er später auch die Anliegen des Geschichtsvereins propagierte. Der Geschichte Leipzigs fühlte er sich von Beginn an verbunden. In diesem Kontext verdienen wichtige Arbeiten Erwähnung, die dauerhaften Bestand in der Stadtgeschichtsforschung haben, allen voran seine 1906 erschienene »Geschichte der Leipziger Winkelschulen«. Als Vorsitzender des Vereins für die Geschichte Leipzigs war Mangner, der eine ausgedehnte Korrespondenz führte, Nachfolger des Gelehrten Gustav Wustmann und Vorgänger des Gelehrten Ernst Kroker. In seiner Amtszeit erschienen immerhin sieben Bände der Vereinsschriften, in denen Mangner regelmäßig publizierte; zudem hielt er insgesamt 25 Vorträge vor den Vereinsmitgliedern. Darüber hinaus fallen in die zwanzig Jahre seines Vorsitzes für den Verein wegweisende Entscheidungen, wie die Überführung der Sammlungen an die Stadt und die Eröffnung des Stadtgeschichtlichen Museums, auch wenn Mangner gerade in diesen Tagen aus Altersgründen zurücktrat. In der vom Deutschen Patriotenbund am 25. Januar 1923 in den Leipziger Neuesten Nachrichten veröffentlichten Todesanzeige wurden seine »vielfachen Kenntnisse in der Geschichte Leipzigs« noch einmal ausdrücklich hervorgehoben.[88]

Damit sind im Grunde die wichtigsten Punkte der Stabilisierung angesprochen, die Mangners mit pädagogischem Geschick und der Ausdauer eines Lehrers geführte Tätigkeit als Vereinsvorsitzender auszeichneten, die Kroker zudem mit dem Wort »verständnisvoll« treffend charakterisierte.[89]

Ernst Kroker, Mangners agilem, klug agierenden und weitsichtigen Nachfolger seit 1911, sollte es vorbehalten bleiben, den Verein durch Weltkrieg, die schwierigen Nachkriegsjahre sowie die erste Hälfte der Weimarer Republik zu führen und dabei weiter zu etablieren.

---

88 Leipziger Neueste Nachrichten, 25.01.1923. Die Tageszeitung ist im Stadtarchiv Leipzig auf Mikrofilm einsehbar.
89 Ebd., Bl. 56.

Gedenktafeln, Sammlungen und Gründung des Stadtgeschichtlichen Museums

Wie in den Statuten ausgewiesen und im Gründungsprozess des Vereins dezidiert betont, hatte sich der neugegründete Verein zum Ziel gesetzt, auch die Anbringung von Gedenktafeln an historischen Gebäuden zu befördern, zumal zum Zeitpunkt der Gründung des Vereins in Leipzig lediglich zwei solcher Gedenktafeln existierten. Während am Haus Hainstraße 5 eine Tafel auf den Aufenthalt Friedrich Schillers aufmerksam machte, der hier 1785 und 1789 Quartier bezogen hatte, verwies die zweite Gedenktafel im Haus Zur Großen Feuerkugel am Neumarkt 41 auf Goethes Quartier zu dessen Leipziger Studentenzeit.[90] Die erste vom Verein für die Geschichte Leipzigs initiierte Gedenktafel sollte jene am Wohnhaus des Dichters und aufgeklärten Moralphilosophen Christian Fürchtegott Gellert (1715–1769) in der Ritterstraße 8 sein, angebracht am 13. Dezember 1869. Weitere, heute leider größtenteils verlorene Gedenktafeln folgten.[91] Darüber hinaus förderte der Verein die Restaurierung von sieben Wandbildern im Kreuzgang des Dominikanerklosters.[92]

Ein Beispiel für das Engagement des Vereins hinsichtlich der Anbringung von Gedenktafeln stellt das Grabmal für die Gefallenen der Völkerschlacht 1813 dar. Im Jahre 1892 hatte man an der Eutritzscher Straße ein Massengrab von Gefallenen der Völkerschlacht entdeckt. Daraufhin setzte sich der Verein für die Geschichte Leipzigs für die Errichtung eines Denkmals ein. In einer kurzen Zeitungsmeldung wurde Mitte Oktober zum Besuch der feierlichen Einweihung aufgerufen:

»Verein für die Geschichte Leipzigs – Mittwoch, den 18. Oktober, Vormittags 11 Uhr feierliche Weihe des vom Vereine für die Geschichte Leipzigs errichteten Kriegerdenkmals auf dem Nordfriedhofe, woselbst die Gebeine vieler Hunderte

---

90 Vgl. hierzu Stadtgeschichtliches Museum Leipzig. 100 Jahre. Eine Revue in Bildern (Thema M 12), hrsg. von Volker Rodekamp, Leipzig 2009, S. 15.

91 Ernst Kroker, Paul Benndorf, Der Verein für die Geschichte Leipzigs (wie Anm. 71), S. 22 nennen hier für den Zeitraum bis 1911: 1870 – Tafel für den Epigramm-Dichter und Mathematikprofessor Gotthelf Kästner (1719–1800) an dessen Geburtshaus Petersstraße 31; 1870 – Tafel für den Künstler Albert Thorwaldsen im Hausflur des Gasthauses zur Stadt Hamburg, Nikolaistraße 7; 1871 – Tafel für den Dichter Siegfried August Mahlmann (1771–1826) an dessen Geburtshaus, Reichsstraße 2; 1898 – Tafel für Anna Katharina (»Käthchen«) Schönkopf (1746–1810), Goethes Geliebte aus seinen Leipziger Studienjahren, am Haus Brühl 19 zur Erinnerung an das bis 1842 dort stehende Haus des Weinschenken Schönkopf; 1904 – Tafel für Goethe im Hofe der Großen Feuerkugel, Neumarkt 3; 1911 – Tafel für den Dramatiker und Literaturhistoriker Rudolf von Gottschall (1823–1909).

92 Stadtgeschichtliches Museum Leipzig. 100 Jahre (wie Anm. 87), S. 15.

Abb. 17: Mahnmal für die Gefallenen der Völkerschlacht bei Leipzig auf dem Nordfriedhof, dessen Errichtung vom Verein für die Geschichte Leipzigs 1899 initiiert wurde.

während der Völkerschlacht auf Leipzigs Nordseite gefallener Soldaten ihre nun dauernde Ruhestätte gefunden haben.«[93]

Eine Ansprache sollte der Pfarrer der Nordkirche, Dr. Georg Buchwald, halten, die Mitglieder selbst wurden gebeten, zur Gedenkfeier zu kommen. Das bis heute erhaltene Erinnerungsmal besteht aus einem Findlingsblock mit der Aufschrift »Freund und Feind im Tod vereint« sowie einem kleineren Kissenstein, der die Grabfläche hinter dem eigentlichen Gedenkstein kennzeichnet.

Bereits im Jahre 1868 hatte der Verein auf Initiative seiner Gründungsväter und entsprechend seinem im Dezember 1867 verabschiedeten Programm begonnen, eine rasch anwachsende Sammlung von realen Zeugnissen der geschichtlichen Vergangenheit Leipzigs zusammenzutragen. Hierfür verantwortlich zeichnete die artistische Sektion, die am 18. März 1868 ihre erste Sitzung abhielt. Zwar war weder im Programm noch in den Satzungen explizit das Zusammentragen von »Altertümern« formuliert, doch erfolgte dieses faktisch wie von selbst, wovon ein erstes sogenanntes Schaubuch Zeugnis ablegt, für das am ersten Vortragsabend mit einer kleinen Ausstellung von Bildern der Grund gelegt wurde.[94] Ein erstes Domizil fanden die zusammengetragenen Objekte in der Blumengasse 2, das schon binnen Jahresfrist mit 400 Sammlungsobjekten überfüllt war, sodass nach einem neuen Quartier Ausschau gehalten werden

93 Stadtarchiv Leipzig, Verein für die Geschichte Leipzigs, Nr. 99, Bl. 52.
94 Vgl. Kroker, Benndorf, Der Verein für die Geschichte Leipzigs (wie Anm. 71), S. 10.

musste. Ende 1869 erfolgte der Umzug der inzwischen auf 600 Exponate angewach-
senen Sammlung in das Haus »Zur Goldene Fahne« in der Burgstraße 5, doch auch
diese Unterkunft sollte sich nur als Provisorium erweisen, denn im November 1872
wies die Sammlung bereits einen Bestand von mehr als 5 000 Objekten aus, der sich
aus Altertümern, Bildern, Urkunden, Drucksachen und anderen Zeugnissen zusam-
mensetzte.[95]

Von Beginn an galt es freilich nicht allein, historische Zeugnisse unterschiedlichster Provenienz und Art lediglich zusammenzutragen, sondern die Sammlung sollte
auch der Öffentlichkeit, insbesondere Schülern, aufgrund ihrer stadtgeschichtlichen
Bedeutung zugänglich gemacht werden. Dafür musste geworben werden. Exemplarisch verdeutlicht dieses Bemühen ein Vortrag Eduard Mangners vor der Pädagogischen Gesellschaft zu Leipzig aus dem Jahre 1879, wobei der Vortragende nicht allein
dem Vorstand des Vereins für die Geschichte Leipzigs angehörte, sondern zugleich als
Lehrer die pädagogische Bedeutung der zusammengetragenen Zeugnisse aus Leipzig als »werthvolle Anschauungsmittel für den geschichtlichen Unterricht« kannte.[96]
Mangner verwies in diesem Zusammenhang auf die Vielfalt der bisherigen Schenkungen vom Rat, von Kirchenvorständen, Innungen, Vereinen und Privatpersonen an den
Verein. Ein Pflegerausschuss des Vereins betreute die schon geordneten Sammlungen
von Münzen und Medaillen, Marken und Siegeln, Gemälden, Stein- und Holzskulp-
turen, Kupferstichen, Lithographien und Handzeichnungen, Urkunden und Dokumenten, Landkarten und Plänen, Kostümen und Waffen, bis hin zu Gewändern, Stof-
fen und Stickereien, Gefäßen und Glasmalereien; es gab ein Repertorium und eine
Bibliothek. Zugleich konstatierte Mangner in diesem Zusammenhang:

> »Wie wenige Leipziger Lehrer mögen sie kennen, haben eine Ahnung von dem
> großartigen Material, dass ihren Worten Leben, ihren Gestalten Fleisch und Blut,
> den Schilderungen von Zeiten und Zuständen, Menschen und Ereignissen plasti-
> sche Anschaulichkeit, packendes Interesse verleihen würde.«[97]

Bis dies für Schüler in die Tat umgesetzt werden konnte, verging freilich noch mehr
als ein Jahrzehnt. Im Mai 1892 bot der Verein für die Geschichte Leipzigs an, seine
»Sammlungen den Schulen zu öffnen«, wobei man gestatten wolle, »dass einzelne

---

95 Stadtarchiv Leipzig, Verein für die Geschichte Leipzigs, Nr. 111 (Handakte Oskar Mothes), Bl. 9. Die Samm-
    lungen zählten im 5. Vereinsjahre dann bereits annähernd 5 600 Nummern: Gegenstände aus dem Bereich
    der Kunst und des Gewerbes (ca. 1 200), Ansichten, Bildnisse und Pläne (900), Münzen, Medaillen, Marken
    und Siegel (200), Bücher und Zeitschriften (200), Urkunden, Dokumente und Aktenstücke (100) sowie
    kleine Drucksachen und Schriftstücke (3 000). Vgl. hierzu Kroker, Benndorf, Der Verein für die Geschichte
    Leipzigs (wie Anm. 71), S. 12–13.
96 Vgl. Vorträge gehalten in der Pädagogischen Gesellschaft zu Leipzig, 1879, S. 95.
97 Ebd., S. 96.

Abb. 18: Haus »Zur Goldenen Fahne« mit Treppenturm (Lotterturm), Burgstraße 5, Hofseite. Aquarell von Karl Buchholz, 1940.

Schulklassen, jedoch nur unter Führung von mindestens zwei Herren Lehrern«, eine Besichtigung realisieren könnten.[98]

Nach einem Gesuch an den Rat zu Leipzig bezüglich eines geeigneten Gebäudes zur Unterbringung der Vereinssammlungen stellten die Stadtväter dem Verein den ersten Stock des Alten Johannishospitals, Grimmaischer Steinweg 46, zur Verfügung. Anfang 1873 erfolgte der Um- bzw. Einzug. Das Johannishospital, dessen geschichtliche Anfänge in das Spätmittelalter reichen und an dessen Stelle sich heute das Grassimuseum befindet, war erst ein Jahr zuvor von den letzten Insassen verlassen worden, sodass dem Verein zunächst der erste und 1891 auch noch der zweite Stock zur Verfügung gestellt wurde, im Übrigen das letzte Werk, das Gustav Wustmann als nicht immer »pflegeleichter« Vorsitzender des Vereins für denselben leistete, da er kurze Zeit später den Vorsitz niederlegte.

Angesichts der stetig wachsenden Zahl an Sammlungsobjekten wurde bereits 1871 beschlossen, einen Pflegerausschuss aus Mitgliedern der artistischen und literarischen

98 Stadtarchiv Leipzig, Verein für die Geschichte Leipzigs, Nr. 102, Bl. 19.

Abb. 19: Altes Johannishospital, um 1880.

Sektion zu bilden. Anfänglich waren es insgesamt elf sogenannte Pflegschaften, für die geeignete Vereinsmitglieder verantwortlich zeichneten. So waren beispielsweise für die 1. Pflegschaft (Münzen, Medaillen, Marken und Siegel) anfänglich der Musiklehrer Ernst Elßig zuständig, seit 1895 der Polizeiaktuar Gustav Mühlner, für die 10. Pflegschaft (Archiv, Urkunden, Dokumente) Dr. Franz Pfalz, seit 1875 Gustav Wustmann, dann Otto Moser, seit 1891 ein Hauptmann Schmidt und schließlich Bernhard Richter zuständig. In den Folgejahren kamen mit dem stetigen Anwachsen der Sammlungsbestände noch acht weitere Pflegschaften hinzu, u. a. für Waffen aller Art, Bildwerke in Holz, Modelle von Gebäuden und vorgeschichtliche Altertümer.[99]

Die schon erwähnten Spenden von historischen Zeugnissen unterschiedlichster Art wurden sorgsam vermerkt und lassen sich aus den überlieferten Dokumenten im Bestand »Verein für die Geschichte Leipzigs« im Stadtarchiv Leipzig zumindest partiell rekonstruieren, wie der Ausschnitt aus der handschriftlichen Eingangsliste von Zugängen an den Verein aus dem Jahre 1874 exemplarisch deutlich werden lässt, wobei neben Eingangsdatum und Stückzahl der genaue Gegenstand sowie der Name des Spenders vermerkt sind.

99 Vgl. hierzu Kroker, Benndorf, Der Verein für die Geschichte Leipzigs (wie Anm. 71), S. 14–15.

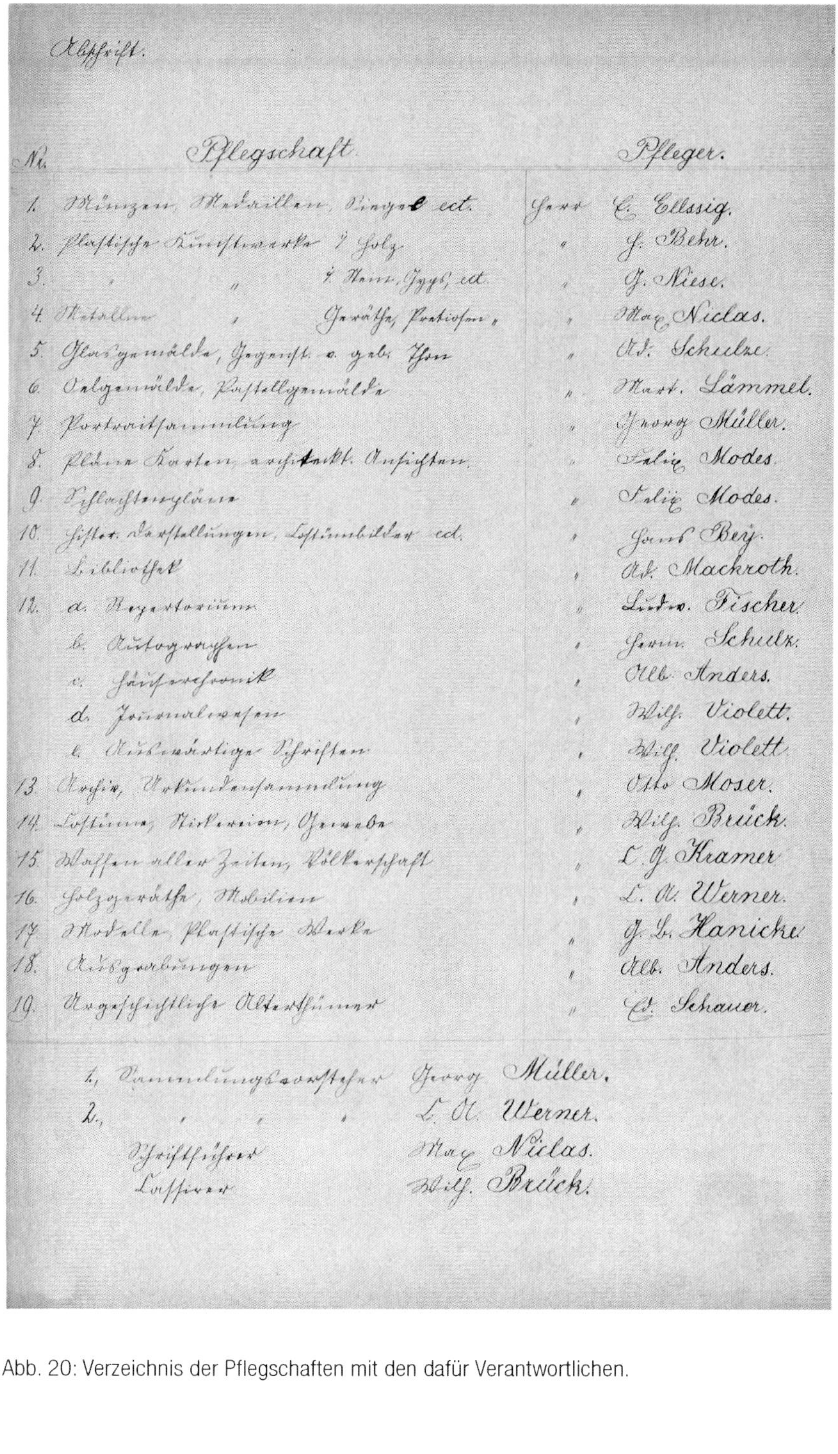

Abschrift.

No.	Pflegschaft.		Pfleger.
1.	Münzen, Medaillen, Siegel ect.	Herr	E. Elssig.
2.	Plastische Kunstwerke 7 Holz	"	J. Behr.
3.	" 7 Stein, Gyps, ect.	"	J. Niese.
4.	Metallen, Geräthe, Gefässe,	"	Max Niclas.
5.	Glasgemälde, Gegenst. v. gebr. Thon	"	Ad. Scheelze.
6.	Oelgemälde, Pastellgemälde	"	Mart. Lämmel.
7.	Porträtsammlung	"	Georg Müller.
8.	Pläne, Karten, architekt. Ansichten	"	Felix Modes.
9.	Schlachtenpläne	"	Felix Modes.
10.	Historische Darstellungen, Costümbilder ect.	"	Hans Beiz.
11.	Bibliothek	"	Ad. Mackroth.
12.	a. Repertorium	"	Ludw. Fischer
	b. Autographen	"	Herm. Scheetz.
	c. Hausverwaltung	"	Alb. Anders.
	d. Journalwesen	"	Wilh. Violett.
	e. Kirchenselige Schriften	"	Wilh. Violett
13.	Archiv, Urkundensammlung	"	Otto Moser.
14.	Costüme, Kirchenwesen, Gewebe	"	Wilh. Brück.
15.	Waffen aller Zeiten, Völkerschaft	"	L. J. Kramer
16.	Holzgeräthe, Mobilien	"	L. A. Werner.
17.	Modelle, plastische Werke	"	J. L. Hanicke
18.	Kupferbirungen	"	Alb. Anders.
19.	Vorgeschichtliche Alterthümer	"	Ed. Schauer.

1. Sammlungsvorsteher   Georg Müller.
2. "   L. A. Werner.
  Schriftführer   Max Niclas.
  Cassirer   Wilh. Brück.

Abb. 20: Verzeichnis der Pflegschaften mit den dafür Verantwortlichen.

Abb. 21: Der Musiklehrer Ernst Elßig war für die erste Pflegschaft (Münzen, Medaillen und Siegel) verantwortlich.

Auch in den folgenden Jahrzehnten finden sich regelmäßig Beispiele für Schenkungen unterschiedlicher Art, Größe und Bedeutung, wie der Bericht über das Archiv von 1902 bezeugt:

»Erfreulicherweise hat das Archiv in diesem Jahre einige Bereicherung erfahren. Die große Schenkung der Herren List und Franke bot ihm 9 größere Aktenbündel, betr. Leipziger Hausverkäufe und Klagsachen aus dem 16. und Anfang des 17. Jahrhunderts, 1 Actenbündel, betr. Die Familie Liebernickel, 1. Convolut betr. Breitenfeld 1573 ff. und 1. Convolut betr. Das Eckhaus Salzgasse und Markt. (...)«[100]

1889 wurde im zweiten Obergeschoss des Alten Johannishospitals eine neue Dauerausstellung in zwölf Räumen eröffnet. Im Blickpunkt standen hier u. a. die Bestände zur Reformation und Völkerschlacht, zu den Revolutionen 1830 und 1848 sowie zur Entwicklung des Theaters, zur Gründung von Volksschulen, zu Dichtern und Buchhändlern. Die Sammlungen selbst wuchsen in rasantem Tempo, was eine gezielte Betreuung derselben und auch der Neuzugänge nötig machte. Die Erstregistratur erfolgte dabei, wie am Beispiel von 1874 aufgezeigt, in einem handgeschriebenen Verzeichnis, wobei die Pflegschaftsverantwortlichen hier sämtliche Informationen protokollierten, die ihnen wichtig schienen. Noch heute sind 494 Karteikarten der durch

100 Stadtarchiv Leipzig, Verein für die Geschichte Leipzigs, Nr. 96 (Jahresberichte), Bl. 5. Die Buchhändler und Antiquare List und Franke hatten 1872 den ersten Band der Schriften des Vereins vertrieben.

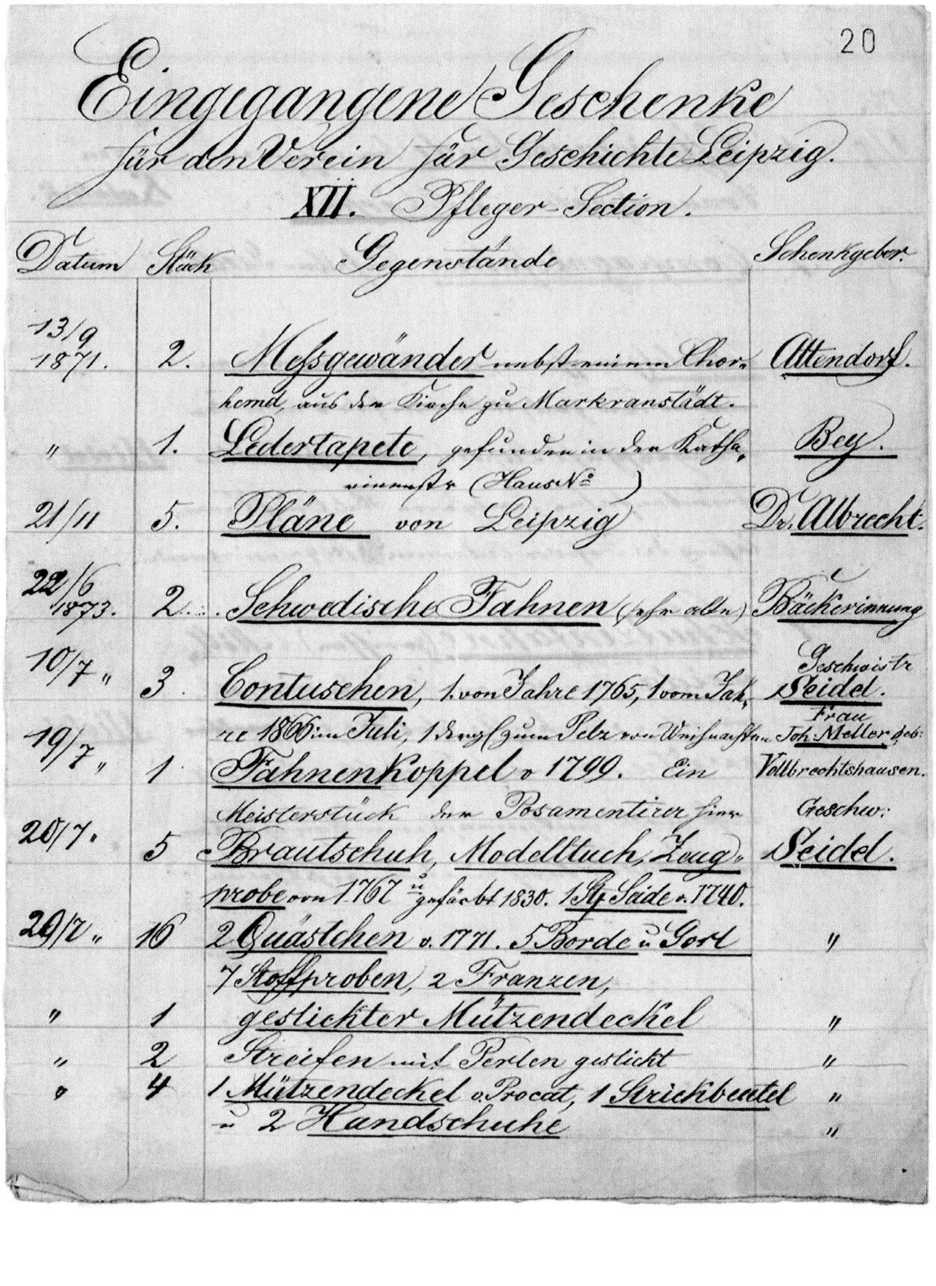

20

Eingegangene Geschenke
für den Verein für Geschichte Leipzig.
XII. Pfleger-Section.

Datum	Stück	Gegenstände	Schenkgeber
13/9 1871.	2.	Meßgewänder nebst einem Chor- hemd aus der Kirche zu Markranstädt.	Attendorf.
„	1.	Ledertapete gefunden in der Katha- rinenstr. (Haus N°)	Bey.
21/11	5.	Pläne von Leipzig	Dr. Albrecht.
22/6 1873.	2.	Schwedische Fahnen (sehr alt)	Bäckerinnung
10/7 „	3	Contuschen, 1 von Jahre 1765, 1 vom Jahre 1805 im Juli, 1 braun, zum Pelz von Weihnachten	Geschwister Seidel.
19/7 „	1	Fahnenkoppel v. 1799. Ein Meisterstück der Posamentierer von	Frau Joh. Möller geb. Vollbrechtshausen.
20/7 „	5	Brautschuh, Modelltuch, Zeug- probe von 1767 gefärbt 1830. 1 St. Seide v. 1740.	Geschw. Seidel.
20/7 „	16	2 Quästchen v. 1771. 5 Borde u. Gold 7 Roßproben, 2 Franzen,	„
„	1	gestickter Mützendeckel	„
„	2	Streifen mit Perlen gestickt	„
„	4	1 Mützendeckel v. Brocat, 1 Strickbeutel u. 2 Handschuhe	„

Abb. 22: Verzeichnis der Zugänge für die Vereinssammlungen, 1871/1873.

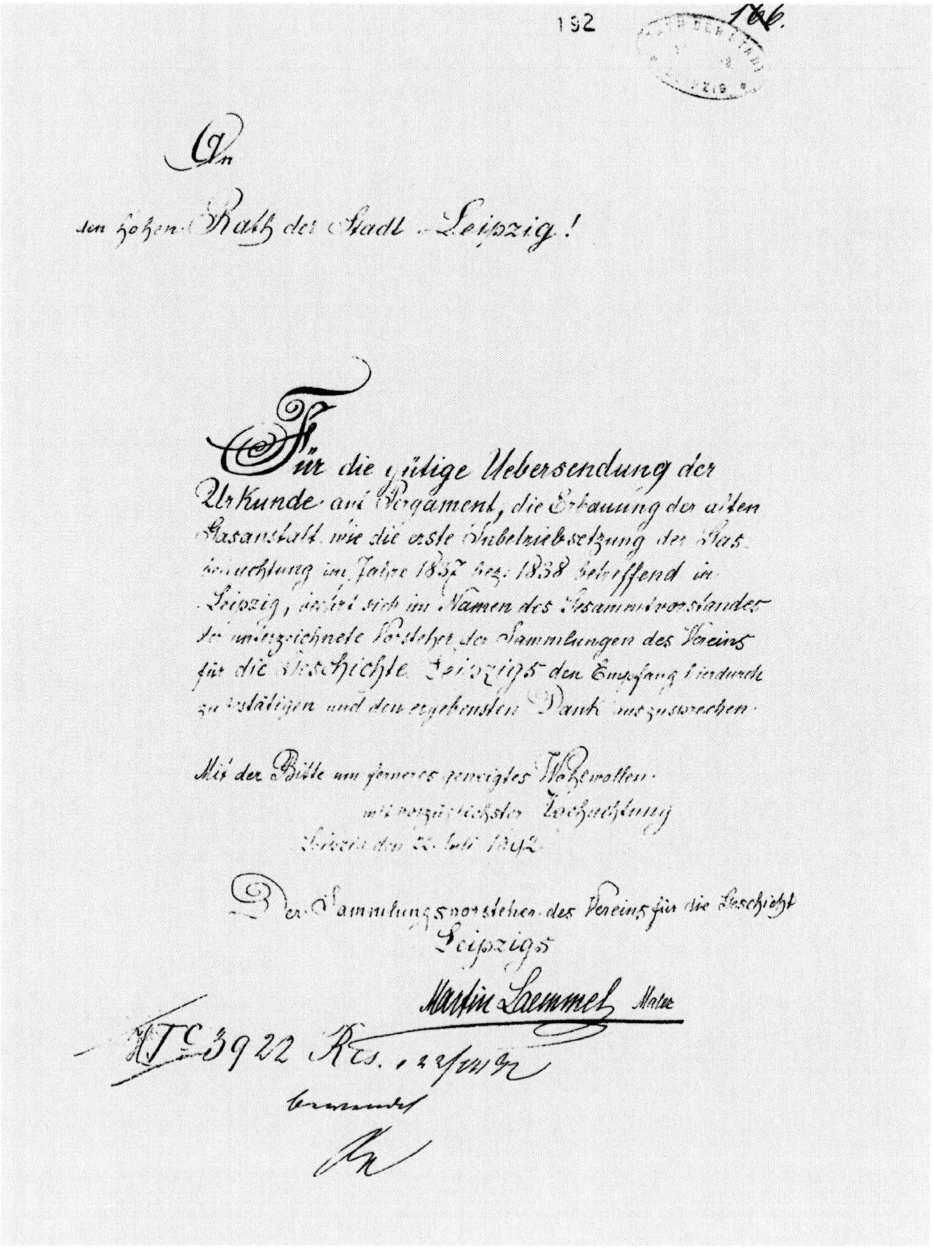

Abb. 23: Der Sammlungsvorsteher des Vereins für die Geschichte Leipzigs Martin Laemmel bedankt sich am 22. Juli 1892 beim Leipziger Rat für die Übersendung einer stadtgeschichtlich relevanten Urkunde zur Errichtung der ersten Leipziger Gasanstalt.

Abb. 24: Sammlungsraum
im Alten Johannishospital.

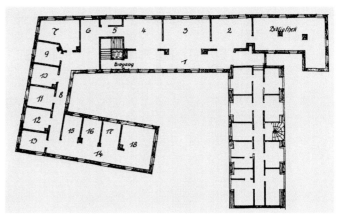

Abb. 25: Plan der Aus-
stellungsräume im Alten
Johannishospital.

den Verein dokumentierten Objekte vorhanden, die anhand der im Ur-Inventar notierten Angaben erstellt wurden.[101]

Wie am Beispiel des Vortrags von Eduard Mangner von 1879 bereits angedeutet, galt es, die Sammlungen des Vereins natürlich auch der Öffentlichkeit – und zwar keineswegs nur Schulklassen – zugänglich zu machen. Aufgrund der beengten Möglichkeiten in der Blumengasse war dies dort nicht möglich. Erst die zweite Aufbewahrungsstation, das Haus Zur Goldenen Fahne in der Burgstraße 5, gestattete dies, und so konnten Interessenten ab 1870 sonntags von 11 bis 13 Uhr bei freiem Eintritt die Objekte besichtigen, wobei Vereinsmitglieder sich als Aufsichtspersonal zur Verfügung stellten. Nach dem Umzug in das Alte Johannishospital 1873 stellte man eigens für diese Zwecke einen Kastellan und einen Vereinsdiener ein. Letzterer hatte für Sicherheit, Reinhaltung, Lüftung und Instandhaltung des »Locals« zu sorgen.[102] Darüber hinaus gehörte zu den Pflichten des besoldeten Vereinsdieners sicherzustellen, dass Türen und Fenster vorschriftsmäßig verschlossen waren und vorsichtig mit Licht und Feuer umzugehen, um angesichts des schlechten Zustands der Schornsteine dem Feuerteufel nicht Vorschub zu leisten. Schließlich musste der Vereinsdiener während der offiziellen Öffnungszeit an der Eingangstür den Einlass kontrollieren und Besuchern eine Eintrittskarte verkaufen, die pro Person eine Mark kostete. Außerhalb der offiziellen Öffnungszeit erhielten lediglich Mitglieder des Vereins mit einer offiziellen Legitimationskarte Einlass. Mit dem Umzug in die zweite Etage des Gebäudes im Jahre 1889 präsentierten sich die Sammlungen in neuen Schränken und Schaukästen. Zugleich gab es fortan regelmäßige Öffnungszeiten: Sonntag, Mittwoch sowie an gesetzlichen Feiertagen von 10.30 bis 12.30 Uhr. Der Eintritt verbilligte sich auf 30 Pfennige, wodurch man auf steigende Besucherzahlen hoffte.

Schon im Juni 1868 erfolgte – als Ergebnis von Entdeckungsreisen – die Überlassung zahlreicher Gemälde aus der Nikolai- und der Thomaskirche für die entstehenden Vereinssammlungen; noch im Herbst des gleichen Jahres kamen Bilder, Kruzifixe und ein Chorgestühl hinzu. Wenige Monate später überließ der Rat dem Verein u. a. Pokale mit dem Stadtwappen und Schlüssel zu den ehemaligen Festungswerken.[103] Der rasant wachsende Sammlungsbestand umfasste bereits im fünften Vereinsjahr 5 600 Nummern – darunter immerhin 1 200 Kunst- und Kunstgewerbegegenstände, 900 Stadtansichten, Bildnisse und Pläne, 200 Münzen, Medaillen, Marken und Siegel, 100 Urkunden, Dokumente und Aktenstücke sowie 3 000 kleine Drucke und Schriftstücke.

Der Ruf der sich stetig mehrenden Sammlungen muss wohl bald über die Stadtgrenzen hinaus gelangt sein. Innerhalb des im Stadtarchiv Leipzig aufbewahrten

---

101 Vgl. Stadtgeschichtliches Museum Leipzig. 100 Jahre (wie Anm. 89), S. 18.
102 Stadtarchiv Leipzig, Verein für die Geschichte leipzigs, Nr. 59, Bl. 12r.
103 Vgl. Stadtgeschichtliches Museum Leipzig. 100 Jahre (wie Anm. 89), S. 17.

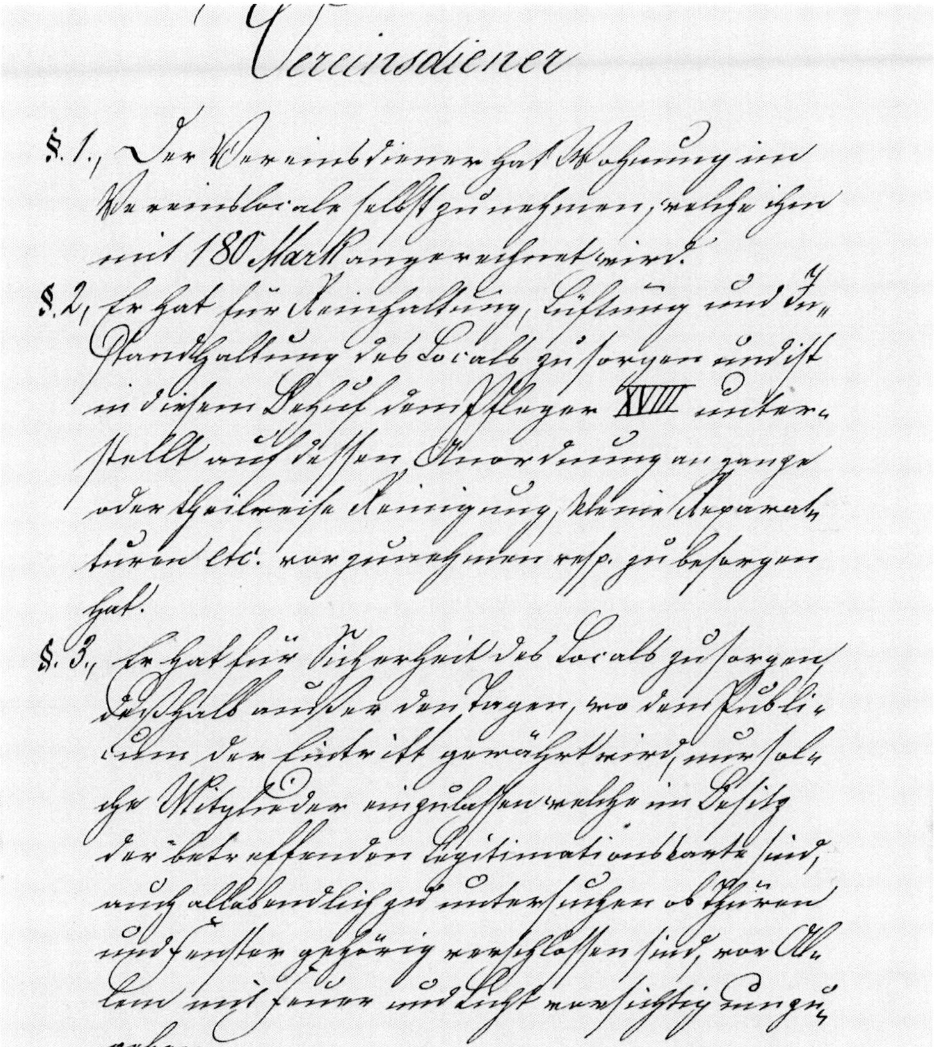

Vereinsdiener

§. 1, Der Vereinsdiener hat Wohnung im Vereinslocale selbst zu nehmen, welche ihm mit 180 Mark p. a. gerechnet wird.

§. 2, Er hat für Reinhaltung, Lüftung und Instandhaltung des Locals zu sorgen und ist in diesem Bezug vom Pfleger XVIII unterstellt, weil dessen Anordnung an ganze oder theilweise Reinigung, kleine Reparaturen etc. vorzunehmen resp. zu besorgen hat.

§. 3, Er hat für Sicherheit des Locals zu sorgen, deßhalb nach den Tagen, wo dem Publicum der Eintritt gewährt wird, nur solche Mitglieder oder eingeladene welche im Besitz der betreffenden Legitimationskarte sind, noch allabendlich zu untersuchen ob Thüren und Fenster gehörig verschlossen sind, vor Allem mit Feuer und Licht vorsichtig umgehen.

§. 4, Er steht besonders dem Vorstande und dem Pflegerausschuß zu Diensten und hat die Anordnungen zu Sammlungs- vorständen, welche der Pflegerausschuß

Abb. 26: Ordnung für den Vereinsdiener (Auszug).

Aktenbestandes zur Geschichte des Vereins für die Geschichte Leipzigs findet sich auch ein in zwei Bänden vorliegendes »Fremde(n)buch« (!), das für den Zeitraum 1892–1909, also die Hochzeit des Sammlungszugangs vor dem Umzug in das Alte Rathaus, in- und auswärtige Besucher verzeichnet.[104] Es verdient in mehrerlei Hinsicht Beachtung. Zum einen wird deutlich, dass es sich bei den Besuchern u. a. um Kaufleute, Gymnasiasten, Schlosser, Beamte, Apotheker, Studenten, Lehrer, Fabrikbesitzer, Professoren, Architekten und Ingenieure handelte, damit also ein doch beachtliches soziales Spektrum der Gesellschaft erfasst ist. Zum anderen zeigt sich, dass anfänglich die Besucher vornehmlich aus Leipzig kamen, aber bald auch aus der näheren und weiteren Umgebung. So sind unter den Städtenamen Dresden, Berlin, Thorn (Torun), Zürich, Aussig (Ústí nad Labem), München, Baltimore, London, Paris, Amsterdam, Athen, Budapest, Toronto und St. Petersburg aufgeführt. Ein beachtliches geografisches Einzugsgebiet also, das auch Besucher aus Übersee einschloss. Im »Fremde(n)buch« wurden dabei Datum, Name, Beruf und Herkunftsort bzw. -land erfasst, wie die nachfolgende Auswahl demonstriert.

Das »Fremde(n)buch« der Sammlungen des Vereins im Alten Johannishospital aus den Jahren 1892 bis 1909 (Auszug)

Besuchsjahr und Datum	Name	Beruf	Stadt/Land
1892, Sommer	McGrath, William McGrath, Athur McGrath, Redmond	–	Bedford (England)
1892, 4. August	Rosenberg, Augusta Rosenberg, Victoria	Lehrerin	Budapest
1892, 11. Oktober	Kroll, F. und Frau	Lokomotivführer	Eisenach
1893[105], 12. März	Doering, S.	stud. med.	Stettin
1893, 24. März	Köhler, Alois	Baumeister	Aussig/Böhmen
1893, 26. November	Börsenberg, Wilhelm Börsenberg, Kurt	Realgymnasiast Realschüler	Leipzig Leipzig
1894, 30. März	Fleu, Julius	Gymnasiallehrer	Bartenstein/Ostpreußen
1894, 30. März	Handmann, Ernst	Thomasgymnasiast	Leipzig
1894, 30. März	Ferreu, Harry M.	stud. phil.	Baltimore/USA
1894, 30. März	Dr. Herzberg Frankowitz, S.	Universitätsprofessor	Czernowitz

---

104 Stadtarchiv Leipzig, Verein für die Geschichte Leipzigs, Nr. 65 und 66.
105 1893 zählten die Sammlungen 1 165 Besucher, im Jahr darauf stieg deren Zahl auf 1 480.

Besuchsjahr und Datum	Name	Beruf	Stadt/Land
1894, 1. Juli	Krumm, August	Kaufmann	Chicago
1896, 5. Juli	Smirnoff, A.	–	St. Petersburg
1896, 18. September	Lifman, Lewis H.	Fabrikbesitzer	Philadelphia/USA
1897, 29. August	Killer, Boleslas A.	Privatier	Warschau
1898, 27. März	Wazynska, Katharzina	–	Marienburg/Westpreußen
1899, 2. Juli	Angermayer Jun., Carl	–	Pressburg in Ungarn
1899, 20. August	Krištof, Antonín[106]	studující (Student)	Domažlice, Čechy
1899, 11. Oktober	Müller	Oberstleutnant	Leipzig
1900, 4. Februar	Schneller, E.	Maler und Mitglied des Historischen Vereins von Ober-Bayern	–
1901, 2. Januar	Naumann, Julius	Maschinenbauer	London
1902, 12. Oktober	Schmidt, Lodovico	Volontär	Florenz
1905, 1. Oktober	Wallace, Lily H.	–	Scotland
1907, 6. Oktober	Dr. Buchwald, Georg[107] (zusammen mit 16 Schülerinnen)	Pfarrer	Leipzig
1908, 10. Mai	Lambard, Charles P.	–	Boston/USA
1909, 24. April	Gerutti, Giovanni	Setzer	Reggio/Italien

Besondere Verdienste erwarb sich der Verein bei der Wiederauffindung und Rettung des Merzdorfschen Stadtmodells von 1822/23. Der in Leipzig geborene Tapezierer, Möbeltischler und Stadtsoldat Johann Christoph Merzdorf (1778–1843) hatte vor dem Hintergrund des Aufkommens dreidimensionaler Panoramadarstellungen, die in Europa seit Beginn des 19. Jahrhunderts auf Jahrmärkten und Wanderausstellungen einem staunenden Publikum präsentiert wurden, und unter dem Vorsatz, das Panorama seiner Vaterstadt der Nachwelt zu erhalten, 1816 einem Chirurgen (!) ein noch in Arbeit befindliches Modell abgekauft, das sich allerdings vermessungstechnisch als ungenügend erwies. Merzdorf beauftragte daraufhin den Wiener Geodäten Michael Putz mit einer exakten Vermessung sämtlicher Häuser und Höfe der Messestadt, die

---

106 Die nachfolgenden Einträge in Stadtarchiv Leipzig, Verein für die Geschichte Leipzigs, Nr. 66.
107 Georg Buchwald (1859–1947) war Mitglied des Vereins, ihm wurde später die Ehrenmitgliedschaft zuerkannt.

Georg Buchwald (1859–1947) – evangelischer Theologe, Quellenforscher, Vorstands- und Ehrenmitglied des Vereins

Der in Großenhain geborene Sohn eines Tuchfabrikanten besuchte die Fürstenschule St. Afra in Meißen sowie das Königliche Gymnasium in Dresden-Neustadt und studierte nach dem Abitur Evangelische Theologie an der Universität Leipzig. Anschließend unterrichtete er als Oberlehrer in Mittweida und Zwickau, wo er 1885 die Weihe zum Diakon erhielt. 1892 wechselte Buchwald an die Leipziger Matthäikirche, seit 1896 war er Pfarrer an der Michaeliskirche, 1914–1923 Superintendent der Rochlitzer Kirchengemeinden St. Petri und St. Kunigunde.

G. Buchwald, Foto, um 1908, Autor unbekannt. (Quelle: Wikipedia)

Buchwald gehörte zu den bedeutendsten Lutherforschern jener Generation, die die große Weimarer Lutherausgabe (1883 ff.) bearbeitet hat. Buchwald selbst entdeckte zahlreiche, bis dahin unbekannte Lutherzeugnisse sowie Quellen zur Reformation, zudem verfasste er eine Luther-Biographie. Bleibende Bedeutung erlangte er darüber hinaus durch seine Forschungen zum Zwickauer Stadtschreiber Stephan Roth.

Georg Buchwald war seit 1892 Mitglied im Vorstand des Vereins für die Geschichte Leipzig, er hielt hier zudem mehrere Vorträge zu reformationsgeschichtlichen Themen. Im Jahre 1917 wurde er zum Ehrenmitglied ernannt.[108]

damals – die Vorstädte eingeschlossen – 1422 Häuser und 39325 Einwohner zählte.[109]

Unter Hinzuziehung eines Perlmutt- und Elfenbeinschnitzers und mit Unterstützung zahlreicher Helfer entstand schließlich auf 25 Quadratmetern ein mit viel Liebe zum Detail ausgeführtes Panoramamodell der Messestadt, das erstmals (noch unfertig!) zur Ostermesse 1820 vor dem Hallischen Pförtchen, unweit von Löhrs Garten, ausgestellt wurde und von der Öffentlichkeit gegen Zahlung eines Eintrittsgeldes besichtigt werden konnte. Zur Ostermesse 1823 erfolgte die neuerliche Präsentation des inzwischen vollendeten Modells, das nachfolgend mit mäßigem Erfolg auf Reisen ging, wozu von Anfang an eine aus mehreren Platten bestehende und zerlegbare Konstruktion in Angriff genommen worden war. Hinzu kamen spezielle Transportkisten und ein extra angefertigter Wagen, was am Ende eine regelrechte Kostenexplosion verursachte und den erhofften finanziellen Erfolg zunichte machte, sodass Merzdorf sein Modell 1825 verkaufte. Am Ende landete das in Kisten verpackte und beschädigte Modell auf einem Dachboden im Sporergäßchen und verstaubte.

108 Stadtarchiv Leipzig, Verein für die Geschichte Leipzigs, Nr. 112, Bl. 068.
109 Vgl. hierzu Leipzig original. Stadtgeschichte vom Mittelalter bis zur Völkerschlacht, hrsg. von Volker Rodekamp u. a., Leipzig 2006, S. 47–49.

Abb. 27: Das Merzdorfsche Stadtmodell.
Stadtmodell Leipzigs, 1822 von Johann Christoph Merzdorf. Pappe, Tapete, Moos, Holz, 470 x 520 cm.
Teilansicht auf einem Foto von Paul Benndorf, um 1910, das die Aufstellung in den Sammlungen des
Vereins im Johannishospital zeigt.

1874 fanden es per Zufall Mitglieder des Vereins für die Geschichte Leipzigs und erwarben es für 80 Taler. Der Verein war es auch, der für eine Restaurierung des Modells sorgte und somit der Nachwelt ein wichtiges – und vor allem »anschauliches« – Zeugnis der Stadtgeschichte erhielt. Das in neuem Glanz erstrahlende Modell stand dann in den Ausstellungsräumen des Vereins im Alten Johannishospital und wanderte 1909 in das neu gegründete Stadtgeschichtliche Museum, wo es bis heute den Festsaal des Alten Rathauses schmückt. Im Jahr 2015 wurde das Modell gründlich gereinigt, repariert und erhielt darüber hinaus eine moderne multimediale Installation.

In rascher Folge konnte der Verein für die Geschichte Leipzigs auch Bücher und Handschriften erwerben. Stieß der Vorschlag für die Gründung einer eigenen Biblio-thek in der ersten Sitzung der literarischen Sektion, die für die regelmäßigen Vortrags-abende und die Bearbeitung der Vereinsschriften verantwortlich war, noch auf Ableh-nung, umfasste die Bibliothek Ende 1870 dessen ungeachtet immerhin 120 Titel, die der Buchhändler und Antiquar Hermann Francke aufbewahrte. Anfänglich ging der nur allmählich anwachsende Buchbestand vornehmlich auf kleine Schenkungen zurück, zumal für Ankäufe die finanziellen Mittel fehlten. Der Erwerb der Poppeschen Sammlung im Frühjahr 1873 stellte hier einen Wendepunkt dar. Die 900 Taler, die der Kauf kostete, waren auf einen reichen Spendenfluss von Privatpersonen zurückzuführen, der es ermöglichte etwa 5 000 Bücher zur Leipziger Geschichte, die der Mitbesitzer des Leipziger Coffee Baums, Johann Cornelius Maximilian Poppe, zusammengetragen hatte, für den Verein zu erwerben. Damit war zugleich die ursprüngliche Ablehnung einer Bibliothek ad absurdum geführt, und die entstandene Vereinsbibliothek verdiente diesen Namen auch.[110]

Johann Cornelius Maximilian Poppe (1804–1877)[111], der in Leipzig und Dresden Architektur studiert, eine Gastwirtstochter geheiratet und von seinem Vater die Leitung der Traditionsgaststätte »Zum Arabischen Coffebaum« übernommen hatte, die er zu einem Treffpunkt von Gelehrten und Künstlern machte (u. a. Robert Schumann, Richard Wagner, Felix Mendelssohn Bartholdy und Robert Blum), betrieb zudem als Laie Forschungen zur Leipziger Stadtgeschichte. 1848 legte er eine zweibändige »Chronologische Übersicht« zur Völkerschlacht bei Leipzig vor, deren Zeuge er als Knabe gewesen war. Nach dem Rückzug ins Privatleben widmete sich Poppe ausschließlich seinen stadtgeschichtlichen Forschungen und seiner literarischen Tätigkeit, wobei er diese umfangreiche und wertvolle Bibliothek zusammengetragen hatte, die vornehmlich stadtgeschichtliche und sächsische historische Literatur (mit wertvollen Frühdrucken und illustrierten Prachtausgaben) beinhaltete. Diese wurde später als ältester Teil der Grundstock der Bibliothek des Stadtgeschichtlichen Museums. Immer wieder ist in den überlieferten Akten die Rede von Bücherspenden, etwa im Bericht über die Bibliothek im Vereinsjahr 1895/96, in dem auf eine diesbezügliche Schenkung durch den Börsenverein der deutschen Buchhändler zu Leipzig verwiesen wird.[112]

Im Jahre 1875 übernahm nach den Vereinsmitgliedern Hermann Francke und Dr. Karl Whistling der Buchhändler Adolph Mackroth ehrenamtlich – wie alle seine Nachfolger auch – die Aufgabe des Bibliothekars; zugleich wurde der Schriftentausch mit anderen Geschichtsvereinen intensiviert, neben Schenkungen die wichtigste Erwerbungsart von Büchern. »Der Bibliothekar hat d. Büchersammlung zu katalogisieren, dieselbe einmal in der Woche offen zu halten und an Vereinsmitglieder [...] Bücher auf längstens 4 Wochen auszuliefern.«[113]

---

110 Zur Gründung der Vereinsbibliothek, auch zu den Dissonanzen zwischen Poppe und dem Verein nach erfolgtem Kauf vgl. Susanne Hochstetter, Die Geschichte der Bibliothek des Stadtgeschichtlichen Museums zu Leipzig. Von den Anfängen bis zum Jahre 1953. Diplomarbeit an der HTWK Leipzig 1999.

111 Vgl. Sächsische Biographie, online abrufbar unter http://saebi.isgv.de/biografie-druck/Maximilian_Poppe_(1804–1877).

112 Stadtarchiv Leipzig, Verein für die Geschichte Leipzigs, Nr. 96, Bl. 9.

113 Stadtarchiv Leipzig, Verein für die Geschichte Leipzigs, Nr. 53, Bl. 2.

Abb. 28: Der Buchhändler Adolph Mackroth.

Die Zahl der Entleihungen hielt sich dabei stets in Grenzen, wie auch die nachfolgende Tabelle zeigt.[114]

Jahr	Zahl der entliehenen Bände	Zahl der Entleiher
1876/77	29	keine Angaben
1877/78	23	7
1878/79	48	11
1879/80	60	13
1880/81	57	17
1882/83	36	11
1883/84	10	11
1892/93	80	26
1893/94	31	10
1895/96	63	keine Angaben
1896/97	30	15
1899/1900	95	30
1900/01	35	14
1902/03	43	41
1903/04	40	keine Angaben

114 Vorlage: Hochstetter, Die Geschichte der Bibliothek (wie Anm. 110) S. 26.

Abb. 29: Der Universitätsgelehrte Wilhelm Stieda.

Mitunter verbergen sich hinter den nackten Zahlen interessante Fakten. So schrieb am 7. Februar 1904 der in der Funkenburgstraße 9, II. Etage ansässige Wilhelm Stieda an den Verein:

>>Sehr geehrter Herr!
Anbei folgen mit bestem Danke die entliehenen Mannheimer Geschichtsblätter zurück. Zugleich wollen Sie freundlichst entschuldigen, dass ich sie so lange behalten und auf Ihre Mahnung vom 19. November noch nicht reagiert habe. Ich bildete mir ein die Blätter damals gleich zurückgegeben zu haben und konnte sie auch bei mir nicht finden. Erst fortgesetztes Nachsuchen hat mir die Flüchtlinge, die sich verkramt hatten, wieder in die Hände gespielt.
Ganz ergebenst
Prof. Dr. Stieda<<[115]

Bei dem säumigen Entleiher handelte es sich um keinen Geringeren als den Nationalökonomen und Historiker Wilhelm Stieda (*1852 in Riga, †1933 in Leipzig), der – nach Promotion und Habilitation sowie Stationen in Straßburg, Dorpat und

---

[115] Stadtarchiv Leipzig, Verein für die Geschichte Leipzigs, Nr. 101, Bl. 30.

Rostock – 1898 einem Ruf nach Leipzig folgte und hier den Lehrstuhl für National-ökonomie annahm. Seit 1904 war Stieda ordentliches Mitglied der Sächsischen Aka-demie der Wissenschaften; 1916/17 bekleidete er darüber hinaus das Amt des Rektors der Universität Leipzig. Als Wissenschaftler erwarb er sich bleibende Verdienste durch die Edition der Briefe des hansischen Kaufmanns Hildebrand Veckingchusen (um 1370–1426).[116]

Einer der Nachfolger des Bibliothekars Adolph Mackroth wurde Ernst Kroker, hauptamtlicher Bibliothekar der Stadtbibliothek, der in seinem »Bericht über die Bib-liothek 1902/03« anschaulich auf die Platz- und Aufstellungsprobleme der Sammlung hinwies:

»Die Platznot macht sich in unerträglicher Weise fühlbar. Man kann kaum ein Buch aus der Reihe ziehen, ohne dass dabei ein paar Nachbarn, die man nicht ha-ben will, dem gesuchten Bande nachfolgen.«[117]

Damals stand der Bibliothek der größte Raum im alten Johannishospital zur Verfü-gung. Immerhin: 1909 konnte der Verein dem Stadtgeschichtlichen Museum auch etwa 7 000 Bücher übergeben.

Neuzugänge in der Bibliothek des Vereins für die Geschichte Leipzigs im Zeitraum 1875/76 bis 1903/04[118]

Jahr	Neuzugänge	davon Geschenk	davon Kauf	davon Tausch
1875/76	71 (48 davon aus dem Repertorium)	keine Angaben	keine Angaben	keine Angaben
1876/77	180	keine Angaben	keine Angaben	keine Angaben
1877/78	78 (40 davon aus dem Repertorium)	38	keine Angaben	keine Angaben
1878/79	57 (13 davon aus dem Repertorium)	9	9	26
1879/80	69	22	22	25
1880/81	20 (4 davon aus dem Repertorium)	11	5	keine Angaben
1882/83	31	20	11	keine Angaben

116 Grundlegende biographische Daten zu Stieda finden sich im Professorenkatalog der Universität Magdeburg, on-line abrufbar unter http://www.uni-magdeburg.de/mbl/Biografien/1781.htm sowie im Professorenkatalog der Universität Leipzig, online abrufbar unter http://research.uni-leipzig.de/catalogus-professorum-lipsiensium/leipzig/Stieda_157/.

117 Hochstetter, Die Geschichte der Bibliothek (wie Anm. 110), S. 19.

118 Ebd., S. 17.

Jahr	Neuzugänge	davon Geschenk	davon Kauf	davon Tausch
1883/84	32	27	5	keine Angaben
1892/93	28	24	4	keine Angaben
1893/94	72	42	30	keine Angaben
1895/96	74	70	4	keine Angaben
1896/97	27	22	5	keine Angaben
1898/99	73	66	7	keine Angaben
1900/01	58	55	3	keine Angaben
1901/02	71	64	7	keine Angaben
1902/03	333	128	11	194
1903/04	322	keine Angaben	keine Angaben	206

Frühzeitig war der Verein bemüht, mit anderen historischen Sozietäten in Kontakt zu treten und seine Bibliothek durch einen Schriftenaustausch quantitativ wie qualitativ zu erweitern. Ein frühes Zeugnis hierfür ist die Mitteilung des Vereins aus dem Jahre 1879/80, man habe u. a. 26 Zusendungen aus Agram, Wien, Bern, Chemnitz, Hamburg und Wernigerode erhalten.[119] Bereits zu dieser Zeit unterhielt der Verein für die Geschichte Leipzigs mit 126 Geschichts- und Altertumsvereinen einen Schriftentausch, und die eingegangenen Exemplare erfuhren eine separate Aufstellung innerhalb der eigenen Bibliothek.[120] 1904 bestanden Tauschbeziehungen mit 138 anderen Vereinen im In- und Ausland.[121]

Der Schriftenaustausch des Vereins mit anderen wissenschaftlichen Gesellschaften und Vereinen (1920)[122]

Aachen	Frankfurt am Main (2 Vereine)	Landshut	Ravensburg
Aarau	Frankfurt/Oder	Leiden	Regensburg
Altenburg	Freiberg i. S.	Leipzig[123]	Reutlingen
Ansbach	Freiburg im Breisgau	Leiburg	Riga
Basel	Friedrichshafen	Liegnitz	Roda S. A.
Bayreuth	Geisslingen	Lindau	Rottweil

119 Stadtarchiv Leipzig, Verein für die Geschichte Leipzigs, Nr. 40, Bl. 4–5.
120 Stadtarchiv Leipzig, Verein für die Geschichte Leipzigs, Nr. 40, Bl. 4–5.
121 Vgl. Hochstetter. Die Geschichte der Bibliothek (wie Anm. 110), S. 23.
122 Quelle: Stadtarchiv Leipzig, Verein für die Geschichte Leipzigs, Nr. 109, Bl. 195–205.
123 Zentralstelle für deutsche Personen- und Familiengeschichte; Museum für Völkerkunde.

Berlin (8 Vereine oder Institutionen)	Gießen	Linz	Neuruppin
Bern	Glarus	Lötzen/Ostpr.	Saarbrücken
Bonn	Gmünd	Lübeck (2 Vereine)	Salzwedel
Brandenburg a. d. Havel	Görlitz	Lüneburg	St. Gallen
Braunsberg	Gotha	Luxemburg	Schaffhausen
Bregenz	Göttingen	Luzern	Schleiz
Breslau (2 Vereine)	Graz	Magdeburg	Schmalkalden
Brünn	Greifswald	Mannheim	Schwäbisch Hall
Brüssel	Halle a. S.	Marienwerder	Schwerin i. M.
Cassel	Hamburg	Meiningen	Sigmaringen
Chemnitz	Hannover (2 Vereine)	Metz	Speyer
Cölln	Heidelberg	Meißen	Stade
Cottbus	Heilbronn	Mergentheim	Stettin
Danzig	Hermannstadt (Siebenbürgen)	Mitau/Kurland (2 Vereine)	Stockholm (2 Vereine)
Darmstadt	Hildburghausen	Mühlhausen i. Th.	Stralsund-Greifswald
Dorpat	Hohenleuben	München (2 Vereine)	Straßburg i. E. (2 Vereine)
Dillingen a. d. Donau	Jena	Münster	Stuttgart (4 Vereine)
Dresden (2)	Innsbruck	Neuburg a. d. D.	Thorn
Düsseldorf	Karlsruhe (2 Vereine)	Nürnberg (2 Vereine)	Trier
Einbeck	Kempten	Oberlahnstein	Ulm
Eisenberg S. A.	Kiel (3 Vereine)	Osnabrück	Vaduz
Eisleben	Klagenfurt	Plauen i. V.	Wernigerode (3 Vereine)
Elberfeld	Königsberg i. Pr.	Posen	Wien (3 Vereine)
Erfurt (2 Vereine)	Kreuznach	Prag	Wiesbaden
Essen	Landsberg a. d. Warthe	Potsdam	Wolfenbüttel Worms Würzburg (2 Vereine) Zürich (3 Vereine) Zwickau

Erster Weltkrieg und Weimarer Republik

Hatte die kommunale Verwaltung Leipzigs vor dem Hintergrund des raschen Wachstums der Stadt und ihres Wandels zur Industriestadt bereits im ausgehenden 19. Jahrhundert einen Modernisierungsprozess durchlaufen, wurde die »Zunahme an bürokratisch-fachlicher Kompetenz [...] durch den Krieg vor eine neue, ganz außerordentliche Bewährungsprobe gestellt«.[124] Auch die Tätigkeit des Vereins für die Geschichte Leipzigs in den Jahren 1914 bis 1918 sah sich – wie bei anderen Vereinen im Übrigen auch – unter den erschwerten Bedingungen des Kriegsausbruches im Sommer 1914 vor neue Herausforderungen gestellt, die einen langen Schatten auf die Vorbereitungen zum 50-jährigen Gründungsjubiläum des Vereins 1917 werfen sollten.[125] Im Bericht des Vorstands über das Vereinsjahr 1914/15, vorgetragen von Ernst Kroker, heißt es: »Leipzig steht ganz unter dem Zeichen des Weltkriegs. Eine Folge ist es zunächst, dass von unseren Vereinsschriften immer noch kein neuer Band veröffentlicht worden ist.«[126]

Der letzte »Vorkriegsband« war 1911 erschienen (Bd. 10 der Vereinsschriften), der Folgeband (Nr. 11) kam erst im vorletzten Kriegsjahr heraus. Auch über der Hauptversammlung des Vereins vom 15. November 1916 türmten sich bildlich gesehen dunkle Wolken:

---

124 Das Thema Leipzig im Ersten Weltkrieg stellt noch immer in der stadtgeschichtlichen Forschung ein Desiderat dar. Im Neuen Leipzigischen Geschicht-Buch sind diesem Kapitel der Stadtgeschichte lediglich drei Seiten gewidmet. Vgl. Neues Leipzigisches Geschicht-Buch (wie Anm. 32), S. 223–225. Neue Einblicke wird hier erst der 4., von Ulrich von Hehl herausgegebene Band der Geschichte der Stadt Leipzig, Vom Ersten Weltkrieg bis zur Gegenwart, Leipzig 2018 bieten. Zu Grundlinien der Entwicklung vgl. Ulrich von Hehl, Krieg und Klassenkampf. Leipzig 1914–1918, in: Stadt und Krieg. Leipzig in militärischen Konflikten vom Mittelalter bis ins 20. Jahrhundert, hrsg. von Ulrich von Hehl, Leipzig 2014 (Quellen und Forschungen zur Geschichte der Stadt Leipzig, Bd. 18), S. 267–296 (das Zitat hier auf S. 276–277).

125 In den überlieferten Akten des Vereins für die Geschichte Leipzigs spielt das Thema Erster Weltkrieg keine zentrale Rolle, allerdings wird in Einzelfragen oder versteckt immer wieder deutlich, dass der »Große Krieg« sehr wohl von Bedeutung war, etwa wenn in Korrespondenzen vereinzelt konstatiert wird, der Empfänger befände sich »im Felde«. So heißt es beispielsweise in einem Antwortschreiben vom November 1917 an das Vereinsmitglied Siegfried Moltke, der Adressat eines Briefes mit Anlagen – konkret handelte es sich um den Hofrat Horst Weber – befinde sich im Felde. Vgl. Stadtarchiv Leipzig, Verein für die Geschichte Leipzigs, Nr. 25, Bl. 023. Im Mitgliederverzeichnis von 1918 hinterlässt der Krieg insofern Spuren, als dass das Vereinsmitglied Prof. Dr. Paul Rühlmann, Oberlehrer an der Städtischen Studienanstalt zu Leipzig, mit der Adresse »Zurzeit in Berlin, Kriegspresseamt« aufgeführt wird. Vgl. Stadtarchiv Leipzig, Verein für die Geschichte Leipzigs, Nr. 23, Bl. 20. Im Mitgliederverzeichnis 1915 erscheint unter Nr. 981 James Derham, Kaufmann, Königlich Belgischer Generalkonsul, wobei letztere Funktion durchgestrichen ist und handschriftlich ergänzt wird: »Konsul a. D.« Angesichts des deutschen Einmarsches in Belgien 1914 war dieser Titel obsolet geworden! Vgl. Stadtarchiv Leipzig, Verein für die Geschichte Leipzigs, Nr. 22, Bl. 5.

126 Stadtarchiv Leipzig, Verein für die Geschichte Leipzigs, Nr. 33, Bl. 20.

»Unsere dritte Hauptversammlung im Krieg – möge sie die letzte im Kriege sein! Möge uns im nächsten Jahre, in dem wir auf das 50jährige Bestehen des Vereins zurückblicken können, eine kleine Feier im Frieden beschieden sein!«[127]

Man ahnte aber schon, dass sich diese Hoffnung nicht erfüllen würde, denn die Gestaltung der beabsichtigen Jubiläumsfeier werde wohl »von den Ereignissen abhängen«. Eine größere Feier jedenfalls schien »unter den drückenden Verhältnissen« in weite Ferne gerückt, wie Ernst Kroker bereits vermutete, und im Vorstandsbericht im darauffolgenden Jahr musste man erneut konstatieren:

»Meine Herren, unsere heutige Hauptversammlung ist die vierte in schwerer Kriegszeit. Möge es uns beschieden sein, dass wir uns heute übers Jahr schon seit Monaten eines guten Friedens erfreuen und möge die Friedenszeit auch für unseren Verein eine neue Zeit des Gedeihens und der Blüte werden.«[128]

Noch aber herrschte Krieg, wobei die militärische Lage immer mehr Anlass zu Besorgnis gab, wie auch der aufmerksame Zeitungsleser durchaus – bei allen Durchhalteparolen – registrieren konnte.[129] Trotz der schmalen und unvollständigen Quellenüberlieferung im Bestand »Verein für die Geschichte Leipzigs« gerade im Betrachtungszeitraum gehen wir sicherlich nicht fehl in der Annahme, dass Vorstand und Mitglieder mit Sorge in die Zukunft blickten, zumal die von der Propaganda reichlich ausgeschlachtete Kriegseuphorie des Sommers 1914 angesichts der militärischen Entwicklung und der sich verschlechternden Versorgungslage rasch verflogen war. Äußerlich war anfänglich wohl keine Einschränkung des Vereinslebens spürbar gewesen, hatten die wissenschaftlichen Vortragsabende im ersten Kriegsjahr offenkundig wie gewohnt stattgefunden, wobei man sich eines guten Besuchs erfreuen durfte. Auch die Studienausflüge wurden, bis auf das Frühjahr 1916, beibehalten bzw. durchgeführt, was ebenfalls für 1917 und 1918 galt.[130] An die 900. Wiederkehr der Ersterwähnung Leipzigs wurde zudem in einer Veranstaltung am 15. Dezember 1915 erinnert. Im Vortragssaal des Kunstgewerbemuseums hielt dazu Rudolf Kötzschke einen Festvortrag.[131] Auch über eine nicht unerheblichen Geldspende durfte sich der Verein freuen.[132]

127 Ebd., Bl. 24.
128 Ebd., Bl. 33.
129 Zur militärischen und politischen Entwicklung sowie zu den Auswirkungen der Kriegswirtschaft vgl. exemplarisch Herfried Münkler, Der Große Krieg. Die Welt 1914–1918, Berlin 2013 (hier v. a. Kap. 7: Der erschöpfte Krieg). Zur Entwicklung in Sachsen in Grundlinien vgl. Karl Czok (Hg.): Geschichte Sachsens, Weimar 1989, S. 423–428.
130 Stadtarchiv Leipzig, Verein für die Geschichte Leipzigs, Nr. 73, Bl. 2.
131 Ebd., Nr. 112. Bl. 15.
132 In einem maschinenschriftlichen Schreiben der Rechtsanwaltskanzlei Eichler-Drescher vom 30. Juli 1915 wurde dem Vereinsvorstand mitgeteilt, dass im Testament eines gewissen (inzwischen verstorbenen?) Herrn

1917 aber musste der Verein für die Geschichte Leipzigs den immer stärker spürbar werdenden Versorgungsengpässen im Kriegsalltag Rechnung tragen, was beispielsweise die Durchführung von Veranstaltungen in der Alten Handelsbörse aufgrund der Rationierung von Heizmaterial (Kohlennot) zeitweilig unmöglich machte.[133] Auf die Mitgliederzahl scheint der Krieg keinen oder kaum Einfluss genommen zu haben, zumal sich Aus- und Eintritte die Waage hielten.[134] Allerdings wurden wohl zahlreiche Mitglieder des Vereins eingezogen oder meldeten sich bei Kriegsbeginn im Zuge der allgemein herrschenden Jubelstimmung freiwillig ins Feld. Mit Dr. Albert Poetzsch, Bibliothekar an der Leipziger Stadtbibliothek, seit 1911 Mitglied des Vereins und hier als Referent hervorgetreten, fiel vom 2. auf den 3. Juli 1915 bei Arras ein prominentes Mitglied des Vereins.[135]

Der Krieg warf seine Schatten auf die Feierlichkeiten zum 50-jährigen Bestehen des Vereins im Dezember 1917. Immerhin: Rechtzeitig wurde durch den Vorstand eine Einladung zur Festsitzung versandt, die auf den Tag genau 50 Jahre nach Gründung des Vereins am 17. Dezember 1917, abends 7 Uhr, im Sitzungssaal des Stadtverordnetenkollegiums im Neuen Rathaus stattfinden sollte. Danach war ein »zwangloses Beisammensein im Thüringer Hof« geplant.[136] Erhalten blieb in den Akten des Vereins das achtseitige handschriftliche Manuskript der Festrede von Ernst Kroker, der in der ihm eigenen Art ein lebendiges und anschauliches Bild der umfassenden Vereinstätigkeit seit der Gründung 1867 zeichnete. Besonders hob Kroker den Aufbau der inzwischen in städtischen Besitz überführten Sammlungen des Vereins hervor, die er als »Palladium« desselben bezeichnete. Besondere Würdigung erfuhren die Verdienste der ehemaligen Vereinsvorsitzenden Oscar Mothes und Gustav Wustmann. Zu Letzterem führte Kroker, aus:

> »Für die wissenschaftliche Tätigkeit unseres Vereins bedeutet Wustmanns Leitung den Höhepunkt in der Geschichte des Vereins.«[137]

Jost verfügt worden sei, dem Verein »3000 Mark für die Zwecke seiner Sammlungen zu vermachen«, wenngleich der Verein ja bereits sechs Jahre zuvor seinen Sammlungsbestand offiziell dem neu gegründeten Stadtgeschichtlichen Museum übereignet hatte. Vgl. Stadtarchiv Leipzig, Verein für die Geschichte Leipzigs, Nr. 104, Bl. 11.

133 Grundlinien der Situation in Leipzig zeichnet Ulrich von Hehl, Krieg und Klassenkampf (wie Anm. 119), S. 281–287.

134 In der Kündigung der Mitgliedschaft von Ernst Wiegandt vom 9. Februar 1915 heißt es: »Im Auftrage des im Felde stehenden Herrn Ernst Wiegandt, Inhaber der Buchhandlung Alfred Lorentz, bitten wir die Mitgliedschaft des Herrn Wiegandt im Verein für die Geschichte Leipzigs frdl. zum 1. Januar d. J. zu streichen.« Stadtarchiv Leipzig, Verein für die Geschichte Leipzigs, Nr. 106, Bl. 62.

135 Vgl. Kroker, Benndorf, Der Verein für die Geschichte Leipzigs (wie Anm. 71), S. 50. Poetzsch war Leutnant im 2. Infanterie-Regiment des 1. Bayerischen Reserve-Armeekorps.

136 Stadtarchiv Leipzig, Verein für die Geschichte Leipzigs, Nr. 74, Bl. 16.

137 Ebd., Bl. 23.

Das klang ein wenig versöhnlich, wenngleich kaum später die »Schroffheit in seinem Wesen« ausdrücklich Erwähnung fand. Insgesamt zog Kroker in seiner Festansprache eine durchaus kritische Bilanz der bisherigen halbhundertjährigen Geschichte des Vereins und vergaß dabei auch nicht zu betonen, dass zwar mit der Errichtung des Stadtgeschichtlichen Museums der Verein eines »seiner wichtigsten Ziele in der schönsten Weise« erreicht habe[138], auf der anderen Seite freilich die Wahrnehmung in der Öffentlichkeit der Stadt noch immer zu wünschen übrig lasse:

> »Ich kann auch hier die Klage nicht unterdrücken, dass unsere Bestrebungen bei unserer Bürgerschaft bisher recht wenig Würdigung und Verständnis gefunden haben. Der Verein für die Geschichte Leipzigs zählt auch jetzt noch nicht 400 Mitglieder, während zum Beispiel der Verein für die Geschichte Dresdens gegen 900 Mitglieder umfasst. Sollte in Leipzig unmöglich sein, was in Dresden erreichbar ist?«[139]

Bei allen kritischen Tönen und den durch die gesellschaftlichen Rahmenbedingungen vorgegebenen Schwierigkeiten: Die Feier des Vereinsjubiläums verlief in würdiger Form an repräsentativer Stelle; der Sitzungssaal des Neuen Rathauses war bis auf den letzten Platz gefüllt.[140] Die Festrede von Ernst Kroker war umrahmt von Grußworten des Leipziger Oberbürgermeisters Dr. Rudolf Dittrich, des Vorsitzenden des Sächsischen Altertumsvereins, des Geheimen Regierungsrates Dr. Hubert Ermisch, und des Hofrat Prof. Dr. Paul Rachel im Namen des Dresdner Geschichtsvereins, Dr. Armin Tilles im Namen des Gesamtvereins der deutschen Geschichts- und Altertumsvereine sowie des Geheimen Hofrates Prof. Dr. Gerhard Seeliger im Namen der Deutschen Gesellschaft zu Leipzig. Anwesend war auch der noch letzte lebende Mitbegründer des Vereins, der zuvor zum Ehrenmitglied ernannte Oberlehrer Eduard Mangner. In einem umfangreicheren Artikel im Leipziger Tageblatt zeichnete darüber hinaus das Vorstandsmitglied Paul Benndorf Grundlinien der Entwicklung des Vereins seit seiner Gründung im Gasthaus zur Stadt Frankfurt am 17. Dezember 1867 nach und verwies insbesondere auf die Erfolge (Vereinssammlungen, Schriftenreihe) sowie die kurz zuvor erschienene, vom Autor mitverfasste Denkschrift zum 50-jährigen Vereinsjubiläum.[141]

Zahlreiche briefliche und telegrafische Glückwunschschreiben waren dem Vorstand des Vereins zugegangen. Im Mittelpunkt stand dabei unbestritten ein in Leder gebundenes, handschriftliches Glückwunschschreiben des Rates der Stadt Leipzig, das

---

138 Ebd., Bl. 24.
139 Ebd., Bl. 25.
140 Schriften des Vereins für die Geschichte Leipzigs, Bd. 13, Leipzig 1925, S. 46.
141 Leipziger Tageblatt vom 16. Dezember 1917, Beilage.

der Oberbürgermeister Dr. Dittrich unterzeichnet hatte und das noch heute im Aktenbestand des Vereins im Stadtarchiv aufbewahrt wird.[142] Darin heißt es u. a.:

>»Von den beiden großen Aufgaben, die sich der Verein gestellt hat, Sammlung und Erhaltung der geschichtlichen Erinnerungszeichen unserer Stadt und Erforschung der Stadtgeschichte, hat er letztere in seinen wertvollen Veröffentlichungen erkennen lassen, stets in geradezu vorbildlicher Weise sich angelegen sein lassen, die erstere aber gelöst, gelöst in einem Umfange und einer Weise, die dem Verein und nicht minder der Stadt und ihrer Bürgerschaft dauernd Freude und Ehre bringen wird. Wenn heute unser Stadtgeschichtliches Museum im ehrwürdigen Alten Rathause Sammlungen birgt, wie sie an Wert und Umfang nur wenigen Städten beschieden sind, wenn Tausende sich dieser Sammlungen erfreuen, ihre Liebe zur Heimatstadt vertiefen und an ihnen ihr Wissen bereichern, so ist das nicht zuletzt das Verdienst des Vereins für die Geschichte Leipzigs.
>[...] Möge dem Verein weiteres tatkräftiges Gedeihen beschieden sein, mögen die vortrefflichen Beziehungen, die ihn allzeit mit der städtischen Verwaltung verbunden haben, von Dauer und ihm vor allem vergönnt sein, sich der verständnisvollen Förderung in allen Kreisen unserer Bevölkerung in weit größerem Umfange zu erfreuen, als dies bisher der Fall war, auf dass er mit nachhaltigem, sich stetig vertiefendem Erfolge sich betätigen kann, sich selbst zur Freude und Genugtuung, der Stadt Leipzig aber zur Ehre und zum Nutzen.«[143]

Diese Worte zeigen Lob und Anerkennung für bisher geleistete Arbeit, sie waren aber zugleich auch eine ernstzunehmende Verpflichtung für die weitere Arbeit in einem schwierigen gesellschaftlichen Umfeld. Ein konkretes Resultat war zunächst die Einrichtung der Ernst-Kroker-Stiftung für stadtgeschichtliche Forschung.

Was bedeutete in diesem Kontext nun das Kriegsende im Herbst 1918 für den Verein? Immerhin: Im Bericht für das Vereinsjahr 1917/18 wird die ungeheure Brisanz jener Tage zumindest im Ansatz erkennbar, wenn von der »gewaltigen politischen Bewegung« die Rede ist, die »unser ganzes Volk erschüttert hat«, was – auch und gerade auf den Verein bezogen – Anlass zur Sorge gäbe.[144] Auch der Bericht für das folgende Vereinsjahr ist von der allgemeinen Unsicherheit angesichts der instabilen politischen Lage geprägt, wenn von »der Schwere der Zeit, in der wir leben« die Rede ist.[145] Die Kontinuität der Arbeit des Vereins für die Geschichte Leipzigs beim Übergang

---

142 Stadtarchiv Leipzig, Verein für die Geschichte Leipzigs, Nr. 115, Bl. 001–002.

143 Ebd., Bl. 002.

144 Ebd., Bl. 35.

145 Ebd., Bl. 37. Die militärische Niederlage Deutschlands bedeutete das Ende der Monarchie in Berlin und versetzte auch dem Königtum in Sachsen – der Verein hatte dem sächsischen König stets, wie in den Akten deutlich wird, ein Exemplar seiner Vereinsschriften überreichen lassen – den Todesstoß.

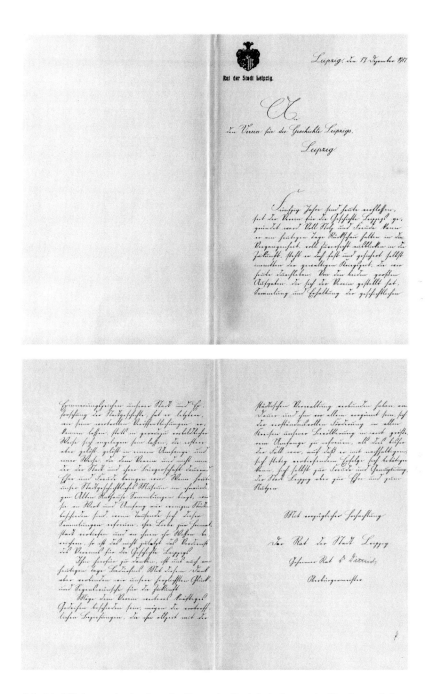

Abb. 30: Glückwunschschreiben des Rates der Stadt Leipzigs an den Verein aus Anlass des 50-jährigen Bestehens, 1917.

zwischen Kriegs- und Friedenszeit seit Herbst 1918 sicherten – bei allen Unwägbar-
keiten – der Vorstand im Allgemeinen und Ernst Kroker im Besonderen, der bis ein
Jahr vor seinem Tode 1927 den Verein durch schwieriges Fahrwasser steuerte. Mit
ihm als Vereinsvorsitzenden hatte der Verein zweifellos einen Glücksgriff getan. Ebenso wie Gustav Wustmann war Ernst Kroker ein anerkannter Gelehrter, freilich in seinem menschlichen Umgang ein völlig anderer Typus als der distanzierte Wustmann.
Auch Kroker hatte ein ungeheures Arbeitspensum zu absolvieren, dennoch ist die für
den Verein geführte und sicherlich nicht vollständig erhaltene Korrespondenz Krokers, beginnend mit seiner Arbeit als Bibliothekar bis hin zu den geradezu minutiösen
Vorbereitungen von Versammlungen und der damit verbundenen Ausarbeitung von
Berichten und Reden, beeindruckend und zeigt, wie ernst Kroker seinen ehrenamtli-
chen Vorsitz des Vereins nahm. Dazu gehören auch die fast 50 Vorträge, die er allein
als Vereinsvorsitzender in fast vier Jahrzehnten vor den Mitgliedern hielt, womit er
Kontinuität sicherte und Qualität garantierte. Kaum ein Jahr, in dem Kroker keinen
Vortrag vor dem Verein hielt, nicht selten waren es sogar zwei Vorträge pro Jahr! Beeindruckend ist dabei auch die inhaltliche Breite der Themen, was nicht zuletzt eine
intime Quellenkenntnis reflektiert. Die Kroker im November 1917 angetragene Ehrenmitgliedschaft im Verein war Ausdruck tiefer Dankbarkeit und großer Anerkennung, Krokers Tod 1927 ein überaus schmerzlicher Verlust für den Verein. In der auf
seiner Beerdigung vorgetragenen Ansprache hieß es denn auch:

> »Fast vier Jahrzehnte lang war er mit dem Verein eng verbunden, ebenso lange wie
> mit seinem Beruf, der ihm mit der Tätigkeit für den Verein immer mehr zu einer
> Einheit verschmolz, und sein Arbeitsgebiet ist ihm stets nicht bloß ›Arbeitsgebiet‹,
> sondern Herzensangelegenheit gewesen.«[146]

Vorträge Ernst Krokers im Verein für die Geschichte Leipzigs (1890–1927)

Datum	Thema
15. Januar 1890	Leipziger Messschaustellungen
26. November 1890	Leipzig im 7-jährigen Krieg, 1. Teil
4. Februar 1891	Leipzig im 7-jährigen Krieg, 2. Teil
23. März 1892	Leipzig im 7-jährigen Krieg, 3. Teil
17. Dezember 1892	Heinrich Cramer von Claußbruch (Festvortrag anlässlich des 25-jähri-gen Bestehens des Verein, Kaisersaal der Zentralhalle)
15. Februar 1893	Leipzigs Bankerott und die Schweden
1. März 1893	Napoleon I. in Leipzig 1807

---

146 Schriften des Vereins für die Geschichte Leipzigs, Bd. 13, Leipzig 1925, S. 3.

Datum	Thema
15. März 1893	Das Protokoll über die Auffindung von Poniatowskis Leiche
1. November 1893	Die Universität Leipzigs im Jahre 1742
12. Dezember 1894	Leipzig in Liedern und Gedichten des 30-jährigen Krieges, 1. Teil
30. Januar 1895	Ein Schwank von Gastwirt Erhard Braun
20. März 1895	Leipzig in Lied und Gedicht des 30-jährigen Krieges, 2. Teil
11. Dezember 1895	Leipziger Kleiderordnungen I.
29. Januar 1896	Gottfried Finckelhaus
12. Februar 1896	Leipziger Kleiderordnungen II.
28. Oktober 1896	Leipzig in den Hussitenkriegen I.
3. März 1896	Leipzig in den Hussitenkriegen II.
27. März 1897	Andreas Goldmeyers Schrift: Von erster Erbauung der Stadt Leipzig
24. November 1897	Leibnizens Vorfahren
23. Februar 1898	Leipziger und Wittenberger Nativitäten aus der Reformationszeit
7. Dezember 1898	Die Ayerische Silhouetten-Sammlung
1. November 1899	Gottsched und die Deutsche Gesellschaft in Leipzig
12. Dezember 1900	Eine verschollene Handschrift der Tischreden Luthers
11. Dezember 1901	Hans Pfriem, ein Genosse des Knecht Ruprecht
10. Dezember 1902	Joachim Camerarius
11. November 1903	Die Entstehung der Leipziger Kommunalgarde
25. Januar 1905	Katharina von Bora, ihr Geburtsort und ihre Jugendzeit
21. März 1906	Reliquien von Luther und seiner Frau in Leipzig
20. Februar 1907	Die Leipziger auf der Universität Wittenberg im Reformationszeitalter
30. Oktober 1907	Hieronymus Walther, ein Leipziger Kaufherr
24. Februar 1909	Leipzigs erste Handelsblüte
16. März 1910	Anekdoten Melanchthons und Leipzig
13. Dezember 1911	Der Leipziger Chronist Johann Jakob Vogel als Genealoge
11. Dezember 1912	Die Kriegskosten des Jahres 1813 für Leipzig
10. Dezember 1913	Stadtbibliothek, Volksbibliotheken und Städtische Bücherhallen
28. Oktober 1914	Leipzigs 900-jähriges Jubiläum
10. Januar 1917	Über den Ablassprediger Johann Tetzel
27. Oktober 1917	Kaiser Karls V. Vorladungsschreiben an Luther nach Worms 1521
18. Dezember 1918	Der Leipziger Ratssteinmetz Friedrich Fuß und die Kamine im Alten Rathaus
7. Januar 1920	Das Vermögen der Stadt Leipzig im Dreißigjährigen Krieg

Datum	Thema
9. Februar 1921	Zwei Leipziger Reliquienverzeichnisse
26. Oktober 1921	Die Anfänge des Buchbinderhandwerks in Leipzig
21. Februar 1923	Johann Sebastian Bachs Eintritt in das Kantorat der Thomasschule, 1723
7. November 1923	Die Anfänge des Handels in Leipzig
25. November 1925	Ein Lied von der Leipziger Messe
5. Januar 1927	Tetzel und die Beraubung seines Ablasskastens

Die rege Vereinstätigkeit in den Jahren der Weimarer Republik lässt sich in ihren Grundzügen aufgrund der in den Vereinsschriften veröffentlichten Tätigkeitsberichte nachzeichnen, ebenso anhand der drei zwischen 1925 und 1931 erschienenen Bände 13 bis 15 der Vereinsschriften. Auch die gravierenden Folgen und Auswirkungen der Inflation spiegeln sich hier wider. Der Verein sah sich gezwungen, 1922 bis 1924 die Vortragsabende aus der Alten Handelsbörse mit ihrem repräsentativen Saal in die weitaus einfacheren Räume der Höheren Schule für Frauenberufe in der Schillerstraße

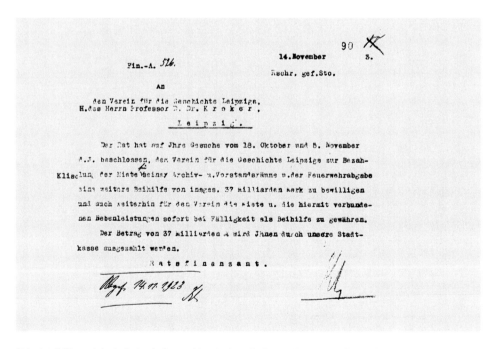

Abb. 31: Während der Inflation in Deutschland stieg die Unterstützung des Rates für den Verein für die Geschichte Leipzigs ins »Unermessliche«.

Paul Benndorf (1859–1926) – 2. Sammlungsvorsteher
und 1. Schriftführer des Vereins für die Geschichte Leipzigs

Quelle: Paul-Benndorf-
Gesellschaft Leipzig)

Der 1859 in Leipzig als Sohn eines Eisenbahn-Assistenten geborene Benndorf besuchte nach dem frühen Tod des Vaters dank finanzieller Unterstützung durch eine Stiftung für begabte Knaben u. a. das Thomas-Gymnasium. Nach Ablegen der Reifeprüfung arbeitete Benndorf sieben Jahre als Hilfslehrer in Leipzig, Meran (Südtirol) und als Hauslehrer auf dem Rittergut Krischa bei Görlitz, bevor er 1884 eine Anstellung als ständiger Lehrer an der 8. Leipziger Bürgerschule erhielt. Nach dem Erlernen der französischen Sprache und einem Weiterbildungsaufenthalt in Paris sowie dem Ablegen des Fachlehrerexamens für Französisch in Dresden besuchte Benndorf – neben seiner Lehrertätigkeit an der 9. Leipziger Bürgerschule – Vorlesungen zu französischer Literaturgeschichte, Philosophie, Pädagogik und sächsischer Volkskunde, um dann – als Oberlehrer (1912) und Studienrat – ab 1917 als ständiger Lehrer an der städtischen Schule für Frauenberufe in Leipzig zu arbeiten. 1924 wurde Benndorf pensioniert.

Benndorf bereiste zahlreiche Länder – von Norwegen bis Griechenland, von Lappland bis Gibraltar, von Frankreich bis zum Kaukasus, wo er Anregungen für sein umfangreiches publizistisches Werk erhielt, wobei er seine Reisen aus den Honoraren für seine Werke finanzierte. Er verfasste zahlreiche Bücher; seine Werke auf dem Gebiet der Jugendliteratur und der Leipziger Stadtgeschichte erlangten bleibende Bedeutung. Sein 1922 erschienenes Werk »Der Alte Johannisfriedhof in Leipzig« war das Ergebnis 40-jähriger Forschungen.

Besondere Verdienste erwarb sich Benndorf in verschiedenen Funktionen im Verein für die Geschichte Leipzigs. Seit 1907 war er 2. Sammlungsvorsteher, seit 1911 1. Schriftführer des Vereins. Er publizierte mehrere Aufsätze in den Vereinsschriften; zusammen mit Ernst Kroker zeichnete er für die Festschrift zum 50-jährigen Bestehen des Vereins im Jahre 1917 verantwortlich.

Benndorf starb 1926 in seiner Wohnung in der Kohlgartenstraße 37 und hinterließ u. a. aufschlussreiche Tagebücher. Er wurde auf dem Leipziger Südfriedhof beerdigt. Die Paul-Benndorf-Gesellschaft zu Leipzig e. V. würdigt durch ihren Vereinsnamen sein Lebenswerk.[147]

zu verlegen und sich – im Zuge der raschen Geldentwertung mit Milliarden- und Billionenspenden von Mitgliedern – notdürftig über Wasser zu halten. Zugleich sprach der Vorstand jenen Personen einen besonderen Dank aus, die Papier zum Druck der Ankündigungen der Vortragsabende im Winter und der Studienausflüge im Sommer zur Verfügung gestellt hatten.[148]

Besonders schwer litt der Verein darunter, dass die Inflation sein kleines Vermögen entwertet hatte. Dies galt ebenso akut für die Einlagen der Kroker-Stiftung für stadtgeschichtliche Forschung und die vom Verein für eine würdige Schmückung der Grabstätte von Käthchen Schönkopf gesammelten Gelder.

---

147 Vgl. hierzu die Internetseite der Paul-Benndorf-Gesellschaft, online abrufbar unter https://www.paul-benndorf-gesellschaft.de/.
148 Schriften des Vereins für die Geschichte Leipzigs, Bd. 14, S. 108.

Abb. 32: Grabplatte von Käthchen Schönkopf, verehelichte Kanne, auf dem Alten Johannisfriedhof Leipzig. Foto von 2017

»Der Abschluss der Inflationszeit durch die Ausgabe wertbeständigen Geldes im November 1923 beendete auch für den Verein die Zeit der größten Not und Unsicherheit, doch zwang die allgemeine Verarmung zu äußerster Beschränkung«, heißt es im Tätigkeitsbericht des Vereins für die Jahre 1921–1925.[149] Sorge bereiteten dem Verein auch – wieder einmal – die angemieteten Räumlichkeiten: »Wegen der Wohnungsnot hat der Vorstand des Vereins die kleine Wohnung, die er seit 1911 für sein Archiv und seine Sitzungen in dem 1. Stock des Hofgebäudes des Hauses Packhofstraße 3 vertragsgemäß mit Unterstützung des Rates der Stadt innehatte, auf Anordnung des Wohnungsamtes am 1. Januar 1924 räumen müssen. Der 1. Vorsteher hat die Akten und das geringe Mobiliar des Vereins in seine Wohnung (Kaiser-Wilhelm-Straße 46) aufgenommen, und auch die Vorstandssitzungen finden jetzt in der Wohnung des 1. Vorstehers statt.«[150] Erfreuliches bot nachfolgend lediglich die Entwicklung der Mitgliederzahlen, die 1924/25 ihren Höhepunkt erreichte. Zu den materiellen Verlusten der Inflationszeit und den Raumsorgen kamen personelle Verluste hinzu, denn mit Eduard Mangner (1923), Paul Benndorf (1926) und Ernst Kroker (1927) starben drei der führenden Repräsentanten des Vereins für die Geschichte Leipzigs, die sich

---

149 Ebd., S. 109.
150 Ebd., S. 110.

Dr. Friedrich Schulze (1881–1960) –
der sechste Vorsitzende des Vereins für die Geschichte Leipzigs 1926–1938

Der in Weimar geborene Schulze studierte nach seiner Reifeprüfung in Naumburg an der Saale, in Jena und Leipzig Geschichte, Germanistik und Philosophie und wurde in der Messestadt mit einer Arbeit über »Die Gräfin Dolores« promoviert. In Leipzig legte er zudem das Staatsexamen für das höhere Schulamt ab, nachfolgend unterrichtete Schulze u. a. 1905–1906 an der Nikolaischule Deutsch und Latein und arbeitete als Verlagsredakteur bei Voigtländer und Teubner sowie als freier Schriftsteller. Im Mai 1913 folgte die Berufung zum Direktorial-Assistenten an das 1909 gegründete Stadtgeschichtliche Museum Leipzig, mit dessen Leitung der 37-jährige Schulze 1918 beauftragt wurde. Schulze forschte unermüdlich zur Leipziger Stadtgeschichte und veröffentlichte Studien u. a. zu Alt-Leipzig (1927) und zur Geschichte des Leipziger Stadttheaters (1917). 1945 wurde er von den neuen Machthabern entlassen, aber noch lange Zeit vom Museum und von Wissenschaftlern um Rat und Auskunft gebeten. Schulze starb 1960 in einem Stift in Halle/Saale. Nach

(Quelle: Stadtgeschichtliches Museum)

dem Tod seiner Witwe gelangte 1957 ein Teil seines wissenschaftlichen Nachlasses (das vollständige Manuskript seiner 1956 gekürzt erschienenen Leipziger Kulturgeschichte, das umfangreiche Manuskript zu einer Arbeit über den Historiker Karl Lamprecht sowie mehrere Porträts zu seinem 1917 erschienenen Buch über die einhundertjährige Geschichte des Leipziger Stadttheaters) an das Stadtarchiv Leipzig.

Friedrich Schulze arbeitete in zahlreichen Vereinen aktiv (u. a. Leipziger »Deutsche Gesellschaft zur Erforschung vaterländischer Sprache und Altertümer«). Im Verein für die Geschichte Leipzigs war Schulze zunächst zweiter, seit 1926 erster Vorsitzender, bis ihn 1938 der NS-Bürgermeister Walter Dönicke aufforderte, sein Amt zur Verfügung zu stellen, das dann der Dezernent des Kulturamtes im Stadtrat Friedrich August Hauptmann übernahm.[151]

über Jahrzehnte um dessen Reputation in der Stadt, in Sachsen und darüber hinaus verdient gemacht hatten.

Das Jubiläum zum 60-jährigen Bestehen des Vereins 1927 fiel weitaus bescheidener als jenes Jubiläum zehn Jahre zuvor aus.[152] Immerhin gab es Glückwunschschreiben und eine Festsitzung. Darüber hinaus erschien in der Zeitschrift »Leipzig.

---

151 Stadtarchiv Leipzig, Verein für die Geschichte Leipzigs, Nr. 34, Bl. 73. Stadtarchiv Leipzig, Verin für die Geschichte leipzigs, Nr. 57, Bl. 40. Zum Kontext vgl. Fellmann, 125 Jahre Leipziger Geschichtsverein (wie Anm. 55), S. 19–20.

152 In einem Glückwunschschreiben von Franz Dollinger, Inhaber einer Papierwaren-Handlung, an den Verein vom 17. Dezember 1927 hieß es u. a.: »Die wahren Beachter schätzen nicht nur das geschichtliche Museum, sondern wohl ein jeder freut sich, wenn die planmäßige Vortragsreihe angezeigt ist, um dann an dem bekannten Mittwochabend zu hören, zu sehen und recht befriedigt nach Hause zu gehen.« Vgl. Stadtarchiv Leipzig, Verein für die Geschichte Leipzigs, Nr. 116, Bl. 55.

```
       Vorstandsmitglieder des Vereins für die Geschichte Leipzigs.
       --------------------------------------------------------------
                              1926.

Ehrenvorsitzender: Professor D. Dr. Ernst Kroker,L., Kaiser-Wilhelm-
                                    Strasse 46,I.

 1. Vorsteher:  Museumsdirektor Dr. Friedrich Schulze, Grassistr.26,I
                (Dienstadr.: Stadtgeschichtl.Museum, Altes Rathaus,
                       Markt 1.)

 2.     "    :  Dr. Albert Giesecke, L.-Go., Menckestr. 17,III.

 1. Schriftführer: Verlagsbuchhändler Rudolf Dimpfel,L.,Schwägrichen-
                                    strasse 11.
                   Geschäftsadr.: Fa. Heims, Talstr. 17.

 2.     "       :  Dr. Johannes Lorenz,L., Bayersche Str. 104,II,links

 1. Kassierer   :  Verlagsbuchhändler Walter Bielefeld,L., Talstr.17

 2.     "       :  Postinspektor Paul Hoffmann, L.-Co.,Lössniger Str.
                                    140,I.

 1. Beisitzer   :  Verlagsbuchhändler Raimund Gerhard, L., Lessingstr.12

 2.     "       :  Schuldirektor i.R. Eduard Bachmann, L.-Reud,Oststr.
                                    55, III

 3.     "       :  Direktor Dr. Johannes Hofmann,L.,Kronprinzstr.71,II
                   (Dienstadr.: Stadtbibliothek,Universitätsstr. 16.)

 4.     "       :  Professor Dr. Rudolf Kötzschke,L.-Go.,Stallbaumstr.
                                    7,II.
```

Abb. 33: Zusammensetzung des Vorstands 1926.

Eine Monatsschrift« ein dreiseitiger Beitrag über die sechzigjährige Wirksamkeit des Vereins. Dieser zeichnete in knapper Form Entwicklung und die Hauptaufgaben des Vereins nach. Mit Bedauern stellte der Verfasser fest, dass sich das geistige Leben des Vereins – ein in regelmäßigen Abständen auftauchender »Vorwurf« – nicht adäquat in der Außenwahrnehmung widerspiegele. Im konkreten Fall sei dies auf die immer noch kaum überwindlichen Druckschwierigkeiten zurückzuführen. Daran anschließend konstatierte der Autor:

> »An diesem Punkte wird die kommende Vereinsarbeit einsetzen. Man wird sich stets vor Augen halten müssen, dass die Vertiefung und Erweiterung stadtgeschichtlicher Kenntnis das primäre Ziel sein muss, der freilich die Verbreitung durch den Druck nicht fehlen darf, und dass jede Popularisierung, so notwendig sie sein wird, in der Forschung ihren Quell hat; dass sie versiegt, wenn die Forschung versiegt.«[153]

---

153 Vgl. Leipzig. Eine Monatsschrift 12, Leipzig 1926, S. 127.

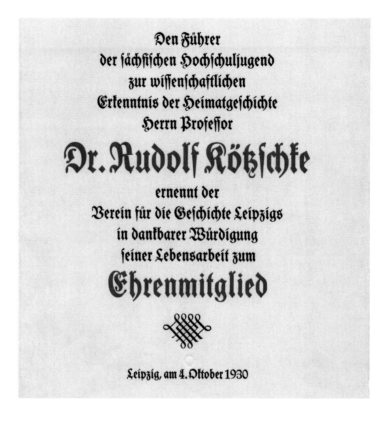

Positiv vermerkt wurde, dass die unlängst erreichte Verbindung zur Heimatgeschichte an der Universität Leipzig – konkret: zum Seminar für Landesgeschichte und Siedlungskunde – sich als fruchtbar zu erweisen beginne. Auch wenn dies nicht expressis verbis angesprochen wurde, so war diese Verbindung dem Universitätsgelehrten und Vorstandsmitglied im Verein Rudolf Kötzschke zu verdanken! Verfasser dieser Zeilen war im Übrigen Dr. Friedrich Schulze, der Ernst Kroker im Amt des Vorsitzenden folgte und der als Museumsdirektor – wie einst die enge Verbindung zwischen Geschichtsverein und Ratsarchiv – das Zusammenwirken zwischen Verein und Stadtgeschichtlichem Museum garantierte.

Die Vereinsberichte aus den Jahren 1928 bis 1932 zeigen eine aktive und gefestigte Arbeit des Vereins.[154]

---

154 Vgl. Schriften des Leipziger Geschichtsvereins, Bd. 16, S. 117–121.

Vereinsleben und Vereinsschriften

Wie gestaltete sich das Vereinsleben seit 1868? Hier sind drei grundlegende Formen zu unterscheiden: die Durchführung öffentlicher Vorträge und Vereinsabende, Studienausflüge sowie die Herausgabe eigener Vereinsschriften als Zeugnis eines regen Engagements der an stadtgeschichtlichen Fragen interessierten Mitglieder.

Als der elementare Baustein im Vereinswesen erwies sich das regelmäßige Zusammentreffen der Vereinsmitglieder – eine Konstante bis heute. In der Praxis sah dies so aus, dass 1868 sieben sogenannte Hauptversammlungen abgehalten wurden, in denen Vereinsangelegenheiten besprochen wurden, begleitet von Vorträgen von Vorstands- oder einfachen Mitgliedern zu ausgewählten Themen aus der Leipziger Geschichte. So sprachen beispielsweise der Vorsitzende Prof. Friedrich August Eckstein am 26. Mai über Leipzigs Gewässer, der Lehrer Ernst August Rommel über die Beziehungen Leipzigs zur Lutherischen Reformation und Dr. H. O. Zimmermann über die Belagerung Leipzigs im Jahre 1637.[155] Auf Vorschlag des Vorstands wurde der erste Mittwoch im Monat als regelmäßiger Sitzungstag bestimmt – eine Tradition, die bis heute fortwirkt. Allerdings zeigte sich bald, dass es sehr schwierig, ja geradezu unmöglich war, Monat für Monat einen Referenten zu finden, sodass zwischen den einzelnen Vortragsabenden mitunter größere Pausen lagen. Waren es 1868 insgesamt acht Vorträge und 1870 sogar elf, kam man nachfolgend nicht über vier Vorträge pro Jahr hinaus. Im Ganzen wurden zwischen 1871 und 1890 immerhin 116 Vorträge gehalten, zwischen 1900 und 1913 zählte man 127 Vorträge. Zum Vergleich: Dresden, immer wieder als Vorbild herangezogen (etwa mit Blick auf die Mitgliederzahlen) verzeichnete 1871 bis 1890 241 Vorträge, zwischen 1900 und 1913 waren es hingegen nur 64, sodass Leipzig hier im Vortragswesen innerhalb Sachsens eine beachtliche Stellung erreichte.[156] Aus den nicht vollständig erhaltenen Akten des Vereins geht hervor, dass zwischen 1868 und 1944 607 Vorträge dokumentiert sind, was immerhin einen Schnitt von acht Veranstaltungen pro Jahr ergibt.[157]

---

155 Vgl. Erster Bericht des Vereins von seiner Gründung bis zu Ende 1869, in: Schriften des Vereins für die Geschichte Leipzigs, Bd. 1, 1872, S. 244.

156 Vgl. Fellmann, 125 Jahre Leipziger Geschichtsverein (wie Anm. 55), S. 17.

157 Ebd., S. 17. Walter Fellmann verweist in seiner Darstellung darauf, dass am 22. Februar 1944 der vorerst letzte Vortrag (das Vereinsmitglied Rudolf Weinmeister referierte zum Thema »Die Männer des Direktoriums der Leipzig-Dresdner Eisenbahngesellschaft«) gehalten wurde. Laut Vereinsakten wurden aber auch danach noch zumindest zwei Vorträge angekündigt: So sollten am 31. Oktober 1944 Carl Schöffer über Leipziger Maler in Amerika und am 13. Februar 1945 Wilhelm Brück über Leibniz im Leipziger Nachruhm referieren. Als Veranstaltungsort war der Luftschutzkeller des Alten Rathauses (Eingang vom Naschmarkt aus) vorgesehen. Unklar bleibt, ob die Vorträge tatsächlich gehalten wurden. Vgl. Stadtarchiv Leipzig, Verein für die Geschichte Leipzigs, Nr. 71, Bl. 26.

Dr. Otto Robert Georgi (1831–1918) – Leipziger erster Oberbürgermeister und Ehrenmitglied im Verein für die Geschichte Leipzigs

Hermann Walter (1838–1909) –
Stadtgeschichtliches Museum Leipzig,
Inv. F/477/2007.
(Quelle: Wikipedia)

Der in Mylau geborene Otto Robert Georgi entstammte einer angesehenen evangelisch-lutherischen Fabrikanten- und Bankiersfamilie, sein Vater Robert war Mitglied beider Kammern des Sächsischen Landtags und 1848/49 sächsischer Finanzminister. Nach dem Besuch des Gymnasiums in Plauen studierte Otto Robert Georgi in Leipzig, Heidelberg und Göttingen Jura (1857 Promotion zum Dr. jur.). 1859 ließ sich Georgi als Rechtsanwalt und Notar in Leipzig nieder, übernahm 1863 das Sekretariat der Handels- und Gewerbekammer, zwei Jahre später wurde er zum Bevollmächtigten des Zentralvorstandes des Gustav-Adolf-Vereins gewählt. Seine politische Karriere begann mit der Wahl in die Stadtverordnetenversammlung 1867, deren Vorsitz er drei Jahre später übernahm. 1874 stieg Georgi zum Vizebürgermeister auf, nach dem Tode Carl Wilhelm Otto Kochs 1876 folgte die Ernennung zum Oberbürgermeister der Stadt Leipzig, ein Amt, dass Georgi bis zu seiner Pensionierung 1899 ausübte. Als Fachmann für Finanzen und Eisenbahnfragen war Georgi seit 1876 zugleich von Amts wegen Mitglied der I. Kammer des Sächsischen Landtags und von 1895 bis 1896 deren Vizepräsident. Neben seiner politischen Tätigkeit für die Stadt Leipzig war Georgi 1871 bis 1877 nationalliberaler Reichstagsabgeordneter.

1899 wurde Georgi, Träger hoher sächsischer und preußischer Orden, aufgrund seiner Verdienste für die Stadt Leipzig zum Ehrenbürger ernannt. Ihm zu Ehren benannte man einen Teil des Innenstadtrings in Georgiring (ehemals Bahnhofstraße) um. Georgi war mit der Tochter eines Großkaufmanns verheiratet, aus der Ehe gingen sechs Söhne und zwei Töchter hervor. Georgi starb hochbetagt 1918 und wurde auf dem Südfriedhof beigesetzt.

Als Oberbürgermeister hat sich Georgi unermüdlich für die Interessen des Vereins für die Geschichte Leipzigs, dessen Mitglied er war, eingesetzt, insbesondere wenn es um dessen finanzielle Unterstützung ging. 1917 erhielt Georgi die Ehrenmitgliedschaft des Vereins.[158]

Während sich der Mittwochabend um 20 Uhr als fester Veranstaltungstermin rasch herauskristallisierte, gestaltete sich die Suche nach einem festen Versammlungsort weitaus schwieriger. Die Versammlungslokale mussten aus unterschiedlichen Gründen wiederholt gewechselt werden. Bis zum September 1878 traf man sich im (zweiten) Gründungslokal »Stadt Dresden«. Nach Zwischenstationen in der Gastwirtschaft Trietzschler in der Schulstraße (Dezember 1878 – Februar 1880), erneut im »Stadt Dresden« (November 1880 – Januar 1886), in der Gastwirtschaft Bierbaum in der Petersstraße 39 (Oktober 1886 – März 1887) sowie im Gasthaus »Stadt Hamburg« in der Nikolaistraße 10 (Oktober 1887 – März 1892), diente dann seit November 1892

---

158 Stadtarchiv Leipzig, Verein für die Geschichte Leipzigs, Nr. 112, Bl. 66.

Arthur Nikisch (1855–1922) – Gewandhauskapellmeister und Mitglied des Vereins für die Geschichte Leipzigs

Der 1855 in der damals zu Ungarn gehörenden Slowakei als Sohn eines aus dem preußischen Teil Schlesiens stammenden Verwalters geborene Nikisch, dessen musikalisches Talent bereits früh erkannt und vom Vater gefördert wurde, studierte am Wiener Konservatorium Violine, Klavier und Komposition. Nach verschiedenen Engagements als Geiger, u. a. beim Wiener Hofopernorchester (Wiener Philharmoniker) zwischen 1872 und 1877, kam Nikisch 1878 nach Leipzig – eine schicksalhafte Begegnung. Als Chormeister der Leipziger Oper überzeugte er derart als Dirigent, dass er nur wenig später zum 1. Kapellmeister ernannt wurde (2. Kapellmeister war 1886–1889 Gustav Mahler). Am 30. Dezember 1884 dirigierte Nikisch die Uraufführung von Bruckners 7. Sinfonie am Leipziger Neuen Theater. Schon 1880 hatte Nikisch den erkrankten Gewandhauskapellmeister Carl Reinecke vertreten, dessen Nachfolge er, nach Aufenthalten in Boston als Chefdirigent des Boston Symphony Orchestra und in Budapest als Direktor der Königlichen Ungarischen Oper, im Herbst 1895 antrat. Unter seiner Leitung nahm das Gewandhausorchester 1913 erstmals eine komplette Tonaufnahme einer Sinfonie auf (5. Sinfonie Beethovens). Sowohl mit den Berliner Philharmonikern

Arthur Nikisch, Foto, vor 1912, Autor unbekannt. (Quelle: Wikipedia)

vor dem Ersten Weltkrieg als auch mit dem Leipziger Gewandhausorchester nach 1918 unternahm der allseits geschätzte Dirigent Konzertreisen durch Europa. Von 1902 bis 1907 amtierte Nikisch darüber hinaus als Direktor des Leipziger Konservatoriums.

Am 23. Januar 1922 starb Nikisch im Alter von 66 Jahren in Leipzig und wurde auf dem Südfriedhof beigesetzt (II. Abteilung). Er war seit 1885 mit der Schauspielerin Amelie Heussner verheiratet, aus der Ehe gingen zwei Söhne hervor. In Leipzig wohnte Arthur Nikisch in der Thomasiusstraße 28 am heutigen Nikischplatz, der 1922 seinen Namen erhielt.

In den Akten des Leipziger Geschichtsvereins findet sich für das Jahr 1901 die ausgefüllte Anmeldung zur Mitgliedschaft im Verein: »Arthur Nikisch, Kapellmeister, Thomasiustraße 28«.[159]

der »Thüringer Hof« als Ort der Vortragsabende, was nicht zuletzt darauf zurückzuführen war, dass der Wirt Georg Grimpe großes Interesse an Leipzigs Geschichte zeigte. 1911 wurden die öffentlichen Vorträge in die »Alte Börse« am Naschmarkt verlegt. Zumindest einmal im Jahr, zu der mit einer »Tafel« verbundenen Hauptversammlung, kamen die Mitglieder auch weiterhin im »Thüringer Hof« zusammen, wie die Einladung zum Stiftungsfest 1903 belegt.

Das imposante und traditionsreiche Gebäude des Lokals verfügte nach mehreren Umbauten über 17 Säle und Platz für immerhin 2000 Gäste. Im Zweiten Weltkrieg wurde es zerstört und mit nur zwei Etagen nach 1945 wieder aufgebaut, um 1993 bis 1996 in der ursprünglichen Größe als Geschäftshaus wiedererrichtet zu werden.

---

159 Stadtarchiv Leipzig, Verein für die Geschichte Leipzigs, Nr. 107, Bl. 236.

Abb. 35: Ankündigung eines Vortrags von Otto Moser, November 1879.

Schon bald nach der Gründung des Vereins wurden eine Literarische und eine Artistische Sektion als jeweiliger Ausschuss mit spezifischer Aufgabenstellung gegründet.[161] Die Literarische Sektion, die seit November 1868 der Historiker und Universitätsprofessor Dr. Heinrich Wuttke leitete und dem dann 1876 Gustav Wustmann folgen sollte, bereitete die Vorträge vor, sammelte Literatur zur Geschichte Leipzigs, beantwortete an den Verein gerichtete Fragen und erhielt darüber hinaus die Aufgabe, Lebensbeschreibungen bedeutender Leipziger Persönlichkeiten zu erarbeiten sowie Urkunden zu bearbeiten und zu edieren.[162] Schließlich oblag dieser Sektion auch die Herausgabe der Schriften des Vereins, deren erster Band 1872 erschien, wobei die ursprünglich im Eifer geäußerte und diskutierte Vorstellung, jeweils jährlich einen Band herauszugeben, sich als nicht realisierbar herausstellte – unter anderem weil sich Autoren trotz mehrfacher Mahnungen nicht im Stande sahen, in Aussicht gestellte Beiträge zu liefern. Dennoch bot der 1872 erschienene und maßgeblich von Heinrich Wuttke betreute Band acht thematisch weit gefasste Beiträge, etwa zu den klimatischen Bedingungen Leipzigs, zum Schulwesen der Stadt sowie zur Vor- und Frühgeschichte Leipzigs, ergänzt um Satzung, Programm und Mitgliederverzeichnis des Vereins. Sechs Jahre sollten vergehen, bis Band 2 vorlag, 1885 erschien Band 3. Bis zum 50-jährigen Jubiläum lagen dann, die Festschrift eingeschlossen, insgesamt 12 Bände vor, denen bis 1939 noch weitere 11 Bände folgten, die allesamt wichtige Beiträge zur Geschichte Leipzigs lieferten, zumeist als Sammelbände, in fünf Fällen aber auch als

---

160 In der Ankündigung wird ausdrücklich darauf verweisen, dass auch »Damen« zum angekündigten Vortrag gern kommen könnten. Als Mitglieder im Verein für die Geschichte Leipzigs lassen sich Frauen jedoch erst wesentlich später nachweisen.

161 Die Tätigkeit der Artistischen Sektion wird im Kapitel über die Vereinssammlungen behandelt.

162 Zur Tätigkeit der Literarischen Sektion ausführlich Kroker, Benndorf, Der Verein für die Geschichte Leipzigs (wie Anm. 71), S. 32–64 mit einer genauen Übersicht der 49 Hauptversammlungen sowie der Vortragsthemen und Referenten.

Abb. 36: Zusammenkunft in Erkels Keller. (Weinhandlung im Souterrain der Alten Ratswaage, Markt 4) am 31.5.1899.

monographische Darstellungen zu einzelnen Themen.[163] So beinhaltete beispielsweise Band 8 (1896) eine Geschichte der Leipziger Winkelschulen von Eduard Mangner und Band 17/18 eine Abhandlung Albert Schröters zu Leipziger Goldschmieden aus fünf Jahrhunderten (1350–1850) – beide Darstellungen sind noch heute mit großem Gewinn zu lesen.[164]

Als aufschlussreich erweisen sich die nach Erscheinen des ersten Bandes der Vereinsschriften um den Folgeband mitunter heftig geführten Diskussionen. Trotz des Engagements von Heinrich Wuttke erschien nämlich bis zu dessen Tode 1876 kein weiterer Band, die von seinem Nachfolger Gustav Wustmann ins Spiel gebrachte Herausgabe einer Vierteljahresschrift hatte keine Chance auf eine Realisierung. Wustmanns Vorarbeiten für den zweiten Band waren sehr zeitaufwendig, und angesichts der nicht termingerechten Abgabe der Manuskripte der Autoren verzögerte sich das

163 Außerhalb der Reihe der Vereinsschriften erschien im Jahre 1913 eine repräsentative Gedenkschrift, die der Verein in Verbindung mit Albert Mundt im Einhorn-Verlag München-Leipzig herausgab und die in mehreren Beiträgen der 100. Wiederkehr der Völkerschlacht bei Leipzig gedachte.
164 Eine genaue Übersicht des Inhalts der jeweiligen Bände bei Fellmann, 125 Jahre Leipziger Geschichtsverein (wie Anm. 55), S. 29–32.

Abb. 37: Einladung zum Stiftungsfest (Hauptversammlung) des Vereins für die Geschichte Leipzigs 1903.

Abb. 38: Titelblatt von Band 1 der Vereinsschriften (1872).

ganze Vorhaben. Das Ganze schleppte sich dahin, sodass auf der Hauptversammlung am 15. Dezember 1877 fast 60 Mitglieder mit ihrem Austritt aus dem Verein drohten, sollte der zweite Band nicht zeitnah erscheinen! Zudem legte Gustav Wustmann den Vorsitz der Literarischen Sektion nieder. Offenbar wurde hinter den Kulissen heftig diskutiert, und wenige Monate später, am 7. März 1878, ersuchte die Literarische Sektion, deren Leitung vorübergehend Oscar Mothes übernommen hatte, ihren vormaligen Vorsitzenden Wustmann, erneut die Sache nun ganz in seinem Sinne in die Hand zu nehmen. Offenkundig mit Erfolg: im Sommer 1878 konnte der zweite Band, der 188 Seiten umfasste, erscheinen, wobei von den acht aufgenommenen Beiträgen freilich allein fünf aus der Feder Wustmanns stammten, der den sieben Jahre später erschienenen dritten Band mit 472 Seiten darüber hinaus allein füllen sollte.[165]

---

165 Vgl. Kroker-Benndorf, Der Verein für die Geschichte Leipzigs (wie Anm. 71), S. 58. Für die Drucklegung steuerte der Verein für die Geschichte Leipzigs 900 Mark bei und erhielt im Gegenzug 250 Exemplare zur Verteilung an die Mitglieder.

Prof. Dr. Rudolf Kötzschke (1867–1949) – Landeshistoriker und Beisitzer im Verein für die Geschichte Leipzigs

Der in Dresden geborene Sohn eines königlich-sächsischen Kammermusikers studierte nach dem Besuch der Gelinekschen Privatschule und der Kreuzschule (1877–1885) seit 1885 an der Universität Leipzig klassische Philologie (1 Semester in Tübingen), daneben aber auch Geschichte, Geographie, Germanistik und Sanskrit. Mit einer Arbeit zu »Ruprecht von der Pfalz und das Konzil von Pisa« wurde er 1889 promoviert, ein Jahr später legte er das Staatsexamen ab. Nachfolgend arbeitete Kötzschke zunächst in seiner Heimatstadt als Privatlehrer, um nach dem Tode seines Vaters seine Mutter und seine Geschwister unterstützen zu können. 1894 holte ihn der Historiker Karl Lamprecht nach Leipzig, der Kötzschke mit der Herausgabe der Urbare der Abtei Werden betraute und 1896 zum Bibliothekar an seinem Institut machte. 1899 erfolgte die Habilitation mit Studien zur Verwaltungsgeschichte der Abtei Werden. Zunächst als Privatdozent tätig, erfolgte 1905 die Ernennung zum Extraordinarius, im Jahr darauf übertrug man Kötzschke die Leitung des Seminars für Landesgeschichte und Siedlungskunde, die er bis 1936 innehatte, wobei sich Kötzschke durch die Entwicklung neuer

(Quelle: Rudolf Kötzschke, Universitätsbibliothek Leipzig, Sondersammlungen)

Forschungsmethoden bleibende Verdienste erwarb. Seit 1930 bis zu seiner Emeritierung 1935 war Kötzschke zudem Inhaber des Lehrstuhls für Sächsische Geschichte. Rudolf Kötzschke wurde zum Begründer der Landesgeschichtsforschung als wissenschaftliche Disziplin. Er gilt als Experte für die mittelalterliche Wirtschaftsgeschichte, insbesondere der Agrar- und Siedlungsgeschichte.
Kötzschke war Mitglied in zahlreichen wissenschaftlichen Vereinigungen, darunter der Rheinischen Gesellschaft für Geschichtskunde, Korrespondierendes Mitglied der Preußischen Akademie der Wissenschaften zu Berlin seit 1942, Ordentliches Mitglied der Sächsischen Kommission für Geschichte von 1906 bis 1949. Er gehörte darüber hinaus auch dem Verein für die Geschichte Leipzigs an, wo er als Beisitzer fungierte,[166] Vorträge hielt und in den Vereinsschriften publizierte.

Die unregelmäßige Erscheinungsweise blieb auch weiterhin Anlass für Kritik, wobei die geringen Finanzmittel immer wieder ein häufigeres Erscheinen verhinderten. Von Band 14, der 1929 in einer Auflage von immerhin 1 400 Exemplaren erschien, sind in diesem Zusammenhang die Herstellungskosten bekannt: 2 700 Mark. Aus den Mitgliedsbeiträgen allein ließen sich derartige Ausgaben nicht bestreiten. Zuwendungen, um die immer wieder auch in öffentlichen Appellen gebeten wurde, flossen nur spärlich und unregelmäßig. Hinzu kam zu Beginn der 1920er Jahre die Inflation, die eine völlige Entwertung der Geld- und Stiftungsmittel des Vereins mit sich brachte. Die Aufgaben der 1917 ins Leben gerufenen Ernst-Kroker-Stiftung übertrug daraufhin die Stadt dem mit städtischen Geldern arbeitenden »Ausschuss für das historische

---

166 Vgl. Stadtarchiv Leipzig, Verein für die Geschichte Leipzigs, Nr. 117, Bl. 66.

Abb. 39: Auf dem u. a. nach Borna führenden Studienausflug am 7. September 1883 wurde auch das Schloss Thallwitz, zwischen Wurzen und Eilenburg gelegen, besucht (abgebildet sind hier der Kaufmann Albert Andres, der Kaufmann Wilhelm Brück, der Buchhändler Ludwig Fischer, C.W. Görenc, Julius Kießling, A. Schmiers, M. Voigt, der Advokat J.W. Weiler, Wustmann jr., Adolph Mackroth, Gustav Wustmann, Otto Moser und Eduard Mangner).

Schriftwesen«, in dem seitens des Vereins die Historiker Dr. Rudolf Kötzschke und Dr. Friedrich Schulze vertreten waren und der seit 1929 drei Bände »Aus Leipzigs Vergangenheit« herausgab.[167]

Bereits in der Frühzeit des Vereins fanden Ausflüge in die nähere Umgebung Leipzigs statt. Diese Studienausflüge, die bald auch in der Tageszeitung angekündigt wurden oder über die ein Bericht erschien, dienten dabei nicht allein dem Amüsement, wie überlieferte Fotografien derartiger Veranstaltungen mitunter suggerieren, sondern bei derartigen Besichtigungen konnten immer wieder interessante Objekte aufgespürt und für die Sammlungen des Vereins erworben werden, was nicht selten in Form von Schenkungen geschah oder als Leihgabe, wobei der Eigentümer hierfür einen sogenannten Revers, der sein Eigentumsrecht bestätigte, erhielt. Die erste organisierte Besichtigung einer »geschichtsträchtigen« Örtlichkeit – mit gleichzeitiger Ausforschung potenzieller Sammlungsstücke – begann in diesem Zusammenhang bereits am

---

167 Vgl. Fellmann, 125 Jahre Leipziger Geschichtsverein (wie Anm. 55), S. 16.

Abb. 40: Auf dem gleichen Studienausflug wurde auch im Pfarrgarten in Prießnitz bei Borna Station gemacht.

15. März 1868 mit dem Besuch der Nikolaikirche in Leipzig; bald darauf folgten die Thomaskirche, das Rathaus, der Kreuzgang des Paulinums, der Alte Johannisfriedhof, Löhrs Hof sowie die Neukirche.[168] 14 Mitglieder des Vereins beteiligten sich am 3. August 1868 an einem Ausflug in die Parthedörfer Mockau, Cleuden, Thekla, Portitz und Plaußig, nach Seehausen, Göbschelwitz, Podelwitz und über die alte Buschenaukirche nach Großwiederitzsch, wobei ein Pferdeomnibus die wohl inzwischen recht durstigen Teilnehmer des Ausflugs für zehn Neugroschen zum Sammelplatz an Thiemes Brauerei brachte.[169] Im August 1869 folgte ein Ausflug nach Lindenau, Schönau, Groß- und Kleinzschocher, Knauthain, Bösdorf und Eythra sowie Zwenkau, Imnitz und Zöbigker. Nachfolgend dienten bei zwei sich anschließenden Exkursionen weitere Dörfer im Leipziger Umland als Besichtigungsziel, und auch in den Folgejahren wurden die Dörfer südlich von Leipzig systematisch erkundet. Der Aktionsradius erweiterte sich mit dem Benutzen der Eisenbahn bald und die Zahl der Studienausflüge pegelte sich auf durchschnittlich zwei im Jahr (meist zu Himmelfahrt und im September) ein..

---

168 Vgl. Leipzig-Museum. 100 Jahre (wie Anm. 90), S. 16. Neukirche wurde die 1699 neu geweihte, aus dem Spätmittelalter stammende Matthäi-Kirche genannt.
169 Ebd., S. 16.

Studienausflüge des Vereins zwischen 1875 und 1915[170]

Jahr	Ziel
1875, 2. Juni (Mittwoch)	Knauthain, Knautnaundorf, Kulkwitz, Lausen, Schönau
1876, 7. Juli (Freitag)	Schkeuditz, Ermlitz, Oberthau, Röglitz, Weßmar
1877, September	Lößnig, Crostewitz, Cröbern, Zehmen, Rüben, Rötha
1878, 13. Juni (Donnerstag)	Altenburg
1880, 30. Juni (Mittwoch)	Machern
1881, 13. Juli (Mittwoch) 1881, 3. August (Mittwoch)	Borna und Geithain Eilenburg
1882, 6. September (Mittwoch)	Probstheida, Seifertshain, Naunhof, Eicha
1883, 8. Juni (Freitag) 1883, 7. September (Freitag)	Grimma, Hohenstädt, Trebsen und Nerchau Prießnitz und Renkersdorf bei Borna
1884, 16. April (Mittwoch) 1884, 19. September (Freitag)	Groitzsch Lützen
1885, 15. Juli (Mittwoch)	Colditz
1886, 9. Juni (Dienstag) 1886, 20. Juni (Sonntag) 1886, 24. August (Dienstag) 1886, 16. Oktober (Sonnabend)	Großbothen, Kössern und Kötteritzsch Torgau Merseburger Aue (Großdölzig, Dölkau, Döllnitz) Delitzsch, Brehna
1887, 8. September	Lauterbach, Steinbach, Kitzscher, Beucha und Lausick
1900, 24. Mai (Himmelfahrt) 1900, 2. September (Sonntag)	Weißenfels Oschatz
1901, 16. Mai (Himmelfahrt) 1901, 15. September (Sonntag)	Pegau, Groitzsch Merseburg, Lauchstädt
1902, 8. Mai (Himmelfahrt) 1902, 21. September (Sonntag)	Freyburg an der Unstrut, Burgscheidungen Frohburg und Gnandstein
1903, 21. Mai (Himmelfahrt) 1903, 6. September (Sonntag)	Altzella, Nossen, Biberstein und Reinsberg Grimma, Nimbschen, slawischer Burgwall bei Schaddel
1904, 12. Mai (Himmelfahrt) 1904, Herbst	Lausick, Geithain, Colditz Altenburg
1905, 1. Juni (Himmelfahrt) 1905, 24. September	Eisenberg, Klosterlausnitz Eisleben
1906, 24. Mai (Himmelfahrt) 1906, 30. September	Hainsberg, Zeitz Torgau
1907, 9. Mai (Himmelfahrt) 1907, 15. September (Sonntag)	Naumburg, Dornburg Delitzsch

170 Quelle: Kroker, Benndorf, Der Verein für die Geschichte Leipzigs (wie Anm. 71), S. 63–64.

Jahr	Ziel
1908, 28. Mai (Himmelfahrt)	Rochlitz, Wechselburg
1909, 20. Mai (Himmelfahrt)	Merseburg, Lauchstädt
1910, 5. Mai (Himmelfahrt)	Wittenberg
1911, 25. Mai (Himmelfahrt)	Meißen
1912, 16. Mai (Himmelfahrt)	Freiberg
1913, 4. Mai (Sonntag)	Lützen, Großgörschen
1914, 24. Mai (Sonntag)	Zwickau, Stein, Hartenstein
1915, 16. Mai (Sonntag)	Zeitz, Pegau

Solange die Studienausflüge lediglich in die nähere Umgebung Leipzigs führten, war es die Aufgabe des Pfleger-Ausschusses, diese Exkursionen vorzubereiten, indem man die Dörfer bestimmte, die besucht werden sollten. Als die Ziele sich allmählich von Leipzig entfernten, wurden umfangreichere Vorbereitungen notwendig, zumal man ortskundige Fachleute zu gewinnen suchte, die den Teilnehmern der Studienausflüge die historischen und kunstgeschichtlichen Denkmäler des zu besuchenden Ortes erläutern konnten. In zahlreichen der aufgesuchten Städte waren es gerade die Vorstände der ortgeschichtlichen Vereine, die sich nach einem Briefwechsel hierzu bereit

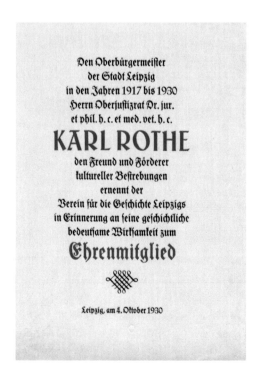

Den Oberbürgermeister
der Stadt Leipzig
in den Jahren 1917 bis 1930
Herrn Oberjustizrat Dr. jur.
et phil. h. c. et med. vet. h. c.

KARL ROTHE

den Freund und Förderer
kultureller Bestrebungen
ernennt der
Verein für die Geschichte Leipzigs
in Erinnerung an seine geschichtliche
bedeutsame Wirksamkeit zum

Ehrenmitglied

Leipzig, am 4. Oktober 1930

Abb. 41: Urkunde des Vereins für die Geschichte der Stadt Leipzig anlässlich der Ernennung des Leipziger Oberbürgermeisters Dr. Karl Rothe (1865–1953) zum Ehrenmitglied, 1930.

Dr. Albrecht Kurzwelly (1868–1917) – Vorstandsmitglied im Verein und Gründungsdirektor des Stadtgeschichtlichen Museums

Der Sohn eines aus Chemnitz stammenden Arztes wurde 1868 in Leipzig geboren und besuchte 1878–1888 die Thomasschule. Der musisch und zeichnerisch talentierte Kurzwelly studierte nach dem Abitur zunächst Theologie, ab 1889 Philosophie und Kunstgeschichte an den Universitäten Leipzig und München. 1894 wurde Kurzwelly, zu dessen Lehrern in Leipzig u. a. Karl Lamprecht gehörte, mit einer Arbeit über den Dürer-Schüler Georg Pencz promoviert. 1895–1904 wirkte Kurzwelly zunächst als Assistent und ab 1909 als stellvertretender Direktor am Kunstgewerbemuseum Leipzig, wobei er sich intensiv mit der Leipziger Kunstgeschichte befasste und regelmäßig in kunstwissenschaftlichen Fachzeitschriften publizierte. Daneben war Kurzwelly 1895–1915 Dozent für Kunstgeschichte an der Königlichen Akademie für graphische Künste und Kunstgewerbe (heute HGB).

Fotografie, Anfang 20. Jh. Autor: unbekannt.
(Quelle: Wikipedia)

1901 wurde Kurzwelly in den Vorstand des Leipziger Geschichtsvereins gewählt, dessen umfangreiche Sammlungen in den Räumen des Alten Johannishospitals er fortan betreute und wissenschaftlich aufarbeitete. Beim Übergang der Sammlungen 1909 an die Stadt Leipzig erhielt Kurzwelly vom Rat der Stadt Leipzig den Auftrag, einen Plan zur Gestaltung eines Stadtgeschichtlichen Museums, das in dem seit 1905 leer stehenden Renaissancebau des Alten Rathauses seine Unterbringung finden sollte, auszuarbeiten. Hier standen fünf Räume zur Verfügung, für die Kurzwelly ein thematisch ausgerichtetes Präsentationskonzept mit den Schwerpunkten politische Geschichte, kommunales und soziales Leben, wirtschaftliche Kultur, geistige Kultur und Privatleben entwarf. Als Gründungsdirektor seit dem 1. Januar 1910 widmete sich Kurzwelly neben der praktischen Umsetzung seiner Museumskonzeption der Erweiterung der Sammlungsbestände und der Durchführung von Sonderausstellungen. Besonderes Gewicht legte Kurzwelly auf den Erwerb von Material zur Erinnerung an die Völkerschlacht 1813 sowie auf Zeugnisse für die wirtschaftliche, geistige und musikalische Entwicklung seiner Vaterstadt.

Kurz nach Eröffnung der letzten Abteilung des von ihm entwickelten Stadtgeschichtlichen Museums starb der trotz einer schweren Krankheit unermüdlich tätige Kunsthistoriker und stille Förderer junger Künstler und Kunstgewerbler im Januar 1917 im Alter von 49 Jahren an einem Gehirnschlag. Unter großer Anteilnahme wurde der unverheiratete und mit zahlreichen Orden ausgezeichnete Kurzwelly im Familiengrab der V. Abteilung des Neuen Johannisfriedhofes in Leipzig begraben.[170]

erklärten. Lange Jahre war auf Seiten des Vereins für die Geschichte Leipzigs Eduard Mangner für die Vorbereitung und Durchführung der Studienausflüge verantwortlich, seit 1907 traten Albrecht Kurzwelly und Ernst Kroker an seine Stelle.

---

171 Eine Liste der auf dem Neuen Johannisfriedhof beigesetzten Persönlichkeiten ist abrufbar unter https://de.wikipedia.org/wiki/Neuer_Johannisfriedhof. Zum Friedhof selbst vgl. Alfred E. Otto Paul, Der Neue Johannisfriedhof in Leipzig. Leipzig 2012.

Studienausflug
des Vereins für die Geschichte Leipzigs
Donnerstag am 8. September.

1887

* Der vorigen Monat von Mitgliedern des Vereins für die Geschichte Leipzigs in die Umgebung von Borna unternommene Studienausflug hatte so lohnende Erfolge erbracht, daß ein zweiter Gang in diese Pflege beschlossen und hierzu der 8. September bestimmt wurde. Es waren für diese Tour die Ortschaften Lauterbach, Steinbach, Kitzscher, Beucha und Lausigk ausersehen. Schon in früher Vormittagsstunde traf die Gesellschaft in Lauterbach ein, dem freundlich gelegenen Dorfe, dessen hoher, weißer Kirchthurm in weitem Kreise das Land überschaut. Herr Kirchschullehrer Bohrisch hatte die Güte, uns die Kirche zu öffnen, ein Bauwerk, in welchem sich mehrere Jahrhunderte kennzeichnen und aus dessen Restaurationssünden sich nur ein prächtiger Flügelaltar, mit unberührter Malerei und reicher Vergoldung, salvirt hat. Majuskelschrift nennt die Namen der drei heiligen Frauen Katharina, Magdalena und Barbara im Mittelstück, während jeder Flügel sechs heilige Männer zeigt. Den Altar krönt ein Marienbild mit dem Christuskinde. Sämmtliche Figuren sind Prachtstücke der mittelalterlichen Holzbildhauerei. Die Rückwände der Flügel enthalten Malerei, darstellend die heilige Agnes und die heilige Elisabeth. Die Kirchfahrt kann auf dieses, dem 15. Jahrhundert entstammende Heiligthum stolz sein. Man scheint dies auch schon bei den Restaurationsarbeiten früherer Zeiten erkannt zu haben, daher wahrscheinlich die Erhaltung des Altars und sein pietätvoll geschonter Bilderschmuck. Auf dem Kirchboden schlummern im Staube drei alte Holzschnitzereien, ein Christus am Kreuze, eine Maria und ein sogenannter Taufengel.

Abb. 42: Artikel über einen Studienausflug des Vereins für die Geschichte Leipzigs im Leipziger Tageblatt vom 23.9.1887.

Der Bericht aus der Feder Otto Mosers ist sehr anschaulich und ausführlich gestaltet. Er sollte dem Leser zum einen die Bedeutung der geschichtsträchtigen Leipziger Landschaft vor Augen führen, zum anderen aber auch in eigener Sache werben, um damit potenzielle Mitglieder zu gewinnen. Der Bericht erschien im Übrigen parallel auch im Stadt- und Dorfanzeiger von Beucha.[172]

---

172 Stadtarchiv Leipzig, Verein für die Geschichte Leipzigs, Nr. 70, Bl. 4.

Prof. Dr. Ernst Kroker (1859–1927) – der fünfte Vorsitzende des Vereins für die Geschichte Leipzigs

Ernst Kroker, unbekannte Fotografie.
(Quelle: Stadtgeschichtliches Museum Leipzig, Inv.Nr. Porträt F 75 (Ausschnitt).

Der in Waldheim geborene Sohn eines Gerichtsamtmannes besuchte nach der Volksschule die Fürstenschule zu Grimma und nachfolgend ab 1876 das Nikolaigymnasium in Leipzig, wo sein Lehrer Gustav Wustmann die Interessen des jungen Kroker für Archäologie, klassische Philologie und Geschichte zu wecken und fördern wusste. Kroker studierte an der Universität Leipzig Archäologie und promovierte bei Johannes Overbeck 1883 über »Gleichnamige griechische Künstler«. Für diese Schrift erhielt Kroker als Anerkennung einen einjährigen Studienaufenthalt in Italien. Nach seiner Rückkehr arbeitete Kroker zunächst als Privatlehrer in Leipzig, bevor ihn Gustav Wustmann 1889 als Bibliothekar an die Leipziger Stadtbibliothek holte. Nach Wustmanns Tod trat Kroker – zum Oberbibliothekar und zum Professor ernannt – 1911 dessen Nachfolge an. Unter Kroker, der zugleich als Leiter des Ratsarchivs fungierte, wurde die Stadtbibliothek für die allgemeine Benutzung freigegeben. Das Amt des Leiters der Stadtbibliothek und des Ratsarchivs übte Kroker bis 1925 aus. Für seine Verdienste um die Erforschung der Reformationsgeschichte (Kroker verfasste u. a. eine Biographie von Luthers Ehefrau, Katharina von Bora, die bis 1983 16 Auflagen erlebte, und legte eine Arbeit zur Geschichte Leipzigs im Reformationszeitalter vor) verlieh ihm die Theologische Fakultät der Universität Leipzig 1917 die Ehrendoktorwürde. Seit 1890 widmete sich Kroker verstärkt landes- und stadtgeschichtlichen Themen.

Nach der Entdeckung und Publikation der verlorengeglaubten Nachschrift des Mathesius von Luthers Tischgesprächen wurde Kroker die Herausgabe dieser Quelle für die kritische Gesamtausgabe der Werke des Reformators übertragen (6 Bände, 1912–1921). Als Bilanz seiner Untersuchungen zur Wirtschaftsgeschichte der Messestadt erschien 1925 eine Handelsgeschichte Leipzigs bis zum Vorabend des Ersten Weltkriegs. Die Auswahl seiner zahlreichen Aufsätze zur Stadt- und Reformationsgeschichte gaben Friedrich Schulze und Rudolf Kötzschke mit einer Bibliografie der Schriften Krokers und einer knappen Würdigung seiner Person 1929 aus dem Nachlass heraus.

Von 1911 bis 1926 stand Ernst Kroker an der Spitze des Vereins für die Geschichte Leipzigs. Er engagierte sich unermüdlich für die Belange des Vereins, wie der in den Akten des Vereins überlieferte Briefwechsel deutlich aufzeigt. Zusammen mit dem Vorstandsmitglied Paul Benndorf verfasste Kroker 1917 eine erste Festschrift aus Anlass des 50-jährigen Gründungsjubiläums des Vereins, in dem Kroker immerhin 46 Vorträge gehalten hatte. Nach seinem altersbedingten Rücktritt wurde er zum Ehrenvorsitzenden des Vereins ernannt.[173]

---

173 Schriften des Vereins für die Geschichte Leipzigs, Bd. 14, 1929, S. 3.

Die »Gleichschaltung« des Vereins in der NS-Zeit

Mit der Machtübernahme Adolf Hitlers und der NSDAP am 30. Januar 1933 wurde ein rascher Umbau des Staates im Geiste der nationalsozialistischen Ideologie forciert, der die institutionalisierte Geschichtsforschung im Allgemeinen und die gewachsenen historischen Vereine in Deutschland in besonderer Weise tangierte.[174] Die Geschichte der historischen Vereine ab 1933 ist freilich noch keineswegs ausreichend erforscht. Auf jeden Fall darf festgestellt werden, dass die »Gleichschaltung« und »Säuberung« der historischen Vereine und Zeitschriften sich nicht abrupt vollzog, sondern in einem längeren Prozess. Wenn Winfried Speitkamp hier auf eine Zeitspanne bis mindestens in das Frühjahr 1934 verweist, ist dieser Prozess in Leipzig sicherlich noch längerfristiger anzusetzen.[175] Was für einzelne – im Übrigen prominente – Geschichtswissenschaftler an den Universitäten bzw. deren Verhalten gilt, ist zumindest in Ansätzen auch für die Hinterfragung der Rolle der Geschichtsvereine von Bedeutung und teilweise übertragbar.

Die meisten Historiker folgten rasch einem allgemeinem Anpassungsdruck, wie Peter Herde dies mit Blick auf den von 1934 bis 1941 an der Universität Leipzig lehrenden Mediävisten Hermann Heimpel (1901–1988) formulierte, wobei seine Feststellung durchaus allgemeingültigen Charakter besaß: »Im Sammelsurium nationalistischer und antidemokratischer Elemente der nationalsozialistischen Weltanschauung war für ihn wie für seine Kollegen immer etwas vorhanden, was den eigenen Anschauungen entsprach und mit dem man sich identifizieren und damit gleichsam ein Mindestmaß an Systemtreue erfüllen konnte, ohne dass man sich die wesentlichen Elemente, den Antisemitismus und den Rassismus ganz allgemein, zu eigen machen brauchte, sofern man darüber nur schwieg.«[176] Enno Bünz fügte in diesem Zusammenhang hinzu, dass die Wenigsten Täter und noch weniger Widerständler gewesen seien, sich die Mehrheit der Fachvertreter in einem breiten, nicht näher definierbaren Spektrum zwischen diesen beiden Polen engagiert habe.[177] Zugleich machte Bünz

---

174 Vgl. hierzu zuletzt Winfried Speitkamp, Landesgeschichte und Geschichtsvereine in der NS-Zeit, in: Blätter für deutsche Landesgeschichte, Bd. 141/142, 2005/2006, S. 1–18.

175 Ebd., S. 3.

176 Peter Herde, Die gescheiterte Berufung Hermann Heimpels nach München (1944–1946), in: Sabine Arend u. a. (Hgg.), Vielfalt und Aktualität des Mittelalters. Festschrift für Wolfgang Petke zum 65. Geburtstag, Bielefeld 2006 (Veröffentlichungen des Instituts für Historische Landesforschung der Universität Göttingen, Bd. 48), S. 695–737 (hier S. 704).

177 Enno Bünz, Ein Landeshistoriker im 20. Jahrhundert. Rudolf Kötzschke (1867–1949) zwischen methodischer Innovation und Volksgeschichte, in: Enno Bünz (Hg.), 100 Jahre Landesgeschichte (1906–2006). Leipziger Leistungen, Verwicklungen und Wirkungen, Leipzig 2012 (Schriften des Vereins zur sächsischen Geschichte und Volkskunde, Bd. 38), S. 43–78 (hier S. 57).

deutlich, dass manches, was aus heutiger Sicht wie ideologische Parteinahme anmute, »einem allgemeinen Wandel der Denkformen und des Zeitgeistes geschuldet ist, der manchmal zu leichtfertig mit der NS-Weltanschauung gleichgesetzt wird«.[178]

Inwieweit traf dies nun für den Verein für die Geschichte Leipzigs zu?[179] Nach Kriegsende berichtete Johannes Hofmann (1888–1954), promovierter Historiker und von 1925 bis 1945 Leiter der Stadtbibliothek und des Ratsarchivs (im Sommer 1945 entlassen), alle Mitglieder der Fachschaft des höheren Dienstes hätten sich am 29. April 1933 im Stadtgeschichtlichen Museum zu einer Beratung getroffen und beschlossen, gemeinsam in die NSDAP einzutreten, »um den bisherigen unpolitischen Kurs ihrer Kulturinstitute nicht durch unfachliche Eingriffe von Parteiinstanzen zu gefährden«.[180] Im September 1933 erfolgte die Gleichschaltung des Gesamtvereins der deutschen Geschichts- und Altertumsvereine, der seine Jahrestagung im ostpreußischen Königsberg abhielt und auf der Willy Hoppe (1880–1960), damals Direktor der Industrie- und Handelskammer-Bibliothek zu Berlin, Lehrstuhlinhaber an der Friedrich-Wilhelm-Universität und Vorsitzender des Vereins für die Geschichte Brandenburgs, der sich frühzeitig und vorbehaltlos zum Nationalsozialismus bekannt hatte, die Leitung des Gesamtvereins übertragen wurde.[181] Postwendend führte dieser das die gesamte Gesellschaft erfassende nationalsozialistische Führerprinzip ein, das dem Vorsitzenden eine autoritäre Führung verlieh. Wahlen wurden abgeschafft und Leitungsorgane zu einem vom Vereinsführer zu berufenden »Führerrat« heruntergestuft.[182] Vier Jahre später passte man die Satzung des Gesamtvereins diesem neuen Prinzip an. Dies konnte auch für den Verein für die Geschichte Leipzigs nicht folgenlos bleiben.

Auf der lediglich von 44 Mitgliedern besuchten Hauptversammlung am 7. November 1933, der ersten seit der »Machtergreifung«, bekannte sich der Verein formal »in unveränderter Treue zur Heimat, der von jeher [seine] ganze Arbeit galt, zum Werke Adolf Hitlers«.[183] Im Bericht des Vereins für 1933/34 lesen wir zudem:

»Der Geschichtsverein ist eingegliedert in den Gesamtverein der Deutschen Geschichts- und Altertumsvereine, der dem Reichskultusminister untersteht. Führer ist Professor Dr. Willy Hoppe in Berlin. Die Forderung, die er an die

---

178 Ebd., S. 57
179 Zu Leipzig im Jahre 1933 vgl. Mark Lehmstedt (Hg.), Leipzig wird braun. Das Jahr 1933 in Zeitungsberichten und Fotografien, Leipzig 2008.
180 Stadtarchiv Leipzig, Kap. 10 H Nr. 632 (Personalakte Johannes Hofmann), Bl. 8. Zum Kontext vgl. Berger, Stadtarchiv und Geschichtsverein Leipzig (wie Anm. 43), S. 374.
181 Zu Hoppe vgl. Klaus Neitmann, Willy Hoppe, die brandenburgische Landesgeschichtsforschung und der Gesamtverein der deutschen Geschichts- und Altertumsvereine in der NS-Zeit, in: Blätter für deutsche Landesgeschichte, Bd. 141/142, 2005/2006, S. 19–60.
182 Vgl. Alfred Wendehorst, 150 Jahre Gesamtverein der deutschen Geschichts- und Altertumsvereine, in: Blätter für deutsche Landesgeschichte, Bd. 140/141, 2003/2004, S. 31.
183 Stadtarchiv Leipzig, Verein für die Geschichte Leipzigs, Nr. 34, Bl. 72.

Abb. 43: Der Augustusplatz in der NS-Zeit (1938).

Geschichtsvereine stellt, hat er nach seiner Amtsübernahme 1933 in einem Rundschreiben entwickelt: ›Es gilt, sich nicht zufrieden zu geben mit der für den echten Gelehrten selbstverständlichen genauen und gründlichen Erforschung der Vergangenheit. Darüber steht für den Forscher, der ein wahrhaft tätiges Glied seines Volkes sein will, die heilige Verpflichtung, Geschichte und Gegenwart in Beziehung zu setzen und sein Forschen nutzbar zu machen für die Gesamtheit‹«.[184]

Am 2. Juni 1934 konstatierte Friedrich Schulze als Vorsitzender des Leipziger Vereins: »Im Anschluss an die Königsberger Tagung wurde die Gleichschaltung des Vereins durchgeführt«, wobei er das Schreiben nicht allein mit seinem Namen, sondern zugleich mit seiner NSDAP-Mitgliedsnummer (28820) unterzeichnete.[185] Vereinsbericht und Schulzes Feststellung klangen verbindlich-unverbindlich. Schulze gelang es offenkundig zunächst, die Vereinsarbeit weitgehend unverändert und unauffällig fortzuführen. Ein Entkommen aus den nationalsozialistischen Zwängen gab es jedoch mittelfristig nicht. Die »Schonfrist« ist wohl auch darauf zurückzuführen, dass sich

184 Schriften des Vereins für die Geschichte Leipzigs, Bd. 19, S. 72.
185 Stadtarchiv Leipzig, Stadtgeschichtliches Museum, Nr. 19, Bl. 62.

die vollständige Ausprägung nationalsozialistischer Strukturen in Leipzig selbst erst allmählich vollzog.[186] In den Schriften und Vorträgen jedenfalls fallen Beziehungen zum Tagesgeschehen im Dritten Reich anfänglich nicht ins Auge. Das Vereinsleben scheint bis Ende 1937 in verhältnismäßig ruhigen Bahnen abgelaufen zu sein, auch wenn mit dem Gesetz zur Wiederherstellung des Berufsbeamtentums vom 7. April 1933 und den sogenannten Nürnberger Rassegesetzen vom 15. September 1935 jeder deutsche Staatsbürger seine arische Herkunft lückenlos nachweisen musste. Seit 1935 erhielten Juden nur noch beschränkt Zugang zu Archiven, 1938 untersagten ihnen die NS-Machthaber jede Archivnutzung. Das Kulturamt der Stadt Leipzig wies die Bibliotheken und Museen an, »an deutlich sichtbarer Stelle ein Pappschild anzubringen, mit der Aufschrift ›Juden ist der Zutritt verboten!‹«[187]

Entscheidende Weichenstellungen hinsichtlich des weiteren Schicksals des Vereins für die Geschichte Leipzigs wurden im Herbst 1937 vorgenommen, wobei ein Zusammenhang mit der Verdrängung Carl Friedrich Goerdelers (1884–1945) aus dem Amt des Leipziger Oberbürgermeisters durch Nationalsozialisten nicht bestritten werden kann. Dadurch trat eine Verschärfung der politischen Lage in Leipzig ein, die auch dem Wirken des Vereins für die Geschichte Leipzigs – wie die Folgen zeigen sollten – keineswegs förderlich war, da der nationalsozialistische Machtapparat in Leipzig nunmehr ein Auge auf den Verein und dessen Arbeit warf.[188] Am Abschluss des nach außen scheinbar »friedlichen« Jahres 1937 stand ein Schreiben des Vereins, in dem der 1. Schriftführer den NS-Oberbürgermeister Leipzigs, Walter Dönicke (1899–1945), bat, der Tradition seiner Vorgänger zu folgen und in den Verein einzutreten. Der Angesprochene dürfte sich aber kaum mit einem solchen Gedanken getragen haben, zumal Dönicke ein nationalsozialistischer Funktionsträger war, der mit Nachdruck eine »Arisierung« von Immobilien und Wohnraum für kommunale Zwecke betrieb.[189] Unter seinem Nachfolger, zugleich sein Vorgänger, Rudolf Haake (1903–1945)[190], einem engagierten Nationalsozialisten und bekennenden Antisemiten, der im Rathaus einen streng nach innen und außen ausgerichteten NS-Führungsstil durchsetzte

---

186 Vgl. hierzu kurz pointiert die Einleitung von Detlef Brunner und Alfons Kenkmann in: Dies. (Hgg.), Leipzig im Nationalsozialismus. Beiträge zu Zwangsarbeit, Verfolgung und Widerstand, Leipzig 2016 (Quellen und Forschungen zur Geschichte der Stadt Leipzig, Bd. 13), S. 7–10.

187 Stadtarchiv Leipzig, Stadtgeschichtliches Museum Nr. 20, Bl. 176.

188 Zu Goerdeler vgl. Ines Reich, Carl Friedrich Goerdeler. Ein Oberbürgermeister gegen den NS-Staat, Köln-Weimar-Wien 1997.

189 Dennoch wurde Dönicke nach nur einjähriger Amtszeit vor dem Hintergrund machtpolitischer Ränkespiele zwischen den NS-Chargen auf Stadt-, Landes- und Reichsebene bereits Anfang Oktober 1938 wieder abberufen. Vgl. hierzu Robert Giesel, Leipzigs nationalsozialistische Oberbürgermeister (1937–1945), in: Leipziger Stadtgeschichte, Jahrbuch 2011, S. 171–232 (zu Dönicke hier S. 209–213).

190 Ebd., S. 173–189, 196–209 sowie 213–215. Des Weiteren vgl. Andreas Peschel, Rudolf Haake und die Leipziger NSDAP, in: Stadtgeschichte, Mitteilungen des Leipziger Geschichtsvereins, Jahrbuch 2009, S. 133–152.

Verein für die Geschichte Leipzigs
1933/34

Der Geschichtsverein ist eingegliedert in den Gesamtverein der Deutschen Geschichts- und Altertumsvereine, der dem
Reichskultusminister untersteht. Führer des Gesamtvereins ist
Professor Dr. Willy Hoppe in Berlin. Die Forderung, die er an
die Geschichtsvereine stellt, hat er nach seiner Amtsübernahme
1933 in einem Rundschreiben entwickelt: „Es gilt, sich nicht
zufrieden zu geben mit der für den echten Gelehrten selbstverständlichen genauen und gründlichen Erforschung der Vergangenheit. Darüber steht für den Forscher, der ein wahrhaft tätiges
Glied seines Volkes sein will, die heilige Verpflichtung, Geschichte und Gegenwart in Beziehung zu setzen und sein Forschen
nutzbar zu machen für die Gesamtheit". In diesem Sinne haben wir
uns bemüht und wollen wir uns mit gesteigerten Kräften bemühen
unsere Arbeit zu leisten. Wir dürfen in diesem Zusammenhang auf
die Schrift unseres Mitglieds Professor Dr. Johannes Kretzschmar „Heimatgeschichte im neuen Reich" hinweisen, die vom Verfasser dem Geschichtsverein als Zeichen enger Verbundenheit gewidmet wurde.

Unsere Vereinstätigkeit bestand in folgenden Vortragsabenden und Veranstaltungen:

1933

24.Oktober: Professor Dr. Fritz Karg:Die Leipziger Mundart.

7.November: Hauptversammlung. Danach Lehrer Paul Kröber:
Pleißenburg-Hauptmann Vopelius.

21.November: Dr. Armin Tille, Direktor der Thüringischen Staats-
archive, Weimar: Die Einführung der Kartoffel in
Deutschland.

5.Dezember: Dr. Werner Radig: Die Burgwälle im Leipziger Land.
Mit Lichtbildern.

Abb. 44: Die »Gleichschaltung« des Vereins in der NS-Zeit.

und wie kein anderer in der Leipziger Stadtverwaltung die Gleichschaltungspolitik verkörperte, rückte auch der Geschichtsverein stärker in das Blickfeld des Rathauses.

Die in der NS-Zeit herausgegebenen Bände der Vereinsschriften

Bd./Jahr	Inhalt
Bd. 17/18 (1935)	Albert Schröder: Leipziger Goldschmiede aus fünf Jahrhunderten
Bd. 19 (1936)	Rudolf Kötzschke / Martin Rößiger: Leipzig – Stadt und Land. Werden und Wachsen in geschichtlicher Verbundenheit Albin Kutschbach: Die große Funkenburg G. Kalch, Familiengeschichtliches um die Löwen-Apotheke R. W. Franke: Zur Geschichte des Zweikampfes und Duellwesens an der Universität Leipzig G. Müller: Die Oekonomie-Pächter des Leipziger Johannis-Hospitals und ihr Anteil an der Hospitalverwaltung 1719–1863 Friedrich Schulze: Georg Christian Schule (1764–1816) Der Leipziger Geschichtsschreiber Karl Gottlob Große F. Voigt: Die Entwicklung der Leipziger Luftfahrt
Bd. 20/21 (1937)	Die Kämpfe um Leipzig im Großen Kriege 1631–1642.
Bd. 22 (1938)	Johannes Kretzschmar: Zur Geschichte des Töpferhandwerks im mittelalterlichen Leipzig Georg Buchwald: Auf der Leipziger Tuchmesse vor 450 Jahren Bernhard Sommerlad: Die Faktorei der Fugger in Leipzig Paul Kröber: Die Einführung der Reformation in Leutzsch 1539 Wilhelm Stieda: Der Neubau der Paulinerkirche in den Jahren 1710–12 Leipziger Lebensläufe: Küstner / Chr. Reichel / Tr. Reichel
Bd. 23 (1939)	F. Günther: Die Kämpfe um die Pleißenübergänge im Feldzug von Leipzig im Oktober 1813 A. Giesecke: Das Bildnis Luthers als Junker von Lukas Cranach R. Stieb: Die calvinistischen Wirren des 16. Jahrhunderts im Spiegel einer Leipziger Autographen-Kundgebung Albert Schröder: Beiträge zur Barockmalerei in Leipzig Rudolf Weinmeister: Max Jordan und seine Beziehungen zu Leipzig Leipziger Lebensläufe: Zehmisch / Groß / Zocher / Wehnert-Beckmann

In einem internen Schreiben des Oberbürgermeisters am 26. Oktober 1937 an den Kulturdezernenten der Stadt Leipzig, Friedrich August Hauptmann, stand der Verein für die Geschichte Leipzigs im Visier, da der »großen geschichtlichen Leistung der Stadt Leipzig im deutschen Lebensraum« nicht genug Bedeutung beigemessen werde, was eine deutliche Kritik an der Arbeit des Vereins darstellte, der in den Augen der Stadtoberen die nationalsozialistische Geschichtspolitik nicht in ausreichendem Maße propagiere. Angeblich würden die Leipziger nicht genug Stolz auf ihre Heimatstadt zeigen, sodass eine neue, verschiedene städtische und darüber hinaus agierende

Abb. 45: Der NS-Stadtrat für Kultur Friedrich August Hauptmann (in der Mitte) auf einem Empfang in Berlin 1942.

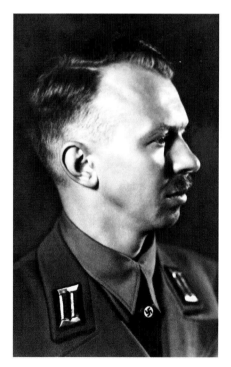

Abb. 46: NS-Bürgermeister Rudolf Haake (1903–1945), zweifach amtierender Leipziger Oberbürgermeister (1937 und 1938/39) und Nationalsozialist.

Institutionen umfassende Vereinigung geschaffen werden solle. Dies zielte wohl un-verhohlen gegen den Geschichtsverein.[191]

Im Zusammenhang mit der Erstellung einer Stadtchronik wollte die nationalsozi-alistische Stadtverwaltung die Kontrollhoheit bei der Schaffung eines heimatkundli-chen Gesamtvereins erlangen. In einem internen Schreiben an das Kulturamt jeden-falls gab Friedrich Schulze als Direktor des Stadtgeschichtlichen Museums bezüglich eines allgemeinen Leipziger Heimatvereins zu erkennen, dass der Geschichtsverein, den er als Vorstand repräsentiere, durch den Gesamtverein der Geschichts- und Al-tertumsvereine einer Reichsorganisation angehöre, die dem Reichserziehungsminis-terium unterstellt sei und zudem durch sein Schriftwesen eine große Legitimation besäße.[192] Um die Zukunft des Vereins für die Geschichte Leipzigs war, wie die nach-folgenden Korrespondenzen von Januar und Februar 1938 erkennen lassen, ein Streit entbrannt, ob, und wenn ja wie, dieser fortan organisatorisch und inhaltlich aufge-stellt sein solle. Dass sich hierbei die nationalsozialistischen Amtsträger durchsetzen würden, musste allen Beteiligten von Anfang an klar sein.[193]

Das Jahr 1938 brachte dann die Zäsur – mit der Abberufung Friedrich Schulzes als Vorsitzender des Vereins für die Geschichte Leipzigs und mit der Festsetzung neuer Statuten. Seiner Abberufung als Vereinsvorsitzender durch den Leipziger Oberbür-germeister im Februar 1938 hatte Friedrich Schulze als gleichzeitig vom Rat besol-deter Museumsdirektor natürlich Folge zu leisten, wobei er vor den Mitgliedern des Vereins den auf ihn ausgeübten Druck verschwieg. Doch es ging nicht allein um die Person des Vorsitzenden, vielmehr wollte man neue Personen im Vorstand sehen und dem Verein gemäß dem Führerprinzip ein neues Programm und Statut verleihen. Drei Hauptversammlungen – am 25. Februar[194], 12. April und 11. Oktober – berief der Verein ein, was die Vermutung nahelegt, dass sich die Mitglieder nicht in einer Nacht-und-Nebel-Aktion dem Diktat aus dem Rathaus beugten.[195] Immerhin lassen die Akten erkennen, dass der Lehrer Paul Kröber Unmut über die Entmündigung des

191 Stadtarchiv Leipzig, Kap. 35, Nr. 33, Bl. 4–5.

192 Ebd., Bl. 2.

193 Am 7. Januar 1938 gab Friedrich Schulze als (Noch-)Vorsitzender des Vereins in einem internen Schreiben an das städtische Kulturamt resigniert zu verstehen: »Der Vorstand des Vereins für die Geschichte Leipzigs, mit dessen Mitgliedern ich heute die Lage besprach, stellt sich geschlossen auf den Boden der Wünsche des Herrn Oberbürgermeisters.« Stadtarchiv Leipzig, Kap. 10, Bl. 2. Auch mit dem Führer des Gesamtvereins der deutschen Geschichts- und Altertumsvereine setzte sich Schulze in Verbindung, der seinerseits verlangte, die Forschungsarbeit des Vereins in unveränderter Weise fortzuführen. Stadtarchiv Leipzig, Kap. 35, Nr. 33, Bl. 10.

194 Auf dieser außerordentlichen Hauptversammlung beschloss der Verein eine Beteiligung an der Arbeit des Deutschen Volksbildungswerks und den heimatkundlichen Veranstaltungen des Verkehrsvereins zum Zweck der Heimatwerbung. Vgl. Stadtarchiv Leipzig, Verein für die Geschichte Leipzigs, Nr. 57, Bl. 40.

195 Diese Vermutung äußerte Walter Fellmann, 125 Jahre Leipziger Geschichtsverein (wie Anm. 55), S. 19.

Verein für die Geschichte Leipzigs

den 4. 11. 37.
Talstr. 17

Herrn Oberbürgermeister Walther Dönicke,
Leipzig.

Sehr geehrter Herr Oberbürgermeister !

Im Namen des Vereins für die Geschichte
Leipzigs erlaube ich mir, Ihnen den soeben erschienenen Band unsrer
Vereinsschriften zu überreichen. Dieses Buch ist ein Beweis, dass wir
uns bestreben, nicht nur die Geschichte unsrer Vaterstadt wissenschaftlich zu erforschen, sondern auch die Ergebnisse für jeden verständlich
darzustellen.

In den vergangenen 7 Jahrzehnten seines Bestehens waren alle Ober
bürgermeister dieser Zeit Mitglieder unsres Vereins. Wir möchten deshalb Sie, verehrter Herr Oberbürgermeister, bitten, diese Gewohnheit
beizubehalten und damit zum Ausdruck zu bringen, dass Sie unsre Arbeit
anerkennen. Es wird wohl wenig stadtgeschichtliche Vereine geben, die
ohne jeden Zuschuss der Stadt tüchtige Arbeit geleistet haben, wie es
unser Verein getan hat, dem z.B. zum grössten Teile die Gründung des
Stadtgeschichtlichen Museums im Alten Rathause zu danken ist.

Heil Hitler !

Rudolf Dimpfel

Buchhändler
1.Schriftführer des Vereins f.d.Geschichte
Leipzigs

Abb. 47: Schreiben an den NS-Oberbürgermeister Walter Dönicke, 1937.

alteingesessenen Vereins für die Geschichte Leipzigs äußerte.[196] Zur ersten Hauptversammlung erschienen 60 Vereinsmitglieder, auf der nachfolgenden nicht einmal zwei Monate später waren sogar 84 Teilnehmer anwesend. Inwieweit hierfür ein Mobilisierungsdruck der NSDAP auf ihre Vereinsmitglieder verantwortlich zeichnete, kann nicht genau gesagt werden, vermutet werden darf dies aber durchaus.

Aus dem Versammlungsprotokoll entnehmen wir, dass sich der Verein schon immer bemüht habe, »in enger Fühlung mit der Stadtverwaltung die Stadtgeschichte zu fördern und ihre Kenntnisse in der Bevölkerung zu verbreiten«. Verklausuliert heißt es weiter:

>»Bisher habe das aus den Vereinsbeständen gegründete Stadtgeschichtliche Museum aber doch die einzige wirkliche Verbindung mit der Stadt dargestellt. Man müsse deshalb mit Dank das Anerbieten des Herrn Oberbürgermeisters annehmen, eine engere Verbindung zu schaffen, dadurch, dass der jeweilige Leiter des Städtischen Kulturamts der 1. Vorsitzende würde. Er [Dr. Schulze] lege deshalb sein Amt nieder und schlage Herrn Stadtrat Hauptmann zum 1. Vorsitzenden vor. Dieser wurde daraufhin von der Versammlung gewählt und schlug dann nach seiner Begrüßung der Mitglieder neue Satzungen vor. Danach sollte der Verein in Zukunft zwei Abteilungen umfassen: die wissenschaftliche oder Forschungsabteilung, die die bisherige Arbeit des Vereins weiterleitet, und 2. Die heimatgeschichtliche Volksbildungsabteilung, die durch Kurse usw. die Heimatgeschichte in weitere Kreise bringt. Jede dieser Abteilungen wird 1 Leiter haben, alle übrigen Geschäfte wird ein Geschäftsführer versehen. Die bisherigen Vorstandsämter wie Schatzmeister, Schriftführer fallen fort. [...].«[197]

Über den offenkundig politisch motivierten Personalwechsel wurde – ähnlich wie bei anderen historischen Vereinen – lediglich neutral berichtet.[198] Formal war damit der Verein gerettet, organisatorisch und in seiner ideologischen Ausrichtung jedoch unter

---

196 Stadtarchiv Leipzig, Verein für die Geschichte Leipzigs, Nr. 34, Bl. 114. In der Personalakte Paul Kröbers findet sich – Bezug nehmend auf die außerordentliche Hauptversammlung vom 25. Februar 1938 – im Fragebogen des Military Government of Germany vom 22. Mai 1945 folgender Eintrag Kröbers: »Widerstand habe ich öffentlich geleistet, gegen die Umwandlung des über 75 Jahre bestehenden ›Vereins für die Geschichte Leipzigs‹ im Saale der Alten Börse (Zeuge: Museumsdirektor Dr. Friedrich Schulze, Direktor Wilh. Brück und viele andere).« Stadtarchiv Leipzig PA Lehrer K Nr. 260, Bl. 10.

197 Stadtarchiv Leipzig, Verein für die Geschichte Leipzigs, Nr. 34,. Bl. 114.

198 Vgl. Speitkamp, Landesgeschichte und Geschichtsvereine (wie Anm. 174), S. 6.

Friedrich August Hauptmann (1893–vor 1951?) – NSDAP-Kulturfunktionär und verordneter Vorsitzender des Vereins 1938–1945

F. A. Hauptmann nach einer Zeichnung von Max Dieke, um 1933.
(Quelle: Stadtgeschichtliches Museum Leipzig)

Die im Stadtarchiv aufbewahrten Akten erlauben nur eine ungefähre Rekonstruktion des Lebens von Friedrich August Hauptmann, da dessen Personalakte auf Befehl des NS-Oberbürgermeisters Alfred Freyberg am 12. April 1945, wenige Tage vor dem Einmarsch amerikanischer Truppen in Leipzig, verbrannt wurde.

Der 1893 in Limbach-Oberfrohna geborene Pfarrersohn widmete sich nach dem Besuch des Realgymnasiums in Borna im Selbststudium der Musik und hörte zwei Semester Vorlesungen in Zeitungswissenschaften, bevor er sich 1914 als Kriegsfreiwilliger meldete. Ab 1920 gehörte er dem Deutschvölkischen Schutz- und Trutzbund an, 1926 trat er der SA und der NSDAP bei, wurde bald stellvertretender Ortsgruppenleiter in Leipzig. 1925–1933 war er Angestellter in der Deutschen Bücherei.

Seit 1931 zeichnete Hauptmann für die Kulturarbeit der NSDAP im Kreis Leipzig verantwortlich und wurde Gründer der kulturpolitischen Abteilung der Partei sowie Leiter des Kampfbundes für deutsche Kultur Leipzig. 1933 war er zunächst ehrenamtlicher Stadtrat, bereits ein Jahr später wurde er besoldeter Stadtrat und Kulturdezernent, der das Städtische Kulturamt als eines der ersten derartigen Einrichtungen in Deutschland gründete. Unklar bleibt die Rolle Hauptmanns beim Abriss des Mendelssohn-Denkmals im Herbst 1936.[199]

Im Februar 1938 trat Hauptmann im Zuge der Umstrukturierung des Vereins für die Geschichte Leipzigs gemäß Führerprinzip an dessen Spitze, ohne dass er inhaltliche Akzente zu setzen vermochte. Am 18. Mai 1945 wurde Hauptmann auf Anordnung der amerikanischen Militärregierung vom Amt des Stadtrates der Reichsmessestadt entbunden. Seine letzte Anschrift lautete Salomonstraße 22.[200]

Hauptmann war, wie Lebenslauf und Korrespondenz zeigen, ein von der nationalsozialistischen Weltanschauung geprägter und diese aktiv in seinem Bereich – der Kultur – vertretender Parteifunktionär, der gemäß der Devise handelte: »Pflicht, Opfer, Sieg!«[201]

die Kuratel der NS-Stadtverwaltung gestellt. Auf der nachfolgenden Hauptversammlung am 12. April 1938 erfolgte die Bekanntgabe der neuen Vereinsvorstände: Den Bereich »Heimatkundliche Wissenschaft« leitete Friedrich Schulze, den Bereich »Heimatgeschichtliche Volksbildung« Studienrat Johannes Arndt, das Amt des

---

199 Vgl. Yvonne Wasserloos, Damnatio memoriae. Die städtische Kulturpolitik und die Demontage des Mendelssohn-Denkmals in Leipzig, in: Sabine Mecking, Andreas Wirsching, Stadtverwaltung im Nationalsozialismus. Systemstabilisierende Dimensionen kommunaler Herrschaft, Paderborn-München-Wien 2005 (Forschungen zur Regionalgeschichte, Bd. 53), S. 139–179.

200 Seine Schwester Luisa Thielemann, geb. Hauptmann, wandte sich im September 1951 im Auftrage ihrer Schwägerin, also Hauptmanns Witwe, die eine finanzielle Unterstützung zu beantragen suchte, von Grimma aus an den Leipziger Rat mit Bitte um Auskunft zu Hauptmanns Unterlagen und Einkünften, wurde jedoch abschlägig beschieden. Stadtarchiv Leipzig, Kap. 10 H Nr. 1363 Bd. 2, Bl. 3.

201 Stadtarchiv Leipzig, Kap. 6, Nr. 125, Bd. 2, Bl. 173.

Geschäftsführers des Vereins übernahm Walter Engemann.[202] Eingebunden war der Verein fortan in das »Deutsche Volksbildungswerk«[203], ebenso aber auch in die Heimatwerbung der Abteilung »Unsere Leipziger Heimat« des Verkehrsvereins, was u. a. zur Folge hatte, dass die Geschäftsstelle des Vereins für die Geschichte Leipzigs aus dem Alten Rathaus in das Haus des Leipziger Verkehrsvereins in Kochs Hof (Reichsstraße 15) verlegt wurde. Dies deutete eine organisatorische Trennung vom Stadtgeschichtlichen Museum an.[204] Der Vereinsführung wurde ein »Beirat« zur Seite gestellt, der in seiner Zusammensetzung eher an ein Kontrollorgan erinnert: Oberbürgermeister der Stadt Leipzig, Kreisleiter der NSDAP, Regierungspräsident von Leipzig, Leiter der Volksbildungsstätte Leipzig sowie weitere Amtsträger des NS-Regimes.[205]

Die neue Satzung umfasste lediglich neun Paragraphen. Paragraph 4 regelte hier Erwerb und Verlust der Mitgliedschaft – ganz im Sinne der nationalsozialistischen Rassenlehre: »Mitglied des Vereins kann jeder werden, der deutschen oder artverwandten Blutes ist.«[206] Nur drei Tage nach der Hauptversammlung des Vereins vom 25. Februar 1938 konnte der neu ernannte Vereinsvorsitzende Hauptmann auf dem offiziellen Briefbogen des Vereins an Oberbürgermeister Walter Dönicke den Vollzug der nationalsozialistischen Anpassung und die Durchsetzung des Führergrundsatzes vermelden:

»Der Verein für die Geschichte Leipzigs, der bisher lediglich wissenschaftliche Aufgaben durch Herausgabe einer Schriftenreihe, Studienausflüge und Unterstützung der Sammlungen des Stadtgeschichtlichen Museums verfolgte, hat in seiner Hauptversammlung am 25. Februar 1938 beschlossen, seine Tätigkeit zu erweitern und eine breitere Grundlage hierfür zu suchen. [...]

---

202 Schriften des Vereins für die Geschichte Leipzigs, Bd. 23 (1939), S. 82. Engemann, ein überzeugter Nationalsozialist, hatte als Leiter der Abteilung »Unsere Leipziger Heimat« des Leipziger Verkehrsvereins bereits vor der Hauptversammlung des Geschichtsvereins vom 25. Februar 1938 durch Gespräche – u. a. mit dem 2. Bürgermeister Haake – die Fäden zu ziehen gesucht und dabei für eine »Übernahme der Geschäftsführung des Vereins für die Geschichte Leipzigs durch den Verkehrsverein« geworben, offiziell, um, wie es hieß, eine doppelte Verwaltung zu sparen. Vgl. Stadtarchiv Leipzig, Kap. 35, Nr. 33, Bl. 32–33.

203 Hierbei handelte es sich um eine dem Schulungsamt der NSDAP unterstellte und der Freizeitorganisation Kraft durch Freude angegliederte Einrichtung, unter der nach 1933 alle deutschen Volks- und Erwachsenenbildungsstätten zusammengefasst wurden. Die Aufgabe bestand in der Vermittlung nationalsozialistischer Kultur und Ideologie, der beruflichen und kulturellen Bildung sowie der Körperertüchtigung. Das Deutsche Volksbildungswerk bot dafür Kurse und Arbeitsgemeinschaften an, organisierte Vorträge und veranstaltete Sonnwendfeiern u. ä.

204 So Fellmann, 125 Jahre Leipziger Geschichtsverein (wie Anm. 55), S. 20.

205 In einem Schreiben der Kreisleitung der NSDAP (Kreisorganisationsamt) an den Verein für die Geschichte Leipzigs vom 3. März 1938 wurde dem Empfänger mitgeteilt, dass die Kreisleitung der NSDAP der Zusammensetzung des Beirates ihre Zustimmung erteile. Stadtarchiv Leipzig, Kap. 35, Nr. 33, Bl. 57.

206 Stadtarchiv Leipzig, Verein für die Geschichte Leipzigs, Nr. 10, Bl. 1R.

Die Satzung des Vereins ist dieser Absicht entsprechend nun umgeformt worden. Sie folgt jetzt auch dem Führergrundsatz dadurch, dass der unterzeichnete Dezernent des städtischen Kulturamtes die Vereinsführung und die zur Erreichung der Vereinszwecke erforderlichen Befugnisse erhalten hat. [...]«[207]

Leider haben sich im Aktenbestand Verein für die Geschichte Leipzigs keine Protokolle über die Vorstandssitzungen von 1938 bis 1945 erhalten, sodass nur punktuell die Tätigkeit des Vereins zum Vorschein kommt.[208] Immerhin konnte die Zahl der Veranstaltungen auch in den ersten Kriegsjahren konstant gehalten werden und lag bei durchschnittlich 13 Zusammenkünften. Für den 28. März 1939 stand dabei, um ein konkretes Beispiel zu benennen, eine Sonderführung durch die Ausstellung »Der neue Reichsgau – Sudetendeutsches Land und Volk« auf dem Programm – nicht einmal zwei Wochen, nachdem die Wehrmacht die sogenannte »Rest-Tschechei« besetzt und das Protektorat Böhmen und Mähren errichtet hatte.[209] In der Reihe der Vereinsschriften erschienen 1938 und 1939 noch zwei Bände, wobei die Autoren auf unverfängliche, zumeist mittelalterliche und frühneuzeitliche Themen zurückgriffen. Die Feier zum 75-jährigen Bestehen des Vereins 1942 fand, mitten im Zweiten Weltkrieg, in »kriegsbedingt schlichter Form« im Kaufmännischen Vereinshaus am 24. und 25. Oktober 1942 in der Schulstraße 5 statt, wobei Rudolf Kötzschke den entscheidenden Festvortrag zum Thema »Das Wesen der Stadtgeschichtsforschung und ihre Bedeutung für Heimat und Volk« hielt, während Erich Keyser (1893–1968) aus Danzig über »Die politischen Aufgaben der deutschen Heimatmuseen« sprach.[210]

Während die Themen der »normalen« Veranstaltungen des Vereins in den einzelnen Jahren zwischen 1933 und 1944 eher einen politisch unverfänglichen Charakter trugen, wird hier – insbesondere im Vortrag von Keyser der nationalsozialistische Kontext sehr deutlich![211] Das Schicksal der aus Anlass des 75-jährigen Vereinsjubiläums

---

207 Stadtarchiv Leipzig, Kap. 35, Nr. 33, Bl. 145–146.

208 Verwiesen werden muss hier in erster Linie auf die knappen Tätigkeitsberichte des Vereins seit 1939. Stadtarchiv Leipzig, Verein für die Geschichte Leipzigs, Nr. 57, Bl. 1 ff. Diese Akte enthält u. a. auch ein neunseitiges handschriftliches (und maschinenschriftliches) Manuskript Friedrich Schulzes »Der Verein für die Geschichte Leipzigs in seiner sechzigjährigen Wirksamkeit«(Bl. 16–24), der punktuell die Grundlinien der Entwicklung skizziert. Darüber hinaus findet sich hier auch ein handschriftliches Manuskript »Der Verein für die Geschichte Leipzigs 1917–1942«, in dem – unter angedeuteter Bezugnahme auf die Verhältnisse nach 1933 – konstatiert wird, dass Heimatgeschichte als »Verbindung zu Volk und Vaterland« zu begreifen und darzustellen sei. Ebd., Bl. 25.

209 Stadtarchiv Leipzig, Verein für die Geschichte Leipzigs, Nr. 57, Bl. 1.

210 Ebd., Bl. 13.

211 Erich Keyser gehörte 1923 zu den Begründern der Historischen Kommission für ost- und westpreußische Landesforschung. In seinem 1926 herausgegebenen Aufsatzband »Der Kampf um die Weichsel« zeigte sich Keyser als politischer Historiker, wobei er sich im Volkstumskampf nach dem Ersten Weltkrieg dafür einsetzte, den Versailler Friedensvertrag und den darin fixierten Grenzverlauf im Osten zu revidieren. Nach Hitlers Machtergreifung trat Keyser im Frühsommer des Jahres 1933 der NSDAP bei. Seine Abhandlungen über

Neue Leipziger Zeitung

Jahreschronik oder Stadtgeschichte?

Anregungen zur Umbildung des Vereins für die Geschichte Leipzigs

Wie die „Neue Leipziger Zeitung" bereits gestern meldete, wird der Verein für die Geschichte Leipzigs seinen bisherigen Aufgaben neue Arbeitsgebiete hinzufügen. Dazu soll unter anderem auch die Schaffung einer Stadtchronik gehören, wie sie das Reichsministerium des Innern von allen deutschen Gemeinden fordert. Das ist — wenn das Prinzip der freiwilligen Mitarbeiterschaft aufrecht erhalten bleiben soll — für den Verein gar nicht so einfach; denn die Arbeitskraft, die dazu nötig wäre, würde kaum nebenberuflich tätig sein können. Das ginge vielleicht noch, wenn man sich in Leipzig mit einer einfachen aufzählenden Chronik, die die wichtigsten Ereignisse jedes Jahres berichtet, begnügen würde. Für Leipzig aber steht neben, ja vor aller Chronistenpflicht die Aufgabe der Neuschreibung der Stadtgeschichte im Vordergrund der künftigen wissenschaftlichen Arbeiten.

Was bisher zusammengetragen worden ist, entspricht den neuesten Ergebnissen der Forschung nicht mehr. So wären vor allem zwei Aufgaben zu lösen: Einmal müßte eine allgemeinverständliche Stadtgeschichte geschrieben werden, die dem Stande der heutigen Forschung entspricht und in jedem Leipziger Haus gelesen werden könnte, zum anderen aber müßte auch die wissenschaftliche Geschichtsschreibung zur Stadthistorie wieder in Angriff genommen werden, damit endlich einmal ein großes mehrbändiges Werk von hohem wissenschaftlichen Rang entstände, das die Vergangenheit unserer Stadt einwandfrei klärt und als

Kompendium der Stadtgeschichte jedem wissenschaftlich Arbeitenden von großem Nutzen sein könnte. Für diese Arbeit wären auch umfangreiche Quellenstudien nötig, so ist die Periode der frühesten Zeit noch ziemlich unbekannt, ebenso liegen spätere Zeitabschnitte noch ganz im Dunkel. Auch die Handelsgeschichte ist trotz des grundlegenden Kroker'schen Beitrages noch immer sehr lückenhaft.

Für diesen Zweck wäre es sehr wünschenswert, wenn der Verein im Zusammenwirken mit dem Kulturamte der Stadt (dessen Leiter Stadtrat F. A. Hauptmann ja der Vorsitzende des Vereins für die Geschichte Leipzigs geworden ist) eine junge, aber doch nicht unerfahrene Forscherpersönlichkeit gewinnen würde, damit diesmal eine Stadtgeschichte aus einem Guß entstehe, hinter der ein Mann steht, der sich ganz für dies Werk einzusetzen bereit ist.

Etwas anderes ist die Frage der Jahreschronik. Eine solche ist im achtzehnten Jahrhundert verschiedentlich in Angriff genommen worden. Zuerst von Johann Jacob Vogel, der im ersten Viertel des achtzehnten Jahrhunderts lebte und rückschauend bis in das Jahr 661 eine Tageschronik verfaßte, die heute zum mindesten kulturgeschichtlich noch von großem Reiz ist. „Leipzigs Geschichtsbuch oder Annales, das ist Jahr- und Tage-Bücher der weltberühmten Königlichen und Churfürstlichen Kauff- und Handelsstadt Leipzig, in welchem die meisten merkwürdigsten Geschichten und geschehene Veränderungen, die in und bey belobter Stadt und Gegend, beydes in Geistl. und Weltl. Sachen, sowohl in Friedens- als Kriegszeiten von Anno 661 nach Christi Geburth an biß in das 1714. Jahr, von Tage zu Tage sich begeben hat, enthalten sind", war der volle Titel der ersten Stadtchronik, die mehrere Auflagen erlebte. Sie hatte in den Richter'schen Annalen und im sogenannten „Chronikon" noch zwei Nachfolger. Doch schon gegen Ende des achtzehnten Jahrhunderts war anscheinend alles Interesse der Leipziger an solchen Aufzeichnungen verlorengegangen, wenigstens gab es seitdem keine neuen Stadtchroniken mehr.

Die jetzt zu schaffende Chronik müßte freilich dem gewandelten Zeitcharakter entsprechend anders aussehen als die berühmte Chronik Johann Jacob Vogels. Sie dürfte nicht das Absonderliche in den Vordergrund stellen, nicht erzählen vom Klatsch der kleinen Ereignisse, sondern müßte das berichten, was späteren Geschlechtern einmal die Entwicklungslinie unserer Stadt recht deutlich zeigen würde. Für das Jahr 1938 wären die Ernennung zur Reichsmessestadt und die größeren Bauvorhaben, die das Gesicht der Stadt ändern, in den Vordergrund zu stellen. Grundsätzlich wäre zum Schluß noch die Frage aufzuwerfen, ob in die Chronik das zu erwähnende Geschehnis in vollem Umfange aufzunehmen wäre, oder ob nicht auf die zeitgenössischen Berichte (etwa in der Tagespresse) hingewiesen werden könnte, die ja vom Archiv des Stadtgeschichtlichen Museums im Alten Rathause schon seit langem mit vorbildlichem Eifer gesammelt werden.

Abb. 48: In der Neuen Leipziger Zeitung wurde am 30. März 1938 erneut über die »Umbildung« des Vereins für die Geschichte Leipzigs berichtet.

Abb. 49: Der Jurist, NSDAP-Politiker, SS-Gruppenführer und
Leipziger Oberbürgermeister Alfred Freyberg (1892–1945),
um 1938, Oberbürgermeister Leipzigs

zusammengestellten Festschrift ist ein signifikantes Beispiel für die hinter den Kulissen geführten Auseinandersetzungen. Während auf der einen Seite die 1941 geschaffene städtische Forschungsstelle unter Leitung des Oberbürgermeisters Alfred Freyberg (1892–1945) und des Stadtarchivars Dr. Ernst Müller mit ihren Bemühungen, eine umfangreiche Stadtgeschichte zu erarbeiten, in den Anfängen stecken blieb[212], hatte der Verein für die Geschichte Leipzigs unter Federführung von Friedrich Schulze eine immerhin zweibändige Festschrift »Zur Leipziger Siedlungs- und Baugeschichte« erstellt, die u. a. Beiträge von Johannes Kretzschmar (1864–1947), Werner Emmerich (1908–1968)[213], Paul Kröber (1881–1970), Friedrich Schulze selbst, Rudolf Kötzschke sowie weiteren Alt-Mitgliedern des Vereins enthielt.[214] Sie lag druckreif rechtzeitig zum Vereinsjubiläum vor. Allerdings musste kriegsbedingt für den Druck ein

die Entwicklung von Danzig, Westpreußen und dem Weichselland dienten nach der Besetzung und Zerschlagung Polens durch NS-Deutschland auch der Rechtfertigung der gewaltsamen Durchsetzung deutscher Herrschaft über polnisches Territorium und dessen Bevölkerung und in seiner 1938 erschienenen »Bevölkerungsgeschichte Deutschlands« bekannte sich Keyser ausdrücklich zu einer dezidiert völkisch ausgerichteten Historiographie mit antisemitischer Ausrichtung. Vgl. Michael Burleigh, Germany turns eastwards. A study of Ostforschung in the Third Reich. Cambridge University Press, Cambridge 1988.

212 In den Akten ist die Korrespondenz um die Einrichtung dieser Forschungsstelle überliefert. Vgl. exemplarisch Stadtarchiv Leipzig, Kap. 74, Nr. 77, Bl. 007 (Schreiben des Kulturamtes (Hauptmann) an Oberbürgermeister Freyberg vom 3. April 1940).

213 Zu Emmerich vgl. Carsten Schreiber, Die ›Ostkolonisationen‹ des SS-Obersturmführers Dr. Werner Emmerich. Als Landes- und Siedlungshistoriker in Leipzig, Bayreuth und Woroschilowsk, in: Neues Archiv für sächsische Geschichte 77 (2006), S. 119–173; Ders., Als Historiker für die SS im »Osteinsatz«. Der Landes- und Siedlungshistoriker Werner Emmerich (1908–1968) als Vertreter der Generation der Sachlichkeit, in: Blätter für deutsche Landesgeschichte 141/142 (2005/2006), S. 449–473.

214 Eingeplant waren noch Beiträge von Rudolf Kelling, Georg Kietz und Albert Schröder. Vgl. Stadtarchiv Leipzig, Verein für die Geschichte Leipzigs, Nr. 57, Bl. 13.

Abb. 50: In einem Artikel in der Neuen Leipziger Zeitung vom 11. Januar 1939 wurde über eine Stadt-chronik berichtet.

entsprechend zu beantragendes Papierkontingent bereitgestellt werden. Am 22. September 1942 teilte die Berliner Wirtschaftsstelle des deutschen Buchhandels mit: »Papierbezugsgenehmigung infolge Erschöpfung der Sondermengen abgelehnt.«[215] Doch nicht nur Papierknappheit, auch die wachsende Zahl von Einberufungen schwächten

---

215 Stadtarchiv Leipzig, Verein für die Geschichte Leipzigs, Nr. 57, Bl. 15.

den Verein.[216] Nach außen blieb freilich das zu äußernde Treuebekenntnis zum »Führer«:

> »Als der Verein am 27. Dezember 1917 seine Fünfzigjahrfeier beging, neigte sich der Weltkrieg seinem schlimmen Ende zu; wiederum im Augenblick der 75 Jahrfeier, stehen wir in einem Kriege, den das deutsche Volk unter seinem genialen Führer Adolf Hitler siegreich beenden wird, um ein neues besseres Europa aufzubauen.«[217]

Schenkt man den Vortragsankündigungen Glauben, haben bis wenige Monate vor Kriegsende unter widrigsten Umständen, nachdem Anfang Dezember 1943 der Luftkrieg auch in Leipzig verheerende Zerstörungen angerichtet hatte, Vorträge des Vereins stattgefunden.[218]

---

216 Ebd., Bl. 57. So heißt es im Bericht des Vereins für 1943: »Schriften konnten leider nicht hergestellt werden. Wegen Einberufung der meisten Bearbeiter schreiten die Arbeiten am geplanten Bürgermeisterbuch nur langsam voran.«

217 Stadtarchiv Leipzig, Verein für die Geschichte Leipzigs, Nr. 57, Bl. 42.

218 Zu den Zerstörungen vgl. Birgit Horn-Kolditz, Leipzig im Bombenhagel, Leipziger Kalender, Sbd. 1998; Dies., Die Nacht, als der Feuertod vom Himmel stürzte. Leipzig, 4. Dezember 1943. (Deutsche Städte im Bombenkrieg), Gudensberg-Gleichen 2003; Mark Lehmstedt (Hg.), Leipzig brennt. Der Untergang des alten Leipzigs am 4. Dezember 1943 in Fotografien und Berichten, Leipzig 2003. Darüber hinaus vgl. die Internetseite http://landschaften-in-deutschland.de/themen/78_B_131-die-zerbombte-stadt/(mit einer Karte sowie weiteren Literaturhinweisen). Zu Leipzig am Ende des Krieges zuletzt auch Birgit Horn-Kolditz, Alltag in Trümmern – Leipzig am Ende des Krieges, in: Ulrich von Hehl (Hg.): Stadt und Krieg. (wie Anm. 124), S. 421–459.

Die Fachgruppe Stadtgeschichte im Kulturbund der DDR

Das Jahr 1945 war die »Stunde Null« – für das militärisch besiegte NS-Deutschland und damit auch für Leipzig. Vor dem Hintergrund der vor allem seit Dezember 1943 durch den Luftkrieg entstandenen Zerstörungen und der damit verbundenen Not der Stadtbevölkerung fiel das unsagbare Leid, das den Menschen in den eroberten, besetzten und ausgeplünderten Nachbarstaaten zugefügt worden war, auf die deutsche Bevölkerung zurück.[219]

Als amerikanische Streitkräfte zwischen dem 16. und 19. April 1945 in Leipzig einmarschierten, lag die »Reichsmessestadt« am Boden. Die Einwohnerzahl war von 707 365 auf etwa 585 000 Einwohner gesunken – infolge der an der Front gefallenen Männer, der Opfer nationalsozialistischer Gewaltherrschaft, des Holocaust, der Bombentoten, der Evakuierten und Inhaftierten. Von 225 000 Wohnungen waren 100 000 beschädigt und 37 522 völlig zerstört. 64 Prozent der Universitätsgebäude existierten nicht mehr, 80 Prozent der Messeanlagen und Schulen sowie 50 Prozent der Betriebe mit ihren Produktionsanlagen. Straßen und Plätze boten ein Bild der Verwüstung.[220] Die Wiederherstellung eines demokratischen Lebens erwies sich angesichts der amerikanischen Besatzungsmacht auf der einen und den nationalsozialistischen Verwaltungs- und Denkstrukturen der Bevölkerung auf der anderen Seite als schwierig, freilich unumgänglich. Dazu war eine politische Säuberung (Entnazifizierung) bei gleichzeitiger Wiederherstellung der Verwaltung und Absicherung der Versorgung der hungernden Menschen dringend geboten[221] – eine Herkulesaufgabe. Anfänge dazu wurden sichtbar nach dem 2. Juli, als die Rote Armee, alliierten Vereinbarungen zufolge, als neue Besatzungsmacht in die Messestadt einzog, unter wiederum anderen politischen Rahmenbedingungen.

Für den Verein für die Geschichte Leipzigs, der letztlich – ungewollt und wissentlich zugleich – zumindest nach außen als gleichgeschaltetes Instrumentarium im

---

219 Bei dem schwersten Bombenangriff am 4. Dezember 1943 wurde u. a. das Gebäude der Stadtbibliothek vollständig zerstört, die wertvollen historischen Buchbestände ein Raub der Flammen. Das Stadtgeschichtliche Museum erlitt bedeutende Bestandsverluste, das Alte Rathaus am Markt, lange Jahre auch Heimstatt des Vereins für die Geschichte Leipzigs, war schwer in Mitleidenschaft gezogen. Auch wenn sich die Zerstörungen in Leipzig nicht als so großflächig wie in Magdeburg oder Dresden erwiesen, hatte die Messe- und Universitätsstadt doch wertvolle Gebäude und Einrichtungen verloren. Annähernd 80 Prozent der Universitätsbauten etwa waren zerstört oder so schwer beschädigt, dass sie nicht für Lehr- und Forschungszwecke genutzt werden konnten.

220 Vgl. Detlef Huth, Peter Kirste, Ursula Oehme, Zwischen Anspruch und Wirklichkeit (1945–1961), in: Neues Leipzigisches Geschicht-Buch (wie Anm. 29), S. 270–315.

221 Einen Einblick in den Entnazifizierungsprozess bietet die Personalakte Paul Kröber im Stadtarchiv Leipzig (Stadtarchiv Leipzig, PA Lehrer K Nr. 260).

Abb. 51: Leipzig bei Kriegsende – in der Burgstraße 5 befanden sich kurz nach Gründung des Vereins für die Geschichte Leipzigs vorübergehend dessen Sammlungen. Vom Haus »Zur Goldenen Fahne« blieb nur der Treppenturm erhalten.

NS-Leipzig zum willfährigen Sprachrohr der braunen Diktatur geworden war und damit als verbrecherische Organisation eingestuft wurde, hatte dies gravierende Folgen. Bedeutete es doch das vorläufige Ende seiner Tätigkeit, ein Schicksal, das freilich nicht nur den Leipziger Verein ereilte. Am 17. Dezember 1945 bestimmte der Alliierte Kontrollrat im Gesetz Nr. 2 mit der 23. Kontrolldirektive, dass »allen sportlichen, militärischen und paramilitärischen Organisationen, Klubs, Vereinen, Vereinigungen, Anstalten jegliche Betätigung verboten ist.« Ihre Auflösung wurde bis zum 1. Januar 1946 angeordnet. [222]

Mit Blick auf die Arbeit einiger norddeutscher Vereine, darunter des Vereins für Lübeckische Geschichte und Altertumskunde, in der NS-Zeit schrieb Helmut Stubbe da Luz: »Das Erscheinungsbild von Vereinen wird regelmäßig von einigen wenigen Personen an ihrer Spitze geprägt. Alltagserfahrung und Organisationssoziologie lehren, dass die Mitglieder meist auch ›Mitläufer‹ sind. Eine kontinuierliche Opposition findet sich nur in Ausnahmefällen; nur ganz selten reagieren Mitglieder auf tatsächliche oder vermeintliche Fehlentwicklungen differenzierter – und aufwendiger – als

222 Vgl. Fellmann, 125 Jahre Leipziger Geschichtsverein (wie Anm. 55), S. 22.

durch bloßen Austritt. Deshalb beschränkt sich Vereinshistorie fast immer auf die Aktionen und Einstellungen weniger Funktionäre.«[223] Ähnliches ließe sich zweifellos auch für den Verein für die Geschichte Leipzigs sagen, dem die inhaltliche und organisatorische Einbindung in nationalsozialistische Organisationsstrukturen nunmehr zum Verhängnis wurde. Johannes Hofmann als Direktor des Stadtarchivs und der Stadtbibliothek wurde, ebenso wie Friedrich Schulze, bis 1938 Vorsitzender des Vereins für die Geschichte Leipzigs und bis Kriegsende Direktor des Stadtgeschichtlichen Museums, von den amerikanischen Besatzern als NSDAP-Mitglied entlassen.[224] Dies geschah auf der Grundlage der Direktive Nr. 24 des Alliierten Kontrolrates.[225] Wenngleich beide Direktoren 1946 rehabilitiert wurden, sah sich die Stadtverwaltung nicht genötigt, die Pensionierung von Hofmann und Schulze aufzuheben, da beide inzwischen das Rentenalter erreicht hatten.[226]

In der Sowjetischen Besatzungszone und der DDR hatte das bisherige, als »bürgerlich« geltende Vereinswesen keine Zukunft. In einem Schreiben des Rates der Stadt Leipzig (Haushaltsamt, Abteilung für beschlagnahmte Vereinsvermögen) vom 5. September 1949 an den ehemaligen Vorsitzenden des Vereins für die Geschichte Leipzigs, Friedrich Schulze, der mittlerweile zurückgezogen in Halle/Saale lebte, wurde noch einmal ausdrücklich darauf verwiesen, dass gemäß der Verordnung der Landesregierung Sachsen vom 14. September 1948 – GVOBL 1948, S. 513 – und amtlicher Bekanntmachung vom 17.12.1948 der Verein für die Geschichte Leipzigs aufgelöst und im Vereinsregister gelöscht worden sei.[227]

Dennoch erwiesen sich in der Rückschau gerade die schweren Aufbaujahre von 1946 bis 1950 für die Wiederbelebung außeruniversitärer Stadtgeschichtsforschung

---

223 Helmut Stubbe La Luz, »Die Arbeit in der gewohnten Form fortgesetzt«? Der Verein für Lübeckische Geschichte und Altertumskunde, die Bremische Historische Gesellschaft und der hansische Geschichtsverein in der NS-Zeit, in: Blätter für deutsche Landesgeschichte, Bd. 141/142, 2005/2006, S. 289–345 (das Zitat auf S. 343).

224 Vgl. Berger, Stadtarchiv und Geschichtsverein in Leipzig (wie Anm. 44), S. 375. Nur zum Vergleich: Im Mai 1945 hatte die Leipziger Stadtverwaltung insgesamt 20 227 Beschäftigte, davon waren 5 735 Personen Mitglied der NSDAP gewesen, was einem Anteil von 28 Prozent an der Belegschaft entsprach (davon 1 353 Arbeiter, 2 304 Angestellte und 2 078 Beamte). Etwa ein Viertel der städtischen Beamten und Angestellten sowie der Arbeiter in städtischen Betrieben wurden aufgrund ihrer Mitgliedschaft in der NSDAP bis Anfang Juli 1945 aus städtischen Diensten entlassen. Vgl. hierzu Horn-Kolditz, Alltag in Trümmern (wie Anm. 207), S. 343. Zu Leipzig während der kurzen Zeit der amerikanischen Besatzung vgl. Nora Blumberg, Leipzig unterm Sternenbanner. Der Neuaufbau der Stadtverwaltung unter amerikanischer Besatzung, in: Ulrich von Hehl (Hg.): Stadt und Krieg, S. 461–495 (wie Anm. 124).

225 Online abrufbar unter http://www.verfassungen.de/de/de45–49/kr-direktive24.htm.

226 Stadtarchiv Leipzig, Kap. 10 H Nr. 632 (Hofmann) und Kap. 109 S Nr. 878 (Schulze). In diesem Kontext löste die Stadtverwaltung auch die Personalunion in der Leitung beider Einrichtungen, d.h. Stadtarchiv und Stadtbibliothek. Nachfolgend wurde Ernst Müller mit der Leitung des Stadtarchivs betraut. Vgl. Berger, Stadtarchiv und Geschichtsverein in Leipzig (wie Anm. 44), S. 375.

227 Stadtarchiv Leipzig, Verein für die Geschichte Leipzigs, Nr. 57, Bl. 044.

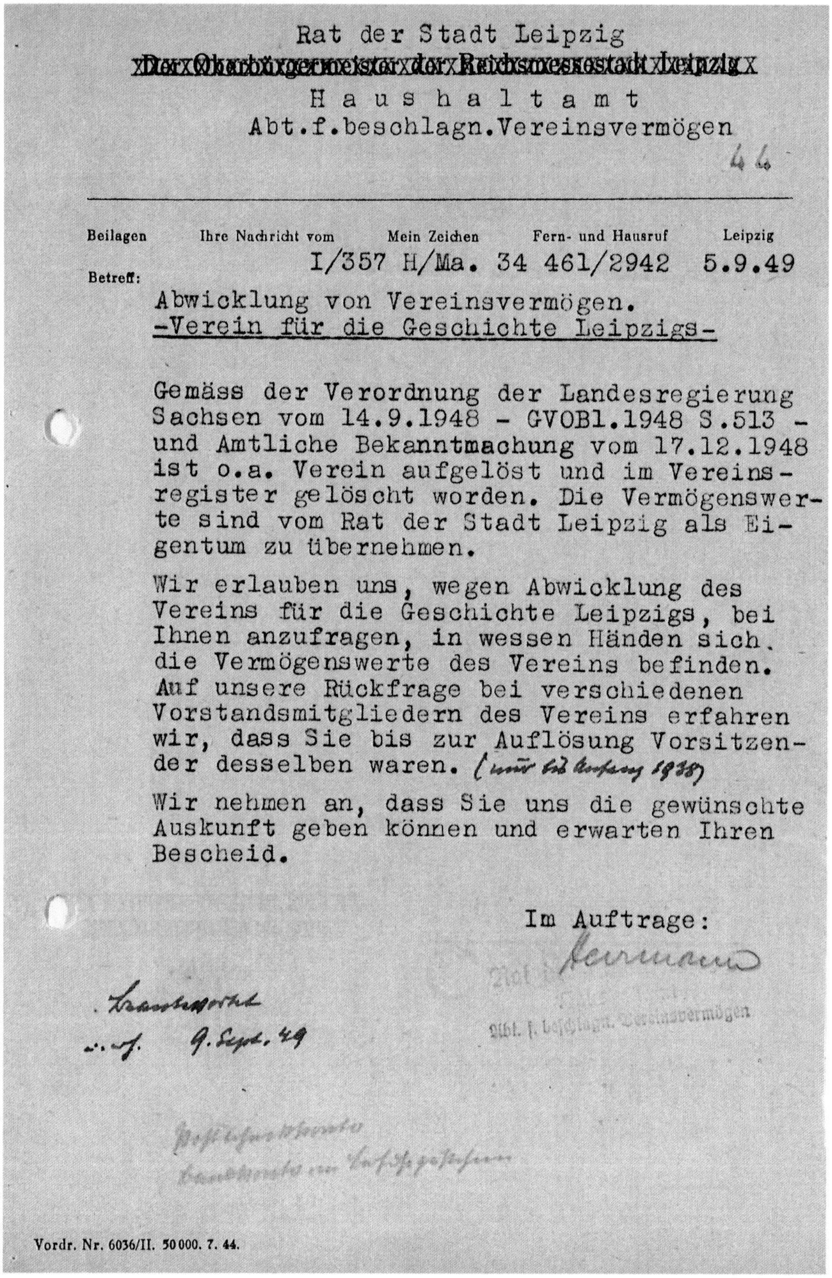

Rat der Stadt Leipzig
~~Der Oberbürgermeister der Reichsmessestadt Leipzig~~
H a u s h a l t a m t
Abt.f.beschlagn.Vereinsvermögen

Beilagen	Ihre Nachricht vom	Mein Zeichen	Fern- und Hausruf	Leipzig
Betreff:		I/357 H/Ma.	34 461/2942	5.9.49

Abwicklung von Vereinsvermögen.
-Verein für die Geschichte Leipzigs-

Gemäss der Verordnung der Landesregierung
Sachsen vom 14.9.1948 - GVOBl.1948 S.513 -
und Amtliche Bekanntmachung vom 17.12.1948
ist o.a. Verein aufgelöst und im Vereinsregister gelöscht worden. Die Vermögenswerte sind vom Rat der Stadt Leipzig als Eigentum zu übernehmen.

Wir erlauben uns, wegen Abwicklung des
Vereins für die Geschichte Leipzigs, bei
Ihnen anzufragen, in wessen Händen sich
die Vermögenswerte des Vereins befinden.
Auf unsere Rückfrage bei verschiedenen
Vorstandsmitgliedern des Vereins erfahren
wir, dass Sie bis zur Auflösung Vorsitzen-
der desselben waren. (*und bis Anfang 1938*)

Wir nehmen an, dass Sie uns die gewünschte
Auskunft geben können und erwarten Ihren
Bescheid.

Im Auftrage:

9. Sept. 49

Vordr. Nr. 6036/II. 50 000. 7. 44.

Abb. 52: Schreiben des Rates der Stadt Leipzig 1949 an Friedrich Schulze, in dem auf die Auflösung des Vereins für die Geschichte Leipzigs Bezug genommen wird und die Einziehung des Vermögens geregelt werden soll.

als außerordentlich wichtig und letztlich auch fruchtbar.[228] Bereits 1946 gab es erste zaghafte Bestrebungen, die vom (ehemaligen) Verein für die Geschichte Leipzigs verfolgten Ziele mit Blick auf die Stadtgeschichte wieder konkret in den Blick zu nehmen. Handlungsort war das Stadtgeschichtliche Museum, wo Bestrebungen in Gang gesetzt wurden, eine Arbeitsgemeinschaft als Sammelbecken für alle an der Leipziger Stadtgeschichte Interessierte zu gründen.[229] In einem ersten Versuch, die früheren Vereinsmitglieder zu sammeln, scharte am 6. Dezember 1946 der Historiker Felix Günther (1877–1955), von 1936 bis 1945 Kulturreferent in Markkleeberg und von 1946 bis 1948 kommissarischer Direktor des Stadtgeschichtlichen Museums und des Deutschen Instituts für Länderkunde, Interessierte um sich.[230] Zu den Teilnehmern gehörte auch Paul Kröber.

Da an eine Wiederbelebung des Vereins unter den damaligen Bedingungen nicht zu denken war, erwog Günther die Bildung eines am Museum angesiedelten Arbeitskreises, ein Plan, der aber in der angedachten Form scheiterte. Dennoch: Der Grundstein für weitere Bemühungen und konkrete Schritte war gelegt. Am 12. September 1947 rief das Volksbildungsamt offiziell zur Gründung einer Arbeitsgemeinschaft für die Stadtgeschichte Leipzigs auf.[231] Dieser Appell stieß auf fruchtbaren Boden, denn – so Felix Günther – die in der Leipziger Zeitung veröffentlichte Meldung hatte zur Folge, dass sich zahlreiche Personen meldeten und ihr Interesse an einer Mitarbeit bekundeten, darunter ehemalige Mitglieder des Vereins für die Geschichte Leipzigs.

So konstituierte sich im Goethe-Saal der Kongresshalle am Leipziger Zoo am 6. Dezember 1947 unter der Leitung der Kunsthistorikerin Dr. Johanna Schmidt der »Arbeitskreis für Stadt- und Kulturgeschichte«, der anfänglich dem Volksbildungsausschuss beim Rat der Stadt Leipzig unterstand und sich in lockerer Form 1949 dem Kulturbund unter der Bezeichnung »Fachgruppe Stadtgeschichte« anschloss. Vergeblich suchte Johanna Schmidt, die sich in einem ausführlichen Brief vom 26. September 1950 mit einem ganzen Fragenkatalog an den ehemaligen Direktor des Stadtgeschichtlichen Museums und Vorsitzenden des Vereins für die Geschichte Leipzigs,

---

228 Die nachfolgenden Ausführungen stützen sich schwerpunktmäßig auf den Bestand »Fachgeschichte« im Staatsarchiv Leipzig. Der Verfasser dankt in diesem Zusammenhang Frau Petra Oelschlaeger für wertvolle Hinweise und Anregungen.

229 Vgl. Wolfgang Grundmann, 25 Jahre Fachgruppe Stadtgeschichte im Kulturbund der Deutschen Demokratischen Republik, in: Sächsische Heimatblätter 3, 1974.

230 Günthers Teilnachlass im Leibniz-Institut für Länderkunde enthält u. a. Vortragsmanuskripte und Aufsätze zu historischen Themen, Materialien zur Eröffnung der Geographischen Zentralbibliothek (1948), Handakten des Arbeitskreises für die Geschichte der Stadt Leipzig; Berichte über die Deutsch-russische Studiengesellschaft. Vgl. Härtrich, Diana u. a.: Markkleeberg. Geschichte und Wandel. Markkleeberg 2009, S. 165.

231 Vgl. Grundmann, 25 Jahre Fachgruppe Stadtgeschichte im Kulturbund der Deutschen Demokratischen Republik (wie Anm. 229).

Paul Kröber (1881–1970) – Lehrer, Heimathistoriker, Mitglied im Verein für die Geschichte Leipzigs und Mitglied in der Fachgruppe Stadtgeschichte

Der in Rittmitz bei Döbeln als Sohn eines Lehrers und Kantors geborene Kröber besuchte nach der Volksschule 1896 bis 1902 das Lehrerseminar in Oschatz. Nachfolgend arbeitete Kröber zunächst mehrere Jahre als Hilfslehrer im Vogtland, bevor er 1905 als ständiger Lehrer an die Volksschule in Leipzig-Leutzsch (1922 eingemeindet) berufen wurde. Kröber besuchte Kurse für Volks- und Heimatkunde in Leipzig, Dresden und weiteren Städten, war von 1926 bis 1934 Mitherausgeber der »Mitteldeutschen Blätter für Volkskunde« und arbeitete aktiv in der »Vereinigung mitteldeutscher Ortsmuseen« mit. In pädagogischen, volks- und heimatkundlichen Zeitschriften und Zeitungen veröffentlichte Kröber Beiträge zu kulturgeschichtlichen und musealen Themen. Er war Mitglied von Lehrervereinen (bis 1933) an, darüber hinaus vom »Verein für Volks- und Heimatkunde« sowie vom »Verein für die Geschichte Leipzigs«.

(Quelle: Stadtarchiv Leipzig, PA Lehrer, K, Nr. 260, Bl. 1)

Zwar gehörte Kröber dem Nationalsozialistischen Lehrerverbund an, jedoch nicht der NSDAP oder anderen nationalsozialistischen Organisationen, sodass er auch nach Kriegsende im Ergebnis des Entnazifizierungsverfahrens in seinem pädagogischen Beruf tätig sein konnte, so von 1945 bis 1948 als Schulleiter der 39. Volksschule in Leipzig. Auf eigenen Wunsch wechselte Kröber 1948 an die 58. Grundschule. 1950 wurde Kröber aufgrund körperlicher Züchtigungen von Schülern nach Anhörung aller Beteiligten durch die vorgesetzte Dienstbehörde fristlos entlassen. 1962 übersiedelte der fast Achtzigjährige in die Bundesrepublik.

Sein Engagement im Verein für die Geschichte Leipzigs setzte Kröber nach dessen Auflösung 1945 in der neu gegründeten Fachgruppe Stadtgeschichte im Kulturbund der DDR fort, wobei sein besonderes Interesse der mittelalterlichen und frühneuzeitlichen Geschichte der westlichen Vororte Leipzigs galt.[232]

Friedrich Schulze, wandte, dem »Arbeitskreis für Stadt- und Kulturgeschichte« die Rechtsnachfolge des alten Geschichtsvereins zu sichern.[233]

1955 erhielt der »Arbeitskreis für Stadt- und Kulturgeschichte« innerhalb des Kulturbunds den Status einer Grundeinheit, wobei die Leitung von 1950 bis 1965 in den Händen des Museumsdirektors Dr. Heinz Füßler (1906–1990) lag. Auf der am 7. April 1973 im Klub der Intelligenz (Elsterstraße 35) vor 130 Personen abgehaltenen 25-Jahr-Feier der Fachgruppe konnte deren Leiter, der Ingenieur Wolfgang Grundmann, eine positive Bilanz ziehen, wobei er auch an die nicht leichten und quellenmäßig schwer fassbaren Anfangsjahre erinnerte:

---

232 Stadtarchiv Leipzig, PA Lehrer K Nr. 260 (Personalakte Paul Kröber), Bl. 9.
233 Stadtarchiv Leipzig, Verein für die Geschichte Leipzigs, Nr. 57, Bl. 45. Eine Antwort findet sich in den Akten leider nicht, sodass beispielsweise auch unklar bleibt, ob Vereinsvermögen vorhanden war.

Abb. 53: Ausweis des Kulturbundes der DDR.

»Schon vor längerer Zeit wurden im Kreise der Fachgruppenleitung Stimmen laut, auch eine Chronik über unsere eigene Fachgruppenarbeit anzulegen. Da aber über die Anfänge des Kulturbundes in Leipzig sowohl bei der Stadtleitung als auch bei uns keine Akten und Belegstücke vorhanden sind, war es schwer, den Anfang für die Chronik zu finden, und so haben wir, auch bedingt durch vielseitige wichtige andere Aufgaben, das Chronikproblem im wesentlichen unbewältigt vor uns hergeschoben. Große Freude herrschte daher vor kurzem unter uns, als unser Bundesfreund Voigt in seinem Kalender von 1947 eine Notiz über die Gründungsversammlung eines Arbeitskreises Stadtgeschichte fand und uns seine Mitgliedskarte von 1948 auf den Tisch legte.«[234]

---

234 Sächsisches Staatsarchiv, Staatsarchiv Leipzig, 21758 Kulturbund der DDR, Fachgruppe Stadtgeschichte Leipzig, Nr. 3.

Mitgliederbewegung Fachgruppe Stadtgeschichte 1959 bis 1963 [235]

Monat/Jahr	Mitgliederzahl	Monat/Jahr	Mitgliederzahl
Februar **1959**	144	September 1961	158
März 1959	146	Oktober 1961	160
April 1959	147	Dezember 1961	159
Mai 1959	148	Januar **1962**	154
Juli 1959	150	Februar 1962	155
August 1959	151	April 1962	154
November 1959	147	Mai 1962	153
Dezember 1959	138	Juli 1962	155
Januar **1960**	135	August 1962	158
Februar 1960	130	September 1962	160
März 1960	129	Oktober 1962	161
April 1960	132	November 1962	159
Mai 1960	134	Dezember 1962	165
Juni 1960	138	Januar **1963**	160
Juli 1960	140	Februar 1963	161
August 1960	139	März 1963	158
September 1960	146	April 1963	164
Oktober 1960	143	Mai 1963	181
November 1960	142	Juni 1963	183
Januar **1961**	139	September 1963	178
März 1961	143	Oktober 1963	180
Mai 1961	142	November 1963	181
Juli 1961	148	Dezember 1963	180

Die Fachgruppe Stadtgeschichte knüpfte in ihren ersten Jahren an die Vermittlung eines Geschichtsbildes an, für das die liberale Tradition des Vereins für die Geschichte Leipzigs in den Jahren vor 1933 die Grundlagen gelegt hatte. Im Blickpunkt standen dabei u. a. Robert Blum, die Revolution von 1848/49 und der 140. Jahrestag der Völkerschlacht bei Leipzig, die in Vorträgen gewürdigt wurden. Auf der Tradition der vom Verein für die Geschichte Leipzigs zwischen 1868 und 1944 durchgeführten

---

235 Sächsisches Staatsarchiv, Staatsarchiv Leipzig, 21758 Kulturbund der DDR, Fachgruppe Stadtgeschichte Leipzig, Nr. 7 (Tätigkeitsberichte für den Kulturbund).

Studienausflüge bauten die von der Fachgruppe Stadtgeschichte initiierten und realisierten Kulturfahrten auf. Die erste Fahrt führte 1955 nach Grimma und Hohnstädt. Im Durchschnitt fanden, wie die nachfolgende Übersicht zeigt, bis 1973 fünf Kulturfahrten im Jahr statt. Immerhin nahmen mehr als 4 000 Mitglieder und Gäste in den Jahren 1955 bis 1973 an den Kulturfahrten teil, die in 55 Städte und an 40 historische Orte der damaligen Bezirke Leipzig, Karl-Marx-Stadt (Chemnitz), Halle und Gera führten.[236]

Übersicht über die zwischen 1955 und 1973 durchgeführten Kulturfahrten der Fachgruppe Stadtgeschichte und die hierfür verantwortlichen Personen [237]

Zeitraum	Verantwortlicher	Anzahl
1955–1959	Bundesfreund Rosenbaum	4
1958–1967	Bundesfreund Behrends	22
Seit 1960	Bundesfreund Voigt	34
Seit 1966	Bundesfreundin Schumann	4
Seit 1967	Bundesfreund Grundmann	8
Seit 1969	Bundesfreund Richter	3
Seit 1971	Bundesfreund Kretzschmar	2
Seit 1971	Bundesfreund Pannicke	1
	Sonstige Veranstalter	10
	Summe:	88

Noch unter dem Vorsitz von Heinz Füßler kam es zu einer organisatorischen Umstrukturierung der Arbeit dergestalt, dass 1964 eine Gruppe Stadtgeschichte unter der Leitung von Heinz Voigt (1917–1998)[238], einem gelernten Buchhalter, sowie eine

---

236 Sächsisches Staatsarchiv, Staatsarchiv Leipzig, 21758 Kulturbund der DDR, Fachgruppe Stadtgeschichte Leipzig, Nr. 3, Bl. 7.

237 Ebd., Bl. 8.

238 Der im Leipziger Stadtteil Gohlis als Sohn eines Opernsängers geborene Heinz Voigt absolvierte nach dem Besuch der Volksschule und der Erlangung der mittleren Reife zunächst eine Lehre als Kaufmannsgehilfe beim Leipziger Verein Barmenia. Nach abgelegter Prüfung war er zunächst bis 1946 als Buchhalter in der Krankenversicherung der Barmenia, seit 1948 im VEB Galvanotechnik Leipzig als Steuer- und Wirtschaftsprüfer bis zu seiner Pensionierung im Jahre 1982 tätig. Heinz Voigt besaß ein großes Interesse an der Stadt- und Heimatgeschichte und engagierte sich hier über Jahrzehnte ehrenamtlich. Seit 1947 war er Mitglied der Arbeitsgemeinschaft Stadtgeschichte, seit 1960 stand er dieser vor. Darüber hinaus gehörte er u. a. dem Bezirksfachausschuss Heimatgeschichte und Ortschronik an und agierte als stellvertretender Vorsitzender der Fachgruppe Denkmalpflege. Als Ortschronist von Plagwitz wirkte er im Arbeitskreis Vorortgeschichte. Heinz Voigt publizierte mehrere seiner heimatgeschichtlichen Forschungsergebnisse vor allem in der Lokalpresse, aber auch in zwei Monographien und gehörte 1993 zu den Gründungsmitgliedern des Sächsischen Wirtschaftsarchivs e. V.

Abb. 54: Studienfahrt
nach Pegau. (1960)[238]

Gruppe Denkmäler unter Führung des Diplomingenieurs Wolfgang Grundmann gebildet wurde, die an die vom ehemaligen Verein für die Geschichte Leipzigs in Angriff
genommenen Aufgaben anknüpfte.

Die in der Arbeitsgemeinschaft »Stadtgeschichte« versammelten Interessenten dis-
kutierten über stadtgeschichtlich relevante Themen, wobei Mitarbeiter des Stadtarchivs und der Leipziger Museen anwesend waren. Darüber hinaus fanden Besuche
im Staatsarchiv, im Dimitroff-Museum, im Bach-Archiv sowie in der Abteilung Landesgeschichte der damaligen Karl-Marx-Universität statt. Die Arbeitsgemeinschaft

239 Ebd. Nr. 6.

Abb. 55: Heinz Voigt, »Leipziger Jahre. Aufzeichnungen aus einem reichen Leben« (Privatdruck 1998)

»Denkmale« hingegen stellte sich die Aufgabe, die Leipziger Denkmäler und Gedenktafeln zu erfassen und zu beschreiben, insbesondere jene, die nach 1945 entstanden waren. Hinzu kamen Exkursionen, wobei die Untersuchungsergebnisse in Fotografien und Texten zusammengefasst wurden und Aufnahme in die Liste Leipziger Denkmäler fanden.[240] Hinzu kam noch eine Arbeitsgemeinschaft »Junge Historiker«, deren Mitglieder sich über Jahre im Alten Rathaus trafen und sich mit Fragen der Stadtgeschichte, der Arbeiterbewegung sowie der (sozialistischen) Heimat befassten.[241]

Für die Leitung der Fachgruppe wurden 1970 vorgeschlagen: Dr. Peter Beyer, Mathilde Brauneis, Wolfgang Grundmann, Frida Jericke, Karl-Heinz Kretzschmar, Kurt Pannicke, Lutz Tauber, Frieda Thomas, Heinz Voigt; Revisionsmitglied: Hertha Behrends. Zum Vorsitzenden der Fachgruppe wurde Karl-Heinz Kretzschmar

240 Sächsisches Staatsarchiv, Staatsarchiv Leipzig, 21758 Kulturbund der DDR, Fachgruppe Stadtgeschichte Leipzig (Wolfgang Grundmann, 25 Jahre Fachgruppe Stadtgeschichte im Kulturbund der DDR).
241 Ebd. Hier auch zu weiteren Aktivitäten der Fachgruppe. Hinzu kamen im Übrigen seit 1960 sog. Hausmusiken in der Ratsstube des Alten Rathauses sowie an Orten im Leipziger Umkreis, die einen geselligen Charakter trugen, zugleich aber ebenfalls den Geschichtsverein bekannt machten. Zu weiteren Aktivitäten vgl. Fellmann, 125 Jahre Leipziger Geschichtsverein (wie Anm. 55), S. 22–23.

Dr. Heinz Werner Füßler (1906–1990) – Pädagoge, Museumsdirektor und Fachgruppenleiter mit lückenhafter Biographie

(Quelle: Stadtarchiv Leipzig, StVuR PA 211, Bl. 125)

Der 1906 in Leipzig als Sohn eines im Ersten Weltkrieg gefallenen Bankbeamten geborene Heinz Füßler legte 1925 in seiner Heimatstadt die Reifeprüfung ab und studierte nachfolgend in Leipzig und Freiburg Germanistik und Geschichte (Lehramt). Anschließend leistete er einen einjährigen Referendardienst an verschiedenen Schulen, u. a. der Thomasschule zu Leipzig. 1932 wurde er in Leipzig mit einer Arbeit zum Ich-Begriff in der Kant'schen Philosophie promoviert. Kritische Einschätzungen der vorgesetzten Pädagogen verhinderten eine Übernahme in den Schuldienst, sodass Füßler 1935 an die Heeresfachschule Riesa wechselte.

Die Personalakte von Heinz Füßler weist bedauerlicherweise für die Jahre 1935 bis 1946 eine Lücke auf.[241] Im Personalbogen aus den 1950er Jahren gab Füßler an, in den Jahren 1933 bis 1936 arbeitslos gewesen zu sein. Aus Sicherheitsgründen habe er 1936 Leipzig verlassen, da sein Bruder Fritz als Angehöriger der Gruppe Hans Lauber im Zuchthaus Zwickau eingesessen und er selbst Mitglied der illegalen Gruppe »Bund der Freunde sozialdemokratischen Akademiker in Leipzig« gewesen sei. 1939 wurde Füßler, der 1927 der SPD beigetreten und nach eigenen Worten ein überzeugter Antifaschist gewesen war, zur Wehrmacht eingezogen. Nach Kriegsende und Entlassung aus amerikanischer Kriegsgefangenschaft suchte er beim Leipziger Rat um eine Einstellung in den höheren Schuldienst nach, zumal er sich für den Aufbau eines neuen demokratischen Deutschland einsetzen wolle. Sein Wirken als Lehrer sollte nicht lange währen, bereits zum 1. April 1947 wechselte Füßler – inzwischen auch SED-Mitglied – als Kustos an das Stadtgeschichtliche Museum, dem er ab Oktober 1950 bis zu seiner Pensionierung 1971 als Direktor vorstand und dem Haus zu größerer Profilierung verhalf. Darüber hinaus war Heinz Füßler auch als Leiter der Fachgruppe Stadtgeschichte in den Jahren 1950 bis 1965 tätig, wodurch eine enge Zusammenarbeit mit dem Museum erreicht wurde.[242]

gewählt, Heinz Voigt und Frieda Thomas agierten als Stellvertreter. 1977 gehörten der Fachgruppenleitung an:

- Karl-Heinz Kretzschmar (Lehrer, Vorsitzender; Veranstaltungsmeldungen; Mitarbeit im Bezirksfachausschuss Denkmalpflege und Bezirksfachausschuss Heimatgeschichte sowie Ortschronik),
- Wolfgang Grundmann (Dipl.-Ing., stellv. Vorsitzender; Berichterstattung, Raumbeschaffung, Fachgruppenchronik, Leiter des Arbeitskreises »Geschichte der Leipziger Vororte«, Mitarbeit in der Stadtleitung des Kulturbundes, Bezirksfachausschuss Denkmalpflege, Arbeitskreis Nordsächsische Elbaue),

242 Stadtarchiv Leipzig, StVuR 1945–1990/ Personalakten 211.

243 Sächsisches Staatsarchiv, Staatsarchiv Leipzig, 21758 Kulturbund der DDR, Fachgruppe Stadtgeschichte Leipzig (Wolfgang Grundmann, 25 Jahre Fachgruppe Stadtgeschichte im Kulturbund der DDR).

- Heinz Voigt (Buchhalter, stellv. Vorsitzender; Gratulationen, Leiter der AG Stadtgeschichte, Mitarbeit im Bezirksfachausschuss Heimatgeschichte und Ortschronik und AK Nordsächsische Elbaue),
- Dr. Peter Beyer (Dipl.-Archivar; Verbindung zum Stadtarchiv, Mitarbeit im Bezirksfachausschuss Denkmalpflege),
- Kurt Pannicke (Lehrer, Protokollant; Zusammenstellung des Jahresprogramms, Mitarbeit in der Stadtbezirksleitung Leipzig-Mitte),
- Frieda Thomas (Rentnerin; Kassierung und Literaturverkauf),
- Marianne Marotzke (Rentnerin; Zusammenstellung der Monatsprogramme, Mitgliederliste),
- Charlotte Sonntag (Stadtführerin; Beschaffung der Honorarscheine),
- Maria Kolb (Stadtführerin; Betreuung des Schaukastens, Mitarbeit in der Stadtkommission Natur und Heimat),
- Ursula Walter (Bibliothekarin; Verbindung zum Stadtgeschichtlichen Museum).[244]

In der sozialistischen DDR hatte die Fachgruppe Stadtgeschichte mit zahlreichen Problemen zu kämpfen. Einen Eindruck hiervon vermittelt ein Diskussionsbeitrag von Karl-Heinz Kretzschmar auf der Stadtdelegiertenkonferenz des Kulturbundes im September 1970. Hierin heißt es u. a.:

»Die Fachgruppe wünscht sich eine bessere Zusammenarbeit mit dem Rat der Stadt Leipzig Abteilung Kultur. Dass die Zusammenarbeit bisher nicht die beste war, zeigt folgendes Beispiel:
Die Fachgruppe erfuhr davon, dass in der Bronzegießerei Noack bereits seit 1953 (also 15 Jahre lang) eine neue Erinnerungstafel für Richard Wagner aufbewahrt und vermutlich vergessen wurde. Nachdem wir uns die Tafel angesehen hatten, machten wir eine Eingabe, die Tafel am Neubau des Konsument-Warenhauses anbringen zu lassen. Wenige Tage später erhielten wir vom Stadtrat für Kultur die Antwort, dass die Anbringung einer solchen Tafel aus verschiedenen Gründen nicht gerechtfertigt sei. Durch diese Ablehnung schon entmutigt, wandten wir uns an die Konsument-Bauleitung, von der wir erfuhren, dass die Anbringung der Wagnertafel im Bauplan schon seit langem vorgesehen sei, und daran hat sich bekanntlich auch trotz der ablehnenden Haltung [fehlt hier evtl. ein Stück Text?] Kultur nichts geändert, denn seit Eröffnung des Kaufhauses befindet sich dort auch die Wagner-Erinnerungstafel.

---

244 Vgl. Sächsisches Staatsarchiv, Staatsarchiv Leipzig, 21758 Kulturbund der DDR, Fachgruppe Stadtgeschichte Leipzig, Nr. 12.

In ähnlicher Weise wurden auch unsere Vorschläge zur Errichtung eines Kulturpfades oder zur Kennzeichnung des denkmalgeschützten Gebäudes mit roten Hausnummern ignoriert.

Wir sind aber der Meinung, dass die Initiative einer Fachgruppe wie der unsrigen nicht gehemmt, sondern gefördert werden sollte.«[245]

Es handelte sich bei diesen durchaus kritischen Worten jedoch nicht um eine Systemkritik an der sozialistischen Gesellschaftsordnung und ihrer – gerade auch für die Fachgruppe Stadtgeschichte bindenden und verbindlichen – marxistisch-leninistischen Geschichtsauffassung. Deren inhaltlicher und terminologischer Rahmen spiegelt sich in der 1980 formulierten Aufgabe der Fachgruppe wieder:

»Arbeitsgegenstand sind die Geschichte, Gegenwart und Zukunft der Stadt Leipzig, wobei sich die Arbeit nicht nur auf lokale Ereignisse beschränkt, sondern diese in Verbindung mit der Regionalgeschichte des gesamten Leipziger Raumes gebracht und in größere geschichtliche Zusammenhänge eingeordnet werden.

In diesem Rahmen widmet sich die Fachgruppe sowohl der politischen Geschichte und örtlichen Arbeiterbewegung als auch der Vor- und Frühgeschichte, Kulturgeschichte, Kunstgeschichte, Architektur und bildenden Kunst.«[246]

Noch deutlicher fiel dies fünf Jahre später in einem Beitrag für die Broschüre »Kulturbund in Leipzig« aus:

»Arbeitsgegenstand sind die Geschichte der Stadt Leipzig und die Heimatgeschichte des Leipziger Landes mit allen ihren revolutionären und progressiven Traditionen unter besonderer Berücksichtigung der geschichtlichen Entwicklung nach 1945 und der Wechselbeziehungen zwischen Regional-, National- und Universalgeschichte.

Besonderes Anliegen der Fachgruppe ist es, durch öffentlichkeitswirksame Veranstaltungen die Liebe der Bürger zu ihrer Heimat zu fördern und damit zur Herausbildung eines echten Heimatbewusstseins beizutragen.«[247]

Insgesamt waren die Aktivitäten der Freizeithistoriker bewundernswert, wie dies auch der 1986 vorgetragene Rechenschaftsbericht der Fachgruppe Stadtgeschichte für den Zeitraum von 1981 bis1986 zum Ausdruck brachte. Daraus geht u. a. hervor, dass im

---

245 Sächsisches Staatsarchiv, Staatsarchiv Leipzig, 21758 Kulturbund der DDR, Fachgruppe Stadtgeschichte Leipzig (Diskussionspunkte zur Stadtdelegiertenkonferenz des DKB, 26.9.1970).
246 Ebd. (Fachgruppe Stadtgeschichte Leipzig, 5. Juli 1980).
247 Ebd. (Fachgruppe Stadtgeschichte Leipzig, 4. Februar 1985). Aus der Mitteilung geht auch hervor, dass die Fachgruppe Stadtgeschichte 200 ordentliche und 35 Spendenmitglieder zählte.

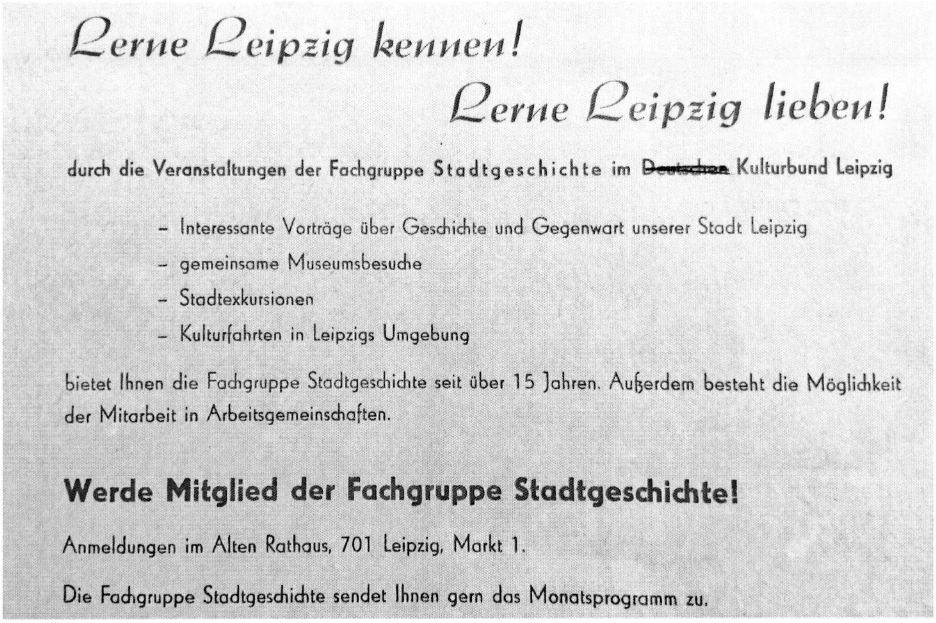

Lerne Leipzig kennen!

Lerne Leipzig lieben!

durch die Veranstaltungen der Fachgruppe Stadtgeschichte im ~~Deutschen~~ Kulturbund Leipzig

- Interessante Vorträge über Geschichte und Gegenwart unserer Stadt Leipzig
- gemeinsame Museumsbesuche
- Stadtexkursionen
- Kulturfahrten in Leipzigs Umgebung

bietet Ihnen die Fachgruppe Stadtgeschichte seit über 15 Jahren. Außerdem besteht die Möglichkeit der Mitarbeit in Arbeitsgemeinschaften.

Werde Mitglied der Fachgruppe Stadtgeschichte!

Anmeldungen im Alten Rathaus, 701 Leipzig, Markt 1.

Die Fachgruppe Stadtgeschichte sendet Ihnen gern das Monatsprogramm zu.

Abb. 56: Werbung für die Mitgliedschaft in der Fachgruppe Stadtgeschichte

Berichtszeitraum 221 öffentliche Veranstaltungen mit insgesamt 9642 Teilnehmern stattfanden.[248] Im Einzelnen sah dies wie folgt aus:[249]

Aufgliederung	Teilnehmerzahl gesamt	Teilnehmerzahl je Veranstaltung
59 Vorträge	3 866	66
49 Führungen	1 919	39
32 Kulturfahrten	1 243	39
28 Museums- und Ausstellungsbesuche	1 432	51
10 gesellige Veranstaltungen	692	69
43 sonstige Veranstaltungen	490	11
221 gesamt	**9 642**	**44**

Hinzu kamen 274 stadtgeschichtliche Veranstaltungen in Schulen und Wohngebieten mit mehr als 9000 Teilnehmern. Einen besonders hohen Zulauf an Teilnehmern verzeichneten Veranstaltungen, die sich mit der städtebaulichen Entwicklung

---

248 Ebd., Rechenschaftsbericht für den Zeitraum 1. Oktober 1981–31. Oktober 1986, S. 2).
249 Ebd., S. 3

Arbeitsgemeinschaftsveranstaltungen

1964

September	1. Ausspracheabend
Oktober	2. "
November	3. "
Dezember	4. "

1965

Januar	5. "
Februar	Theater- und Musikgeschichtliche Sammlung im Museum - Frau Richter
März	Beratung
April	Geschichte der Philatelie - Herr Hesse
Mai	Einsatz im Alten Johannisfriedhof
September	Bibliothek im Museum - Frl. Walter
Oktober	Bilderaustausch
November	Vorgeschichte - Frau Lichtenberger
Dezember	Traditionregimant 1813 in England - Dr. Füssler

1966

Januar	Lichtbildervortrag: Leipziger Denkmäler von früher und heute" - Herr Ehrhardt
Februar	allgemeine Fragen
März	Leipziger Messeabzeißhen - Herr Behrends
Mai	Großzschocher - Herr Johnen
September	Ein Blick in die Geschichte des Stadtarchivs - Dr. Unger
Oktober	Pläne unserer Stadt - Dr. Beyer
November	Ständekämpfe 1250/1360 - Prof. Dr. Czok
1967 Januar	Besuch des Stadtarchivmagazins - Dr. Unger
Februar	Medaillen und Münzen - Herr Breiter
März	Goethe und Leipzig - Herr Voigt
April	Von der mittelalterlichen Stadt zur Handels-metropole - Prof. Dr. Czok
Mai	Das Institut für ~~Länderkunde~~ *Regionalgeschichte* - Prof. Dr. Czok
September	Autographensammlung im Museum - Frl. Walter
November	Georgi-Dimitroff-Museum - Dr. Bernhard

Abb. 57: Übersicht der Veranstaltungen der Fachgruppe 1964 bis 1977 (Auszug, die komplette Auflistung siehe Anhang 18).

Wolfgang Grundmann (1937–2004) – Maschinenbauingenieur und passionierter Hobby-Historiker, anerkannter und geschätzter Vorsitzender der Fachgruppe Stadtgeschichte

(Quelle: Familie Grundmann)

Der 1937 in Leipzig geborene Grundmann studierte nach dem Abitur ab 1955 in Dresden Maschinenbau (mit Spezialisierung Fördertechnik) und arbeitete nachfolgend in Leipzig als Konstrukteur im Schwermaschinenbau TAKRAF, seit 1968 als Prüfungsingenieur am Institut für Fördertechnik Leipzig bis zu dessen Auflösung 1992.

Bereits 1955 trat Wolfgang Grundmann, der schon als Jugendlicher an der Geschichte Leipzigs großes Interesse gezeigt hatte, der Fachgruppe Stadtgeschichte im Kulturbund der DDR bei, die damals Heinz Füßler leitete. Von Anfang an engagierte sich Grundmann bei fachkundigen Führungen durch die Messestadt und legte sogar 1965 eine Prüfung als »Stadtbild-Erklärer« ab. Innerhalb der Fachgruppe Stadtgeschichte war Grundmann bald Mitglied des Vorstands, 1980 übernahm er selbst als Nachfolger von Karl-Heinz Kretzschmar den Vorsitz. Unter Grundmanns Führung wurde die Arbeit der Fachgruppe weiter professionalisiert, wobei besonders die Arbeitsgemeinschaften für Denkmale und für Leipziger Vorort-Geschichte Erwähnung verdienen. Unter Grundmanns Leitung wurde eine Denkmalliste Leipzigs erstellt, bei den Vorort-Forschungen sind vor allem Arbeiten zu Plagwitz, Großzschocher und Grünau zu nennen.

Grundmann bemühte sich um eine enge Verbindung zum Stadtgeschichtlichen Museum, zum Stadtarchiv und zum Fachbereich Geschichte der KMU Leipzig, wobei besonders die Universitätsprofessoren Karl Czok und Hartmut Zwahr über viele Jahre als Konsultanten und gern gesehene Referenten zu Rate gezogen wurden.

Das große Engagement Grundmanns und seiner Mitstreiter in der Fachgruppe Stadtgeschichte kam neben der Organisation einer Vortragsreihe zur älteren sächsischen Geschichte insbesondere im Einsatz für den Erhalt des Barockschlosses Wiederau zum Ausdruck. Bei der Neugründung des Leipziger Geschichtsverein 1990 gehörte Wolfgang Grundmann als stellvertretender Vorsitzender dem Vorstand an, zog sich jedoch bald hiervon zurück und engagierte sich umso mehr im Bürgerverein Eutritzsch. Bleibende Verdienste erwarb sich Grundmann nach der Friedlichen Revolution bei der Anknüpfung bis heute bestehender Kontakte zum Verein der Freunde des Stadtmuseums Kassel sowie zum Verein für hessische Geschichte und Landeskunde.[250]

(85 Teilnehmer), dem Wohnungsbauprogramm Leipzigs (116) und der Baugeschichte des Frege-Hauses (108) befassten, wobei – gerade mit Blick auf die beiden ersten Veranstaltungen – ohne Zweifel das, entgegen offizieller Propaganda der SED, nach wie vor ungelöste Wohnungsproblem im Hintergrund eine Rolle gespielt haben dürfte. Betont wurde darüber hinaus die erfolgreiche Arbeit des Arbeitskreises

---

250 Manfred Unger, Wolfgang Grundmann zum Gedenken (1937–2004), in: Stadtgeschichte. Mitteilungen des Leipziger Geschichtsvereins e. V. 2/2004, S. 45–48 (hier S. 48).

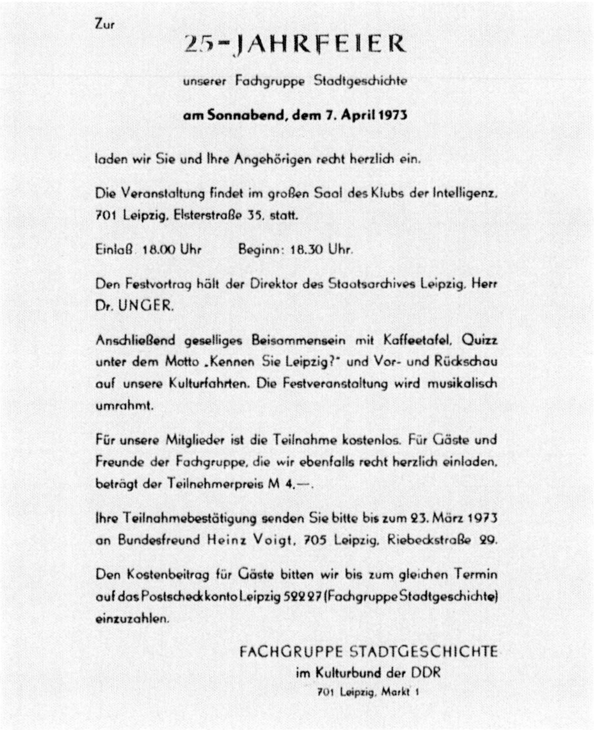

Zur

25-JAHRFEIER

unserer Fachgruppe Stadtgeschichte

am Sonnabend, dem 7. April 1973

laden wir Sie und Ihre Angehörigen recht herzlich ein.

Die Veranstaltung findet im großen Saal des Klubs der Intelligenz, 701 Leipzig, Elsterstraße 35, statt.

Einlaß 18.00 Uhr   Beginn: 18.30 Uhr.

Den Festvortrag hält der Direktor des Staatsarchives Leipzig, Herr Dr. UNGER.

Anschließend geselliges Beisammensein mit Kaffeetafel, Quizz unter dem Motto „Kennen Sie Leipzig?" und Vor- und Rückschau auf unsere Kulturfahrten. Die Festveranstaltung wird musikalisch umrahmt.

Für unsere Mitglieder ist die Teilnahme kostenlos. Für Gäste und Freunde der Fachgruppe, die wir ebenfalls recht herzlich einladen, beträgt der Teilnehmerpreis M 4,—.

Ihre Teilnahmebestätigung senden Sie bitte bis zum 23. März 1973 an Bundesfreund Heinz Voigt, 705 Leipzig, Riebeckstraße 29.

Den Kostenbeitrag für Gäste bitten wir bis zum gleichen Termin auf das Postscheckkonto Leipzig 522 27 (Fachgruppe Stadtgeschichte) einzuzahlen.

FACHGRUPPE STADTGESCHICHTE
im Kulturbund der DDR
701 Leipzig, Markt 1

Abb. 58: Einladung zur 25-Jahrfeier der Fachgruppe Stadtgeschichte (1973)[251]

»Geschichte der Leipziger Vororte«, der die Fachgruppe einen nicht unerheblichen Teil des Erfolges in der Öffentlichkeitsarbeit verdankte.[252] Hierzu zählten auch ein aus 14 Vorträgen bestehender Vortrags-Zyklus zur Geschichte der Stadt Leipzig von den Anfängen menschlicher Besiedlung bis in die Gegenwart 1985/86[253] sowie mehrere Veröffentlichungen zur Geschichte Leipziger Vorstädte.[254] Vor dem Hintergrund einer noch immer fehlenden wissenschaftlichen Stadtgeschichte leistete die Fachgruppe einen wertvollen und bleibenden Beitrag zur Leipziger Stadtgeschichte. Die Arbeit der Fachgruppe Stadtgeschichte kann somit auch – trotz des omnipräsenten ideologischen Führungsanspruches der SED in einem an seinen ökonomischen und gesellschaftlichen Widersprüchen scheiternden Staatsmodells – als erfolgreiche Ausnutzung eines gewissen Nischendaseins interpretiert werden.

---

251 Sächsisches Staatsarchiv, Staatsarchiv Leipzig 21758, Kulturbund der DDR, Fachgruppe Stadtgeschichte Leipzig, Nr. 4.
252 Ebd., S. 5.
253 Ebd., S. 6.
254 Ebd., S. 7.

Im Dezember 1986 setzte sich die Leitung der Fachgruppe Stadtgeschichte wie folgt zusammen:

- Wolfgang Grundmann (Vorsitzender; Jahresendabrechnung, Raumbeschaffung, Organisierung und Leitung von Kulturfahrten),
- Heinz Voigt (Koordinierung von Kulturfahrten),
- Claus Uhlrich (Gestaltung von Ausstellungen, Verkauf an Kulturbund-Tagen),
- Thomas Bertz (Gestaltung von Ausstellungen, Verkauf an Kulturbund Tagen),
- Detlef Hinneburg (Beschriftung der Briefumschläge, Protokollant, Sammlung von Veranstaltungsmeldungen),
- Charlotte Bemmann (Kassierung),
- Brigitte Richter (Schaukasten und Werbetafel am Alten Rathaus),
- Maria Kolb (Raumbestellung und Druckgenehmigungen),
- Renate Sela (Organisation von Museums- und Ausstellungsbesuchen),
- Charlotte Sonntag (Kondolenzschreiben),
- Petra Oelschlaeger (Druck des Monatsprogramms),
- Katrin Theile,
- Dr. Klaus Sohl (Direktor des Stadtgeschichtlichen Museums),
- Ursula Walter.[255]

Tabelle: Zur Mitgliederentwicklung in den achtziger Jahren [256]

Datum/Jahr	Anzahl der Mitglieder	Datum/Jahr	Anzahl der Mitglieder
25.7.1980	154	15.5.1985	194
5.5.1981	164	7.5.1986	209
7.4.1982	169	5.5.1987	215
26.5.1983	187	26.4.1988	218
24.5.1984	190		

Stärker als im alten Verein für die Geschichte Leipzigs dominierten in der Fachgruppe Stadtgeschichte Laienhistoriker; als Fachhistoriker engagierten sich hier vor allem die

---

255 Vgl. Sächsisches Staatsarchiv, Staatsarchiv Leipzig, 21758 Kulturbund der DDR, Fachgruppe Stadtgeschichte Leipzig, Nr. 14.

256 Ebd., Nr. 10. Auch die gesellschaftliche Entwicklung in der DDR machte vor der Fachgruppe Stadtgeschichte nicht halt. Im Mitgliederverzeichnis sind die genauen Veränderungen handschriftlich vermerkt. Hierzu zählten Adressänderungen, Personen die ausschieden oder wegen Beitrittsrückständen ausgeschlossen wurden, ebenso potenzielle Interessenten – und eben mehrere Personen, die in die Bundesrepublik übersiedelten!

Prof. Dr. Karl Czok (1926–2013) – Universitätsprofessor, Fachmann für sächsische Landes- und Leipziger Stadtgeschichte sowie gern gesehener Referent in der Fachgruppe Stadtgeschichte

Der in Görlitz geborene Arbeitersohn und gelernte Maschinenschlosser wurde als Soldat im Zweiten Weltkrieg (Kriegsmarine) schwer verwundet. Nach dem Abitur an der Arbeiter- und Bauern-Fakultät (ABF) Leipzig studierte Karl Czok an der Universität Leipzig 1950 bis 1954 Geschichte, Germanistik und Philosophie. 1957 promoviert und 1963 habilitiert, wandte er sich zunächst als Assistent an der Abteilung Landesgeschichte verstärkt und systematisch Themen der sächsischen Geschichte zu. Als außerordentlicher (1966) und dann ordentlicher Professor für Geschichte der örtlichen Arbeiterbewegung (1969) setzte er sich in Lehre und Forschung, zuletzt von 1975 bis zu seiner vorzeitigen Pensionierung 1988 als Leiter des Wissenschaftsbereichs Deutsche Geschichte 1917–1945/Regionalgeschichte/Quellenkunde für regionalgeschichtliche Themen ein, wobei er die Regionalgeschichtsforschung (die in der Bundesrepublik nach 1945 weiter betriebene Landesgeschichte war in der DDR ideologisch verpönt) auch konzeptionell prägte. (Quelle: Foto Nerlich Leipzig)

Karl Czok war Mitglied zahlreicher wissenschaftlicher Gremien, u. a. der Sächsischen Akademie der Wissenschaften zu Leipzig (seit 1966; seit 1977 ordentliches Mitglied), der Internationalen Kommission für Stadtgeschichte sowie korrespondierendes Mitglied des Österreichischen Arbeitskreises für Stadtgeschichtsforschung. Zu seinen vielbeachteten Monographien zählen u. a. »Die Stadt. Ihre Stellung in der deutschen Geschichte« (1991), «Das alte Leipzig« (2. Aufl. 1985), »August der Starke und Kursachsen« (1987) und »Am Hofe Augusts des Starken« (1989).

In der Fachgruppe Stadtgeschichte war Karl Czok ein gern gesehener Referent und gefragter Diskussionspartner.

Professoren Karl Czok, Bernd Rüdiger und Manfred Unger, die u. a. immer wieder Vorträge hielten und so das Vereinsleben bereicherten.[257]

Die »Laienhistoriker« der Fachgruppe Stadtgeschichte widmeten sich, was noch einmal betont werden muss, sehr engagiert vor allem der Geschichte jener Orte, die seit 1889 im Zuge umfangreicher Eingemeindungen zu Leipzig kamen.[258] Zugleich betätigten sich die Fachgruppenmitglieder als Ortschronisten und trugen nicht selten über Jahrzehnte Zeitungsberichte und Drucksachen zusammen, die noch heute eine wertvolle Quelle in der Bibliothek des Stadtgeschichtlichen Museums bilden, und hielten darüber hinaus Veränderungen im Ortsbild fotografisch fest.[259] In der Öffentlichkeitsarbeit verfolgte die Fachgruppe Stadtgeschichte mit jährlich immerhin rund 40 Vorträgen, Stadtführungen und Kulturfahrten dabei eine Traditionslinie, die der

257 Vgl. Fellmann, 125 Jahre Leipziger Geschichtsverein (wie Anm. 55), S. 23.

258 Vgl. exemplarisch Wolfgang Grundmann, Ernst Wohlrath, Siegfried Haustein, Aus der Geschichte der Leipziger Stadtteile Eutritzsch, Schönefeld und Wahren, Leipzig 1983 sowie Wolfgang Grundmann: Aus der Geschichte des Stadtteiles Leipzig-Eutritzsch, Leipzig 1985.

259 Vgl. Berger, Stadtarchiv und Geschichtsverein (wie Anm. 40), S. 376.

Abb. 59: Wolfgang Grundmann auf der zentralen Delegiertenkonferenz der Gesellschaft für Denkmalpflege in Neubrandenburg (November 1981).

Verein für die Geschichte Leipzigs bis 1945 verfolgt hatte.[260] Wolfgang Grundmann konnte als Vorsitzender der Fachgruppe anlässlich deren 40jährigen Bestehens 1987 eine positive Bilanz ziehen, wobei heute zwei Dinge ins Auge fallen. Zum einen ist es der durchaus kritische Ton hinsichtlich einiger – trotz großer Anstrengungen seitens der Fachgruppenmitglieder – gescheiterter denkmalpflegerischer Aktivitäten, die bei den staatlichen bzw. städtischen Entscheidungsträgern auf Ablehnung stießen. So heißt es beispielsweise im Beitrag:

»Traurig und betrübt waren wir aber, als man in den sechziger Jahren historische Leipziger Bauten wie den Johanniskirchturm oder den Wendlerschen Gartenpavillon, der erst kurz vorher mit Denkmalpflegemitteln gesichert oder wiederhergestellt worden war, abgebrochen hatte und als man wertvolle, stadtbildprägende

---

260 So Walter Fellmann, 125 Jahre Leipziger Geschichtsverein (wie Anm. 55), S. 23.

Abb. 60: Veröffentlichungen der Fachgruppe Stadtgeschichte (Beispiele).

und unter den schwierigen Bedingungen der Nachkriegszeit erst wieder aufgebaute Bausubstanz wie am Hallischen Tor, einem nüchternen Großblockbau opferte.«[261]

Trotz mehrerer Eingaben und einem persönlichen Gespräch mit dem damaligen Leipziger Oberbürgermeister Walter Kresse (1910–2001) blieben die Bemühungen der denkmalpflegerisch engagierten Fachgruppenmitglieder erfolglos. Im Bericht Grundmanns fallen zum anderen einige statistische Angaben ins Auge: So wird u. a. darauf verwiesen, dass die Fachgruppe 1974 bereits 117 Mitglieder zählte, und deren Zahl sich bis 1987 auf immerhin 223 erhöht hatte.[262] Der Altersdurchschnitt lag 1987 bei männlichen Fachgruppenmitgliedern bei 52,5 Jahren, bei weiblichen Mitgliedern bei 61,5 Jahren.[263]

Was darüber hinaus Beachtung verdient, war eine direkte Bezugnahme auf den 1945 aufgelösten Verein für die Geschichte Leipzigs, der sich so in den Dokumenten der Jahrzehnte zuvor nicht findet. Grundmann würdigt ausdrücklich die bleibenden

261 Wolfgang Grundmann, 40 Jahre Wirken für die Leipziger Stadtgeschichte – ein Rückblick, in: 1165–1990: 825 Jahre Leipzig. Beiträge zur Stadtgeschichte, hrsg. von der Fachgruppe Stadtgeschichte im Kulturbund, Leipzig 1990, S. 82–93 (das Zitat hier auf S. 87).

262 Ebd., S. 88.

263 Ebd., S. 89.

Verdienste des 1867 gegründeten Geschichtsvereins, »auch wenn er zeitbedingt die Entwicklung der revolutionären Arbeiterbewegung in seinen Untersuchungen ausklammerte.«[264] Von diesem formalen Bekenntnis zur herrschenden Weltanschauung und dem daraus resultierenden Begriffsapparat einmal abgesehen, ist es vor allem der unvoreingenommene Vergleich zwischen Verein und Fachgruppe, den Grundmann in den Vordergrund stellt – mit einem klaren Bekenntnis zur Tradition! Gemeinsam, d. h. Verein und Fachgruppe, habe man sich mit »viel Liebe, Fleiß und Zeit dem Arbeitsgegenstand Stadtgeschichte gewidmet«.[265] Kurz vor dem Ende der DDR lässt sich dies wie eine Rückbesinnung auf die (stadt-)bürgerliche Traditionslinie interpretieren.

---

264 Ebd., S. 90.
265 Ebd., S. 91.

Die Neugründung des Vereins

Mit der Friedlichen Revolution im Herbst 1989 brach auch für die in der Fachgruppe Stadtgeschichte versammelten Historiker sowie die an der Geschichte der Stadt Leipzig interessierten Bürger eine neue Zeit an. Man hatte sich zwar – auch wenn dies offiziell nicht zum Ausdruck gebracht wurde – an der Arbeit und an wesentlichen Vorhaben des 1945 verbotenen Vereins für die Geschichte Leipzigs orientiert, dennoch hatten es die politischen und gesellschaftlichen Rahmenbedingungen mit sich gebracht, dass die Fachgruppe Stadtgeschichte eben kein Rechtsnachfolger des 1867 gegründeten Geschichtsvereins war bzw. sein durfte. Nunmehr jedoch, unter gänzlich anderen politischen und staatlichen Rahmenbedingungen (Stichwort: Wiedervereinigung am 3. Oktober 1990), wurde intensiv darüber nachgedacht, den Geschichtsverein wieder zu gründen. Zur Leitungssitzung am 28. Januar 1990 wurde über die Auflösung der Fachgruppe beraten, für den neuen Vorstand wurden Prof. Dr. Manfred Unger, Heinz Voigt, Thomas Bertz, Dr. Katrin Keller und Dr. Andreas Graul vorgeschlagen.[266] Am 17. Dezember 1990 beschlossen denn auch 43 Interessenten im Festsaal des Alten Rathauses den »Leipziger Geschichtsverein e. V.« – im Vereinsregister unter der Nr. 868 erfasst – zu gründen. Der 17. Dezember 1990 war symbolträchtig ausgewählt – exakt 123 Jahre nach der Konstituierung des Vereins für die Geschichte Leipzigs, an den man, was die Ausrichtung und Ziele anbetrifft, anknüpfte, ohne dass dabei die DDR-Zeit und die Arbeit der Fachgruppe Stadtgeschichte einen Bruch in der praktischen Vereinsarbeit, von den rechtlichen Rahmenbedingungen einmal abgesehen, bedeutet hätten. Dem Verein unter der Führung der promovierten Frühneuzeit-Historikerin Dr. Katrin Keller (erstmals stand damit eine Frau an der Spitze des Vereins) schlossen sich in den ersten vier Monaten seines Bestehens 188 Personen an, darunter immerhin 122 frühere Mitglieder der Fachgruppe Stadtgeschichte.[267] Die Mitgliederzahl des Vereins nahm rasch zu. Im April 1992 waren es bereits 208. Die Vortragstätigkeit begann im Februar 1991; die erste Exkursion führte im April 1991 nach Schkeuditz.

Dass in den turbulenten Jahren nach 1989 nicht alle Blütenträume reiften, zeigte 1993 der Einsatz von ABM-Kräften. Dem Leipziger Geschichtsverein eröffnete sich 1992 die Möglichkeit, sogenannte ABM-Kräfte zu beschäftigen. Zunächst war der Vereinsvorstand von zwei zu besetzenden Stellen ausgegangen. Letztendlich konnte das Projekt sogar auf drei ABM-Stellen aufgestockt werden. Beworben hatten sich auf diese Stellen drei arbeitslose Lehrer. In Zusammenarbeit mit dem Stadtarchiv

---

266 Vgl. Sächsisches Staatsarchiv, Staatsarchiv Leipzig, 21758 Kulturbund der DDR, Fachgruppe Stadtgeschichte Leipzig, Nr. 14.

267 Walter Fellmann, 125 Jahre Leipziger Geschichtsverein (wie Anm. 55), S. 24.

Dr. Katrin Keller (geb. 1962) – promovierte Historikerin und erste Frau an der Spitze des Leipziger Geschichtsvereins (1990–1995)

Mit Katrin Keller trat im Dezember 1990 erstmals nach 123 Jahren in der Geschichte des Leipziger Geschichtsvereins, d. h. des Vereins für die Geschichte Leipzigs und nach 1945 der Fachgruppe Stadtgeschichte im Kulturbund der DDR, eine Frau an die Spitze des (neugegründeten) Vereins.
Katrin Keller hatte nach dem Abitur an der Karl-Marx-Universität Leipzig von 1980 bis 1984 Geschichte studiert. 1987 bis 1997 war sie wissenschaftliche Mitarbeiterin an der Sektion Geschichte, Wissenschaftsbereich Regionalgeschichte bzw. an der Professur für Sächsische Landesgeschichte im Historischen Seminar der Universität Leipzig. 1987 wurde Keller mit einer Arbeit zum Handwerkeralltag in Leipzig vom 15. bis 17. Jahrhundert promoviert. Einer zweijährigen Tätigkeit als Leiterin des Bereiches Geschichte im Institut für sächsische Geschichte und Volkskunde e. V. Dresden (1997–1999)

(Quelle: ÖAW Wien)

folgte 2001 die Habilitation an der Universität Wien mit einer Arbeit über Kleinstädte zwischen Dreißigjährigem Krieg und Industrialisierung am Beispiel Kursachsen, für die die Autorin den Preis der Stiftung Pro Civitate Austriae erhielt.
Katrin Keller forscht und lehrt seit 2001 an der Universität Wien. Sie zeichnete für zahlreiche Forschungsprojekte verantwortlich, so für jenes über »Die Fuggerzeitungen. Ein frühneuzeitliches Informationsmedium und seine Erschließung« am Institut für österreichische Geschichtsforschung Wien (in Kooperation mit der Österreichischen Nationalbibliothek). Seit April 2017 leitet Katrin Keller das Institut für Neuzeit- und Zeitgeschichtsforschung der ÖAW, deren Mitglied sie ist. Sie hat zahlreiche Bücher und Studien veröffentlicht, u. a. eine Landesgeschichte Sachsens (2002), eine Untersuchung über »Kurfürstin Anna von Sachsen. Von Möglichkeiten und Grenzen einer ›Landesmutter‹«, in: Jan Hirschbiegel, Werner Paravicini (Hrsg.): Das Frauenzimmer. Die Frau bei Hofe in Spätmittelalter und Früher Neuzeit, Stuttgart 2000, (Residenzforschung Bd. 11), eine Monographie über »Hofdamen. Amtsträgerinnen im Wiener Hofstaat des 17. Jahrhunderts« (2005) sowie – gemeinsam mit Rainer Elkar und Helmuth Schneider – eine »Geschichte des Handwerks von den Anfängen bis zur Gegenwart« (2014).
Für die Tagung zum Thema »Feste und Feiern in Leipzig – zum Wandel städtischer Festkultur seit dem 17. Jahrhundert« im Jahre 1993 zeichnete Katrin Keller maßgeblich verantwortlich. Mit ihrem Wirken ist auch der Neubeginn der von Prof. Dr. Wolfgang Schröder initiierten »Schriften des Leipziger Geschichtsvereins. Neue Folge« verbunden, ebenso die personelle Verbindung zur Universität Leipzig.

Leipzig bestand das Ziel in der wissenschaftlichen Bearbeitung der Leipziger Kommunalpolitik und Stadtverfassung für den Zeitraum von 1831 bis 1918. Dabei lag der Schwerpunkt des Themas auf Stadtrat, Stadtverordneten sowie städtischen Wahlen in Leipzig im 19. Jahrhundert. Von Seiten des Leipziger Geschichtsvereins wurde das Projekt von Prof. Dr. Wolfgang Schröder konzeptionell entwickelt, koordiniert und betreut.

Leider sollte die Schaffung und Beschäftigung dieser drei ABM-Stellen dem Verein eine finanzielle Überraschung der besonderen Art bescheren. Das Problem entstand

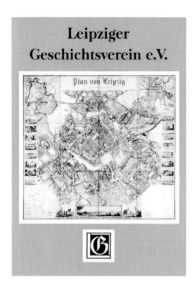

Leipziger Geschichtsverein e.V.

Plan von Leipzig

Hallo Teenies,

wenn im Geschichtsunterricht die Besiedelung der ostsaalischen Gebiete, die Reformation oder die Unruhen von 1830 behandelt wurden, habt Ihr oft gar nicht bemerkt, daß auch Eure Heimatstadt Leipzig von diesen Ereignissen betroffen war. Vielleicht habt Ihr aber auch überlegt, wie die Menschen verreisten, als es keine Eisenbahn, keine Autos und keine Hotels gab, womit sich die Menschen beschäftigten, als das Fernsehen und die Videospiele noch nicht erfunden waren und Bücher nur von wenigen gekauft werden konnten.

Solchen und ähnlichen Fragen wollen Historiker gemeinsam mit Euch nachgehen. Wenn Ihr Interesse habt, meldet Euch persönlich oder telefonisch, Montag–Freitag 10.00–16.00 Uhr im Stadtgeschichtlichen Museum, Altes Rathaus, bei Frau Mundus, Tel. 965130.

Abb. 61: Faltblatt 1996 mit neuem Logo, entworfen vom Leipziger Grafiker Gerhard Raschpichler (1931–2011), eingelegt ein Aufruf an Schülerinnen und Schüler.

aus dem verwaltungstechnischen Ablauf der Gehaltszahlungen. Laut Kassenbericht für das Jahr 1993 erfolgte die Finanzierung der ABM durch das Arbeitsamt Leipzig. Hierfür erhielt der Verein vom Arbeitsamt Zahlungen für Gehälter, Lohnsteuer und Sozialbeiträge in Höhe eines sechsstelligen Betrages. Die eigentliche Abrechnung der Lohnzahlungen lief hingegen über die Gehaltsstelle beim Rat der Stadt Leipzig. Da es nun seitens des Arbeitsamtes zu Verzögerungen bei den Zahlungen an den Verein kam, resultierten hieraus Überziehungszinsen beim Vereinskonto. Diese Zinsen beliefen sich schließlich auf fast 850,00 DM. Daraufhin gab es im Verein Diskussionen und Überlegungen über den Sinn und Zweck beziehungsweise der Realisierbarkeit einer Fortführung dieses Projektes. Im Ergebnis stand das Auslaufen der drei ABM-Stellen Ende Mai 1993.[268]

Auch diejenigen Institutionen, mit denen der Leipziger Geschichtsverein stets in unterschiedlicher Form zusammengearbeitet hatte, erlebten einen tiefgreifenden strukturellen und inhaltlichen Umbruch. An der Leipziger Universität, die den verordneten Namen Karl Marx ablegte, wurde ein Historisches Seminar eingerichtet, mit einem Lehrstuhl für Sächsische Landesgeschichte. Stadtarchiv und Stadtbibliothek, ebenfalls – personell wie institutionell – immer Partner des Geschichtsvereins, erhielten neue Domizile. Nach 1990 fand die enge Zusammenarbeit der Laienhistoriker ihre Fortsetzung, so wurde beispielsweise 1993 vom damaligen Fachbereich Geschichte der Universität Leipzig, der Forschungsstelle Leipzig des Kulturwissenschaftlichen Instituts Nordrhein-Westfalen und dem Leipziger Geschichtsverein 1993 eine Tagung

---

268 Sächsisches Wirtschaftsarchiv, N1 (Nachlass Heinz Voigt), Sign. 26. Der Autor dankt Herrn Stefan Löffler für diesen Hinweis.

Doris Mundus (geb. 1951) – eine Historikerin und Bibliothekarin an der Spitze des Leipziger Geschichtsvereins (1995–1999)

Doris Mundus wirkte nach ihrem Studium der Bibliothekswissenschaft und Geschichte an der Humboldt-Universität zu Berlin in Bibliotheken und Verlagen und seit 1977 als Bibliothekarin und wissenschaftliche Mitarbeiterin am Stadtgeschichtlichen Museum Leipzig, wo sie von 1999 bis 2012 als stellvertretende Direktorin tätig war. Als Kuratorin erarbeitete sie zahlreiche kulturgeschichtliche Ausstellungen mit dazugehörigen Katalogen (u. a. zu Robert Blum, Felix Mendelssohn Bartholdy, 300 Jahre Meissner Porzellan). Darüber hinaus veröffentlichte Doris Mundus etliche Bücher und Studien zur sächsischen Kultur-, Musik- und Regionalgeschichte des 19. Jahrhunderts, darunter »Leipzigs regierende Bürgermeister vom 13. Jahrhundert bis zur Gegenwart. Eine Übersichtsdarstellung mit biographischen Skizzen« (2000), »Das Alte Rathaus in

(Quelle: Doris Mundus)

Leipzig« (2003), »800 Jahre Thomana« (2012), »Musikstadt Leipzig in Bildern. Das 19. Jahrhundert« (2015), Stadtführer Leipzig, Halle, Dresden und Torgau sowie »Pelze aus Leipzig. Pelze vom Brühl« (2015). Sie gehörte zu den Autoren der Bände 2 und 3 der Wissenschaftlichen Stadtgeschichte 2015. Doris Mundus ist seit 1977 Mitglied des Geschichtsvereins bzw. der Fachgruppe Stadtgeschichte. In ihrer vierjährigen Amtszeit bemühte sie sich vor allem um die enge Zusammenarbeit zwischen Stadtgeschichtlichem Museum und Geschichtsverein. Erfolgreich belebte sie den – heute nicht mehr bestehenden – wissenschaftlichen Beirat wieder, dem der Universitätshistoriker Prof. Dr. Siegfried Hoyer vorstand. Als Vorstandsmitglied hatte sie von 2015 bis 2017 das Schatzmeisteramt inne und fungiert seit 2017 als Geschäftsführerin des Vereins.

zum Thema »Feste und Feiern in Leipzig – zum Wandel städtischer Festkultur seit dem 17. Jahrhundert« veranstaltet.[269] Besonders bewährt hat sich in den zurückliegenden Jahrzehnten die Zusammenarbeit zwischen dem Stadtarchiv Leipzig und dem Leipziger Geschichtsverein, was formal darauf zurückzuführen ist, dass seit 1999 Dr. Beate Berger in Personalunion Direktorin des Stadtarchivs und Vorsitzende des Geschichtsvereins ist.

Der »Tag der Stadtgeschichte« – eine Erfolgsgeschichte seit 2008

Der »Tag der Stadtgeschichte« hatte in Halle / Saale – dort initiiert vom Verein für Hallische Geschichte – bereits eine längere Tradition. Durch seine wissenschaftlichen Verbindungen nach Halle konnte Prof. Dr. Detlef Döring den damaligen Vorsitzenden des Hallenser Vereins, Dr. Thomas Müller-Bahlke, zu einem Erfahrungsaustausch nach Leipzig einladen. So entstand rasch die Idee, einen »Tag der Stadtgeschichte«

---

269 Vgl. Berger Stadtarchiv und Geschichtsverein (wie Anm. 40), S. 376.

**Dr. Beate Berger – eine promovierte Historikerin und Archivarin
an der Spitze des Leipziger Geschichtsvereins**

Die in Suhl/Thüringen geborene Beate Berger studierte nach dem Abitur 1974 bis 1979 in Leipzig Geschichte (Diplomgeschichtswissenschaft) und wurde 1985 mit einer Arbeit über die Widerspiegelung der britischen Innen- und Außenpolitik während des Krimkrieges in der politischen Publizistik deutscher Emigranten promoviert. 1990 bis 1992 absolvierte sie ein postgraduales Studium der Archivwissenschaft und schloss dieses als Diplom-Archivarin ab. Seit 1983 ist sie im Stadtarchiv Leipzig tätig, das sie seit 1989 als dessen Direktorin leitet. Sie gibt seit 1995 die Schriftenreihe »Leipziger Kalender«, seit 2009/2010 »Leipziger Almanach« des Stadtarchivs heraus. Beate Berger ist Mitglied der Projektgruppe »Wissenschaftliche Stadtgeschichte Leipzig 2015«. Sie gehört zu den Initiatoren des Projektes wie auch des Tages der Stadtgeschichte, der seit 2008 jährlich stattfindet. In den

(Quelle: Dr. Beate Berger)

Bänden 1 und 2 der Reihe »Quellen und Forschungen zur Geschichte der Stadt Leipzig« erschienen ihre Beiträge »Die Universität im Stadtbild« und »Geschichte und Überlieferung des Leipziger Lehrervereins« sowie in Band 6 der Beitrag »Freidenker und Monismus im 19. und 20. Jahrhundert«.

Seit der Wiedergründung im Dezember 1990 ist sie Mitglied des Leipziger Geschichtsvereins e. V., den sie seit 1999 als Vorstandsvorsitzende leitet. Beate Berger hat sich in ihrer fast 20-jährigen Amtszeit nicht nur erfolgreich um die enge Verbindung zwischen Stadtarchiv und Geschichtsverein bemüht, sondern zugleich zahlreiche Projekte initiiert und maßgeblich zur Profilierung der Publikationen des Geschichtsvereins sowie der Vortragstätigkeit beigetragen.

auch in Leipzig unter der Regie des Leipziger Geschichtsvereins im Interesse einer Popularisierung der wissenschaftlichen Stadtgeschichte durchzuführen. Ein großer Erfolg war die von Dr. Cathrin Friedrich als Geschäftsführerin des Leipziger Geschichtsvereins initiierte gemeinsame Veranstaltung historisch orientierter Leipziger Vereine, die sich den Leipzigern 2008 im Stadtbad in der Eutritzscher Straße vorstellten.

Jahr	Themen zum Tag der Stadtgeschichte
2008	Leipziger Vereine stellen sich vor
2009	Stadt und Universität
2010	Schule in Leipzig
2011	Leipzigs Wirtschaft in Vergangenheit und Gegenwart
2012	Stadt und Glauben
2013	Stadt und Krieg
2014	Unruhiges Leipzig
2015	Warum Leipzig? Die Stadt in der Geschichte
2016	Die Musikstadt Leipzig

Abb. 62: Erster Tag der Stadtgeschichte 2008 im Stadtbad: Vereine stellen sich vor. Durch das Programm führte Karsten Pietsch als Bürgermeister Hieronymus Lotter. (Foto: Beate Berger)

Seit dem Jahre 2000 veranstaltet der Geschichtsverein Jahrestagungen mit wechselnden Kooperationspartnern – so u. a. mit dem Stadtarchiv, der Stadtbibliothek und dem Stadtgeschichtlichen Museum, aber auch mit anderen Vereinen wie der Louise-Otto-Peters-Gesellschaft. Im Fokus stehen dabei Themen der Stadtgeschichte, die zumeist von der Forschung kaum bearbeitet sind. Die Beiträge der Jahrestagungen erscheinen in entsprechenden Tagungsbänden. Darüber hinaus gibt der Geschichtsverein seit 2005 ein Jahrbuch heraus. Seit 2008 findet jeweils im Herbst ein »Tag der Stadtgeschichte« statt, der im zurückliegenden Jahrzehnt – auch eine Initiative des Leipziger Geschichtsvereins – eine vierbändige wissenschaftliche Stadtgeschichte anregte, ein Anliegen, das seit dem Beginn des 20. Jahrhunderts auf der Agenda des Vereins stand und aktuell, im Zusammenhang mit den Aktivitäten zur 1000. Wiederkehr der Ersterwähnung Leipzigs im Jahre 2015, 2018 zu einem glücklichen Abschluss gebracht wird. Der »Tag der Stadtgeschichte« wird auch weiterhin, als wissenschaftliche Tagung konzipiert und auf wichtige – oftmals bislang vernachlässigte oder wenig bearbeitete – Themen der Leipziger Stadtgeschichte fokussiert, die interessierte Öffentlichkeit mit der Arbeit des Vereins im Allgemeinen und neuen Forschungsergebnissen

Abb. 63: Tag der Stadtgeschichte 2011 – Dr. Gerald Diesener, Geschäftsführer des Leipziger Universitätsverlages, präsentierte gemeinsam mit den Herausgebern Prof. Dr. Detlef Döring, und Dr. Jens Flöter den Band 2 der Reihe »Quellen und Forschungen zur Geschichte der Stadt Leipzig« zum Thema »Schule in Leipzig«.

Abb. 64: Tag der Stadtgeschichte im Jahre 2011: Leipziger Wirtschaftsgeschichte.

Abb. 65: Flyer zum Tag der Stadtgeschichte 2008.

Abb. 66: Flyer zum Tag der Stadtgeschichte 2011.

im Besonderen vertraut machen, um so die Stadtgeschichte weiter in der Leipziger Bevölkerung zu popularisieren.[270]

Die Arbeit des Leipziger Geschichtsvereins e. V. hat seit seiner (Neu-)Gründung im Dezember 1990 Wert darauf gelegt, die Arbeit historisch Interessierter einer breiten Öffentlichkeit durch Publikationen zur Kenntnis zu bringen. Damit wurde, abseits der Vorträge, Führungen und Exkursionen, ein bleibender Beitrag für die Erforschung der Leipziger Stadtgeschichte geleistet.[271] Die Bilanz ist dabei beeindruckend: An die Seite der zwischen 1872 und 1939 erschienenen 23 Bände der »Schriften des Vereins für die Geschichte Leipzigs« und die 14, zwischen 1979 und 1990 herausgebrachten »Arbeitshefte der Fachgruppe Stadtgeschichte« traten seit 1992 die »Mitteilungen des Leipziger Geschichtsvereins«, seit 2005 Jahrbücher »Leipziger Stadtgeschichte« und die »Leipziger Hefte«, seit jüngster Zeit auch die »Schriften des Leipziger Geschichtsvereins«.[272] Das Jahrbuch des Leipziger Geschichtsvereins gehört in die Reihe derjenigen stadtgeschichtlichen Periodika, die stets neue Forschungsergebnisse präsentieren und damit – neben den als Monographien oder Tagungsbänden erscheinenden Büchern Stadtgeschichte dauerhaft festhalten.

Die Reihe der »Leipziger Hefte« geht auf die Initiative von Dr. Volker Titel (heute Uni Erlangen-Nürnberg) zurück, der in den Jahren 1999 bis 2002 als wissenschaftlicher Mitarbeiter am Historischen Seminar der Universität Leipzig, Lehrstuhl Sozial- und Wirtschaftsgeschichte, tätig und zugleich auch ehrenamtlich Geschäftsführer des Leipziger Geschichtsvereins war. Unterstützt haben ihn seinerzeit Dr. Henning Steinführer, heute Direktor des Stadtarchivs Braunschweig, Dr. Cathrin Friedrich und Markus Cottin. Cathrin Friedrich übte nach Volker Titel das Amt des Geschäftsführers im Leipziger Geschichtsverein aus und hat mit Markus Cottin auch die Redaktion der »Leipziger Hefte« übernommen. Nach der Wahl von Detlef Döring zum Vorstandsmitglied übernahm dieser die Leitung des für die Herausgabe des Jahrbuchs zuständigen dreiköpfigen Redaktionskollegiums.

Im Sax-Verlag, der seit 1992 ein vielfältiges Sachbuchprogramm mit dem Schwerpunkt mitteldeutsche Landesgeschichte präsentiert und 2017 auf sein 25-jähriges Bestehen zurückblicken kann, erscheinen seit zwei Jahrzehnten sämtliche Publikationen des Leipziger Geschichtsvereins.

---

270 Ebd., S. 378.

271 Vgl. hierzu auch Markus Cottin – Birgit Röhling, Kleine Festgabe zum 20-jährigen Bestehen des Leipziger Geschichtsvereins. Gesamtverzeichnis zur »Stadtgeschichte« seit 1999, in: Stadtgeschichte. Mitteilungen des Leipziger Geschichtsvereins e. V. Jahrbuch 2009, S. 11.

272 Eine detaillierte Übersicht hierzu findet sich auf der Internetseite des Leipziger Geschichtsvereins unter www.leipziger-geschichtsverein.de.

273 Vgl. Geschichte der Stadt Leipzig, Bd. 2: Von der Reformation bis zum Wiener Kongress. Unter Mitwirkung von Uwe John in verbindung mit Henning Steinführer herausgegeben von Detlef Döring, Leipzig 2016 (hier insbesondere das Vorwort von Ulrich von Hehl, S. 11–14).

Prof. Dr. Detlef Döring (1952–2015) – Universitätsprofessor, exzellenter Kenner der Stadt- und Landesgeschichte und langjähriges Vorstandsmitglied des Leipziger Geschichtsvereins

Nach dem Besuch der Oberschule in Leipzig und der Reifeprüfung studierte Detlef Döring ab 1971 evangelische Theologie in Leipzig. Nach der Promotion schloss sich ein Studium der Bibliothekswissenschaft an der Berliner Humboldt-Universität an, dem eine zweite Promotion folgte. 1991 habilitierte sich Döring im Fachbereich Kirchengeschichte mit einer vielbeachteten Arbeit über Samuel Pufendorf. Bereits seit 1980 war er als wissenschaftlicher Mitarbeiter an der Universitätsbibliothek Leipzig tätig, wo er sich intensiv mit der handschriftlichen Überlieferung am Hause vertraut machte. Weitere akademische Stationen waren das Zentralinstitut für Philosophie der Akademie der Wissenschaften der DDR in Berlin (1987–1991) sowie das Forschungszentrum Europäische Aufklärung in Potsdam (1992–1995). 1995 wurde Döring Leiter des Archivs der Sächsischen Akademie der Wissenschaften zu Leipzig, wo er seit dem Jahr 2000 die Arbeitsstelle Edition des Briefwechsels von Johann Christoph Gottsched leitete.

(Quelle: Familie Döring)

Detlef Döring lehrte seit 1999 an der Universität Leipzig, von 2004 bis 2015 als außerplanmäßiger Professor für Wissenschafts- und Universitätsgeschichte der Frühen Neuzeit. Darüber hinaus gehörte er zahlreichen wissenschaftlichen Gremien an. Aus seiner Feder stammt eine Vielzahl von wegweisenden Arbeiten zur Geschichte der Aufklärung, der Universitätsgeschichte und der Stadtgeschichte. Seit 2006 war Detlef Döring aktives Vorstandsmitglied des Leipziger Geschichtsvereins und wirkte hier als Spiritus rector. Er begründete die Reihe »Schriften des Leipziger Geschichtsvereins« und leitete bis kurz vor seinem Tode mit Dr. Gerald Kolditz und Markus Cottin das Redaktionskollegium des Jahrbuchs »Leipziger Stadtgeschichte«. Mehrfach organisierte er den Tag der Stadtgeschichte und setzte sich mit Nachdruck für dessen wissenschaftliche Profilierung ein. Am Projekt »Wissenschaftliche Stadtgeschichte« war Detlef Döring als Herausgeber von Band 2 beteiligt, verstarb aber nach schwerere Krankheit noch vor dessen Erscheinen.

Der Leipziger Geschichtsverein wirbt seit einigen Jahren mit einem Flyer für neue Mitglieder und informiert über seine Veranstaltungen ebenfalls mit Flyern. Erarbeitet wurden diese seit 2009 von Dr. Thomas Krzenck, der 2009 bis 2017 als Geschäftsführer aktiv war.

Seit einigen Jahren präsentiert sich der Leipziger Geschichtsverein auch mit einer neuen Internetseite.[274] Diese informiert unter anderem aktuell über laufende Veranstaltungen, das abwechslungsreiche Jahresprogramm und die Publikationen des Vereins. Darüber hinaus bietet die Internetseite zugleich wertvolle Hinweise auf Veranstaltungen anderer Vereine und verschiedener Einrichtungen, darunter des Stadtgeschichtlichen Museums und des Stadtarchivs.

---

274 www.leipziger-geschichtsverein.de

Abb. 67: Flyer des Leipziger Geschichtsvereins.

Abb. 68: Cover des Jahrbuchs Leipziger Stadtgeschichte 2012

Abb. 69: Dem Geschichtsverein gewidmete Übersicht über die im Sax-Verlag zwischen 1999 und 2009 erschienenen Mitteilungen und Jahrbücher.

Abb. 70: Der Vorstand des Vereins 2009 im Thüringer Hof
Prof. Detlef Döring, Dr. Thomas Krzenck, Dr. Cathrin Friedrich, Dr. Beate Berger, Dr. Klaus Sohl,
Thomas Staude (verdeckt), Dr. Gerald Kolditz, Thomas Bertz (v. l. n. r.)
(Foto: Doris Mundus, die auf dem Foto deshalb fehlt)

Ausblick

In der Festschrift zum 50-jährigen Bestehen des Vereins für die Geschichte Leipzigs konstatierten die Herausgeber, Ernst Kroker und Paul Benndorf, unter anderem:

> »Über die Arbeit, die im Vereine selbst in den letzten Jahren auf dem Gebiet unserer Stadtgeschichte geleistet worden ist, geben die Übersicht über die Vortragsabende und die Inhaltsübersicht über die Vereinsschriften Rechenschaft.«[275]

Dies ließe sich auch – auf die Gegenwart übertragen – für den Leipziger Geschichtsverein heute sagen, unter dezidiertem Verweis auf die auf der Internetseite des Vereins gebotenen Informationen zu den monatlichen Vorträgen, Exkursionen sowie den bislang veröffentlichten Schriften. Und auch eine weitere Feststellung von Kroker-Benndorf aus dem Jahre 1917 hat keineswegs ihre Gültigkeit verloren. »An alle, die unsre Denkschrift einer kurzen Beachtung würdigen, und besonders auch an die Tageszeitungen, die unsre Bestrebungen stets verständnisvoll gefördert haben, richten wir die dringende Bitte, in ihrem Kreise für den Verein für die Geschichte Leipzigs zu werben.«[276] Gerade diese Bitte ist in unserer Zeit aktueller denn je. Eine kritische Rückschau auf die bisherige Geschichte aus Anlass des 150-jährigen Bestehens des Leipziger Geschichtsverein ist wichtig und notwendig, zumal auf der Habenseite auch viel schriftlich Festgehaltenes steht. Noch immer ist es die Aufgabe des Vereins, einen signifikanten Beitrag zur Leipziger Stadtgeschichte zu leisten – die weißen Flecken in der Historie der Messe-, Universitäts-, Buch-, Musik-, Industrie- und Sportstadt Leipzig, um nur einige Attribute zu erwähnen, mit denen die Stadt bedacht wird, sind unbestritten weniger geworden, doch die in den monatlichen Vorträgen behandelten Themen zeigen, dass es auch weiterhin Neues zu entdecken gilt.

Im Geleitwort zur Festschrift aus Anlass des 125-jährigen Bestehens des Vereins schrieb Katrin Keller als damalige Vorsitzende des neu gegründeten Leipziger Geschichtsvereins 1992: »Hinsichtlich des Hauptanliegens des Vereins seit seiner ersten Gründung jedoch, die Sorge um die Erforschung der Geschichte der Stadt und die Pflege ihrer Denkmale, bleibt zu hoffen, dass dem heutigen Verein eine ähnlich produktive Arbeit beschieden sein möge. Dazu bedarf es freilich mehr als eines Gründungsaktes: Nur aktives und öffentliches Wirken vieler Mitglieder kann Grundlage einer städtischen Öffentlichkeit für das Anliegen unseres Vereins sein.«[277] Diese ein

---

275 Kroker, Benndorf, Der Verein für die Geschichte Leipzigs (wie Anm. 71), S. 77.
276 Ebd., S. 77.
277 Walter Fellmann, 125 Jahre Leipziger Geschichtsverein (wie Anm. 55), S. 4.

Vierteljahrhundert alten Worte besitzen ebenfalls uneingeschränkte Gültigkeit auch heute, vielleicht mehr als je zuvor, steht der Verein doch vor großen Herausforderungen – in seiner Altersstruktur und in einer sich rasant verändernden, hochtechnisierten Welt, in der es immer schwerer wird, interessierte und engagierte Vereinsmitglieder zu finden. Doch nur so ist, dies hat die Geschichte des Vereins in den Stürmen der Zeit klar gezeigt, ein Fortbestand gesichert, kann der Verein seine in der aktuellen Satzung verankerten Ziele auch weiterhin verfolgen.

Die Verankerung in der Bürgergesellschaft, wie sie die Sozialstruktur in den Jahrzehnten nach 1867 eindrucksvoll vor Augen führt, ist heute angesichts der Interessenvielfalt und den zahlreichen persönlichen und familiären Herausforderungen eines jeden Einzelnen nur noch eingeschränkt gegeben. Insofern bleibt zu hoffen und zu wünschen, dass ein Weg gefunden wird, damit der Verein – auch mit Blick auf das nächste Jubiläum (175 Jahre) – noch erfolgreich und wegweisend die Geschichte Leipzigs in allen ihren Schattierungen begleitet und wissenschaftlich wie populär zugleich kommentiert, um das historische »Gedächtnis der Stadt« fest zu verankern und für kommende Generationen zu bewahren.

Abb. 71: aktuelle Mitgliedskarte

Abb. 72: Jahresprogramm 2017

Aktuelle Satzung des Leipziger Geschichtsvereins e. V. aus dem Jahre 2009

1. Name, Sitz und Geschäftsjahr

1.1. Der Verein führt den Namen «Leipziger Geschichtsverein e. V.«
Der Verein ist eine juristische Person und hat seinen Sitz in Leipzig. Er ist in das Vereinsregister des Amtsgerichts Leipzig eingetragen. Der Verein verfolgt nicht vorrangig eigenwirtschaftliche Zwecke.
1.2. Geschäftsjahr ist das Kalenderjahr.

2. Vereinszweck

2.1. Der Verein versteht sich als Gemeinschaft regionalgeschichtlich interessierter Bürger und als Nachfolger des 1867 gegründeten Vereins für die Geschichte Leipzigs.
2.2. Der Verein verfolgt den Zweck,
– die Geschichte Leipzigs und des Leipziger Landes von der ältesten Zeit bis in die
Gegenwart unter Berücksichtigung der Wechselwirkung zwischen National-, Regional-und Landesgeschichte zu erforschen, darzustellen und zu verbreiten.
– den Sinn für Heimatgeschichte und Denkmalpflege zu fördern,
– für die Identität Leipzigs und des Leipziger Landes einzutreten und insbesondere auf die denkmal- und geschichtsgerechte Pflege, Bewahrung und behutsame Neugestaltung des Leipziger Stadtbildes und des Leipziger Landes sowie auf die Erhaltung der städtebaulichen Strukturen und bewahrenswerten Sachzeugen Einfluss zu nehmen,
– das Stadtgeschichtliche Museum der Stadt Leipzig zu unterstützen.
2.3. Der Verein ist selbstlos tätig. Er ist eigenständig und parteipolitisch unabhängig. Der Verein ist offen für alle Bürger ungeachtet ihrer weltanschaulichen, religiösen und politischen Bindung.
2.4. Zur Verwirklichung des Vereinszwecks dienen
– öffentliche Vorträge, Stadt- und Museumsführungen sowie Exkursionen,
– Öffentlichkeitsarbeit,
– Diskussionen und Stellungnahmen, insbesondere zu stadtgeschichtlichen Themen, zur städtebaulichen Entwicklung sowie zur Erhaltung von Denkmalen,
– Seminare,
– Forschungsarbeiten, die der Allgemeinheit zur Verfügung gestellt werden.
2.5. Zur Verwirklichung des Vereinszweckes unterhält der Verein Kontakte zu Archiven, Bibliotheken, Museen und ähnlichen Einrichtungen und arbeitet insbesondere eng zusammen mit
– dem Stadtgeschichtlichen Museum Leipzig,
– dem Stadtarchiv Leipzig,

– dem Staatsarchiv Leipzig,

– der Stadtbibliothek Leipzig,

– der Universität Leipzig.

2.6. Der Verein sucht Verbindungen zu Vereinen mit vergleichbaren Zielstellungen und bemüht sich um Zusammenarbeit mit ihnen.

2.7. Im Verein können Arbeitskreise und Fachausschüsse für spezielle Bereiche tätig sein. Sie bestimmen ihr Wirkungsfeld und Arbeitsprogramm nach den in der Vereinssatzung festgelegten Grundsätzen.

3. Mitgliedschaft

3.1. Mitglied des Vereins können natürliche und juristische Personen sowie Vereinigungen und Institutionen werden, die die Satzung des Vereins anerkennen. Über die Aufnahme entscheidet nach schriftlichem Antrag der Vorstand. Zur Legitimation erhält das Mitglied eine auf seinen Namen lautende Mitgliedskarte.

3.2. Ehrenmitgliedschaften können verliehen werden.

3.3. Die Mitgliedschaft endet

– durch Tod des Mitgliedes bzw. bei einer juristischen Person durch ihre Auflösung

– durch freiwilligen Austritt, der durch schriftliche Kündigung gegenüber dem Vorstand zum Schluss des Geschäftsjahres zu erfolgen hat, wobei rückständige Mitgliedsbeiträge vor dem Austritt zu bezahlen sind.

– durch Ausschluss, wenn ein Mitglied schuldhaft in grober Weise die Interessen des Vereins verletzt oder den Jahres-Vereinsbeitrag trotz Mahnung bis zum 30. September des folgenden Geschäftsjahres schuldig bleibt. Ein Ausschluss bedarf der Einstimmigkeit des Vorstandes.

4. Rechte und Pflichten der Mitglieder

Jedes Mitglied hat persönlich Sitz und Stimme in den Mitgliederversammlungen. Jedes Mitglied hat die Pflicht, einen jährlichen Beitrag an die Vereinskasse zu zahlen. Auf diesen Beitrag ist die Haftpflicht beschränkt; Spenden sind den Mitgliedern unbenommen.

5. Mitgliedsbeitrag

Der jährliche Mitgliedsbeitrag wird auf Vorschlag des Vorstandes von der Mitgliederversammlung festgesetzt und ist bis zum 30. Juni des laufenden Geschäftsjahres zu entrichten.

6. Vereinsorgane

Vereinsorgane sind die Mitgliederversammlung und der Vorstand.

7. Mitgliederversammlung

7.1. Die Mitgliederversammlung ist das höchste Vereinsorgan. Sie beschließt mit einfacher Mehrheit der anwesenden stimmberechtigten Vereinsmitglieder. Insbesondere obliegt ihr die Beschlussfassung in folgenden Angelegenheiten:

a) die Wahl des Vorstandes alle zwei Jahre,

b) die Wahl von zwei Kassenprüfern, die keine Vorstandsmitglieder sind – alle zwei Jahre,

c) die Entlastung des Vorstandes,

d) die Entlastung der Kassenprüfer,

e) die Höhe der Mitgliedsbeiträge.

Mit Zweidrittelmehrheit der anwesenden stimmberechtigten Vereinsmitglieder beschließt sie

a) die Aufnahme von Darlehen,

b) die Änderung der Satzung.

7.2. Einberufung der Mitgliederversammlung:

– Einmal jährlich ist vom Vorsitzenden – im Verhinderungsfall von einem anderen Vorstandsmitglied – eine ordentliche Mitgliederversammlung unter Angabe der Tagesordnung schriftlich einzuberufen. Die Ladungsfrist beträgt mindestens vier Wochen bis zum Versammlungstermin.

– Außerordentliche Mitgliederversammlungen können mit derselben Ladungsfrist vom Vorsitzenden schriftlich unter Angabe der Tagesordnung einberufen werden, wenn ein Viertel der Mitglieder sie schriftlich unter Angabe von Grund und Zweck der Mitgliederversammlung beantragt oder wenn der Vorstand das beschließt.

7.3. Ablauf der Mitgliederversammlung:

– die Mitgliederversammlung wird vom Vorsitzenden, bei dessen Verhinderung vom stellvertretenden Vorsitzenden, geleitet. Ist auch dieser verhindert, wählt die Mitgliederversammlung einen Versammlungsleiter.

– über die Mitgliederversammlung ist ein Beschlussprotokoll zu führen, das von zwei Vorstandsmitgliedern zu unterzeichnen ist. Einsichtnahme in das Protokoll ist jedem Mitglied möglich.

8. Vorstand

8.1. Der Vorstand leitet die Vereinsarbeit zwischen den Mitgliederversammlungen in Übereinstimmung mit deren Beschlüssen und wird von den Vereinsmitgliedern auf die Dauer von zwei Jahren gewählt. Nach Ablauf einer Wahlperiode sind Vorstandsmitglieder unbeschränkt wieder wählbar.

8.2. Der Vorstand besteht mindestens aus fünf Mitgliedern mit den Funktionen:

– Vorsitzender,

– stellvertretender Vorsitzender,

– Geschäftsführer,

– Schriftführer,

– Schatzmeister,

– drei oder mehr Vorstandsmitgliedern, denen der Vorstand bestimmte Arbeitsgebiete

anvertrauen kann. Sie bilden den Vorstand im Sinne des Paragraphen 26 BGB. Der Vorstand bleibt solange im Amt, bis ein neuer Vorstand gewählt ist.

8.3. Der Vorstand tagt alljährlich mindestens viermal. Vorstandssitzungen sind vom Vorsitzenden oder vom stellvertretenden Vorsitzenden einzuberufen.

8.4. Der Vorstand ist beschlussfähig, wenn fünf Vorstandsmitglieder anwesend sind. Er beschließt mit einfacher Mehrheit. Beschlüsse sind zu protokollieren.

8.5. Zwei Vorstandsmitglieder vertreten gemeinsam den Verein nach außen im Sinne von Paragraph 26 BGB.

8.6. Scheiden Vorstandsmitglieder im Laufe einer Vorstandsperiode aus, so erfolgt die Zuwahl durch den Vorstand, jedoch ist diese der nächsten Mitgliederversammlung zur Bestätigung vorzulegen.

8.7. Die von den Vorstandsmitgliedern dem Verein geleisteten Dienste sind unentgeltlich. Nur die erforderlich gewesenen Auslagen werden aus der Vereinskasse vergütet.

9. Vereinsvermögen

9.1. Die Arbeit des Vereins wird finanziert durch Mitgliedsbeiträge, Einnahmen aus Veranstaltungen und Publikationen, Spenden und Fördermittel.

9.2. Mittel des Vereins dürfen nur für die satzungsmäßigen Zwecke verwendet werden. Die Mitglieder erhalten keine Zuwendungen aus den Mitteln des Vereins. Es darf keine Person durch Ausgaben, die dem Zweck des Vereins fremd sind, oder durch unverhältnismäßig hohe Vergütung begünstigt werden.

9.3. Nach Ablauf des Geschäftsjahres haben die von der Mitgliederversammlung gewählten Kassenprüfer die Kasse und die Kassenaufzeichnungen des Vereins zu prüfen, das Ergebnis schriftlich festzuhalten und die nächste Mitgliederversammlung darüber zu unterrichten.

10. Schlussbestimmungen

Die Auflösung des Vereins erfolgt mit einfacher Mehrheit, wenn mindestens die Hälfte aller Vereinsmitglieder auf einer zu diesem Zweck besonders einberufenen Mitgliederversammlung erschienen ist.

Bei Auflösung des Vereins oder bei Wegfall steuerbegünstigter Zwecke findet keine Vermögensteilung statt. Vielmehr fällt das Vereinsvermögen an das Stadtgeschichtliche Museum der Stadt Leipzig, das es unmittelbar und ausschließlich zu gemeinnützigen Zwecken zu verwenden hat.

Zeittafel

Vereinsgeschichte[277]	Stadtgeschichte[278]	Sachsen[279]	Deutsches Reich[280]
1867 – Gründung des Vereins für die Geschichte Leipzigs (17. Dezember).	**1861** – Gründung des Gewerblichen Bildungsvereins (19. Februar) **1863** – 3. Allgemeines Deutsches Turnfest in Leipzig **1865** – erster Schreberverein.	**1866** – Schlacht bei Königgrätz, in der Preußen über die österreichische und mit ihr verbündete sächsische Armee siegt (3. Juli).	**1864** – Deutsch-Dänischer Krieg endet mit dem Frieden von Wien (30.10.); Pius IX. (1792–1878) verurteilt in der Enzyklika »Quanta Cura« die politischen und gesellschaftlichen Prinzipien des Liberalismus (8. Dezember) **1865** – Gründung des Allgemeinen Deutschen Frauenvereins in Leipzig.
1868 – Erster öffentlicher Vortrag des Vereins (23. Januar): Dr. Emil Kneschke, 150 Jahre Geschichte des alten Leipziger Theaters.		**1867** – Militärkonvention zwischen Sachsen und Preußen, wodurch die sächsische Armee Teil des norddeutschen Bundesheeres wird (7. Februar) **1868** – Neues Wahlgesetz (Zensuswahlrecht), demzufolge Abgeordnete in freier, direkter Wahl gewählt werden. Aufhebung der ständischen Gliederung der Zweiten Kammer des Parlaments, Zulassung politischer Parteien (3. Dezember).	**1867** – Wahlen zum konstituierenden Reichstag des Norddeutschen Bundes nach dem allgemeinen, gleichen und direkten Wahlrecht für Männer ab 25 Jahren (12. Februar); Umwandlung des Kaiserreichs Österreich in die Doppelmonarchie Österreich-Ungarn (15. März).

---

278 Der Verfasser stützt sich hier auf die Angaben in Walter Fellmann, 125 Jahre Leipziger Geschichtsverein (wie Anm. 55), S. 28.

279 Quelle: http://www.leipzig-sachsen.de/leipzig/geschichte.htm.

280 Vgl. Quelle: Konstantin Hermann, André Thieme, Sächsische Geschichte im Überblick. Texte, Karten, Grafiken. Leipzig 2013.

281 Quelle: https://www.dhm.de/lemo/kapitel/.

Vereinsgeschichte	Stadtgeschichte	Sachsen	Deutsches Reich
1869 – der Leipziger Rat gewährt dem Verein einen Zuschuss von 100 Talern jährlich (später erhöht auf 300 Taler).	**1869** – Das Sophienbad wird als erstes ganzjährig heizbares Leipziger Hallenschwimmbad eröffnet.	**1869** – Johann Georg von Sachsen (1869–1938) geboren (10. Juli). Der Bruder des letzten regierenden Königs Friedrich August von Sachsen (1865–1932) galt als ausgewiesener Kunstexperte und leidenschaftlicher Sammler. Er war Mitglied in verschiedenen Vereinen, u. a. im Sächsischen Altertumsverein.	**1869** – König Wilhelm I. von Preußen verkündet als Vorsitzender des Norddeutschen Bundes das »Gesetz, betreffend die Gleichberechtigung der Konfessionen in bürgerlicher und staatsbürgerlicher Beziehung.« (3. Juli); Gründung der Sozialdemokratischen Arbeiterpartei (SDAP) in Eisenach unter Führung von August Bebel und Wilhelm Liebknecht (7.–9. August).
1870 – Eröffnungen der Sammlungen des Vereins im Haus zur Goldenen Fahne ehemals Burgstraße 10, Kriegsverlust; 6. Februar); erste Sonderausstellung zur Völkerschlacht.	**1871** – Leipzig wird mit mehr als 100 000 Einwohnern Großstadt.	**1870** – Mobilmachung Sachsens für den Deutsch-Französischen Krieg (19. Juli). **1871** – Proklamation des Deutschen Kaiserreichs, dem Sachsen als Bundesstaat angehört (18. Januar).	**1870** – Frankreich erklärt Preußen den Krieg. Aufgrund der 1866 geschlossenen Bündnisverträge treten die Staaten des Norddeutschen Bundes und Süddeutschlands auf Preußens Seite in den beginnenden Deutsch-Französischen Krieg ein (19. Juli).
1872 – Erster Band der »Schriften des Vereins für die Geschichte Leipzigs«.	**1872** – Die Leipziger Pferdeeisenbahn (LPE) eröffnet den Linienbetrieb, der Straßenbahnhof Reudnitz ist dabei erstes Depot und Sitz der Direktion.	**1872** – Hochverratsprozess in Leipzig gegen die Sozialdemokraten August Bebel, Wilhelm Liebknecht und Adolf Hepner (März).	**1871** – Im Spiegelsaal des Schlosses von Versailles wird König Wilhelm I. von Preußen zum Deutschen Kaiser ausgerufen. Damit entsteht aus dem Norddeutschen Bund und den vier süddeutschen Staaten Bayern, Württemberg, Baden und Hessen-Darmstadt unter preußischer Führung der erste deutsche Nationalstaat (18. Januar).

Vereinsgeschichte	Stadtgeschichte	Sachsen	Deutsches Reich
1873 – Umzug der Sammlungen in das Alte Johannishospital (22. Juni)/Erwerb der Poppeschen Bibliothek mit 5 000 Bänden.	**1873** – Eröffnung der ersten Passage (Steckner-Passage, Petersstraße/Ecke Thomasgasse; sie führte zum Thomaskirchhof).	**1873** – Dem Gesetz über die unteren Verwaltungsbehörden zufolge werden 25 Amtshauptmannschaften gegründet, die vier Kreishauptmannschaften angehören. Die Amtshauptmannschaften bleiben bis 1945 bestehen (seit 1939 Landkreise genannt) (21. April); Gesetz über das Volksschulwesen, demzufolge in den Amtshauptmannschaften Bezirksschulinspektionen (seit 1919 Bezirksschulämter) eingerichtet werden (26. April).	**1872** – Reichskanzler Otto von Bismarck erklärt im Reichstag zum sog. Kulturkampf mit der katholischen Kirche: »Seien Sie außer Sorge: Nach Canossa gehen wir nicht.« (14. Mai).
1874 – Erwerb des plastischen »Panoramas von Leipzig« (heute im Festsaal des Alten Rathauses, Stadtgeschichtliches Museum).	**1874** – Übersiedlung des Bibliographischen Instituts von Josef Meyer nach Leipzig.	**1874/1878** – Sachsen führt als erster deutscher Staat die Einkommenssteuer ein.	**1873** – Kaiser Wilhelm I. tritt durch eine Akzessionsakte der zwischen Österreich-Ungarn und Russland geschlossenen Schönbrunner Konvention bei (Dreikaiserabkommen). Auf deutscher Seite ist damit das Ziel der Isolierung Frankreichs bzw. der Verhinderung eines französisch-russischen Bündnisses erreicht (22. Oktober).
1875 – Begründung der Tradition der Studienausflüge.	**1881** – Gründung des Stadtarchivs als wissenschaftliche Einrichtung.	**1879** – Gesetz über die Gerichtsordnung, Errichtung des Reichsgerichts in Leipzig als obersten Gerichtshof Deutschlands (1. Oktober).	**1874** – In Preußen wird die obligatorische Zivilehe eingeführt. Fortan müssen jede Eheschließung sowie Geburten und Todesfälle von staatlichen Standesbeamten beurkundet werden (9. März).

Vereinsgeschichte	Stadtgeschichte	Sachsen	Deutsches Reich
			1875 – Die »Verordnung betr. die Einführung der Reichswährung« schließt die 1871 begonnene Reichsmünzreform ab: Fortan gilt für das gesamte Deutsche Reich die Mark zu 100 Pfennig als einheitliche Währung (22. September).
1885 – Verabschiedung neuer Vereinssatzung.	1884 – 2. Gewandhaus: Einweihung des Neuen Konzerthauses im Musikviertel (Bau des Mendebrunnens/Gründung des Deutschen Buch- und Schriftmuseums.	1889 – In ganz Sachsen Feiern zum 800-jährigen Jubiläum des Hauses Wettin.	1885 – In Berlin geht das erste deutsche Elektrizitätswerk für Stromabgabe an Privathaushalte in Betrieb. Das Werk hat Kapazitäten zur Versorgung von 6 000 Glühlampen (15. August).
1890 – Umzug der Sammlungen innerhalb des »Spittels« (Johannishospital).	1890 – das Königliche Polizeiamt bezieht ein Gebäude in der Wächterstraße, welches neben den polizeilichen Amtsräumen auch über 74 Arrestzellen verfügte.	1890 – Umwandlung des Polytechnikums Dresden in die Königlich Sächsische Technische Hochschule (heute TU Dresden; 3. Februar).	1890 – In Berlin wird auf Anregung des Philosophen und Journalisten Bruno Wille (1860–1928) der Theaterverein »Freie Volksbühne« gegründet. Durch niedrige Eintrittspreise soll auch Arbeitern der Theaterbesuch ermöglicht werden. Für einen monatlichen Beitrag von 50 Pfennig im Winter und 25 Pfennig im Sommer werden vier Sonntagnachmittagsvorstellungen gezeigt (29. Juli).

Vereinsgeschichte	Stadtgeschichte	Sachsen	Deutsches Reich
1892 – Der »Thüringer Hof« wird Vereinslokal (Richard-Wagner-Saal).	**1891–97** – Neubau der Universitätsgebäude am Augustusplatz **1895** – Erste Mustermesse; mitbegründet durch die rasche industrielle Entwicklung Deutschlands nach der Reichsgründung.	**1896** – Einführung des Dreiklassenwahlrechts in Sachsen, d. h. Aufteilung der Wähler in Abhängigkeit der Steuerzahlungen (28. Februar).	**1892** – In Hamburg bricht eine schwere Cholera-Epidemie aus. Innerhalb von zwei Monaten erkranken rund 17 000 Menschen, mehr als 8 000 sterben. Es ist die letzte große Cholera-Epidemie in Deutschland (30. August).
1906 – Der Verein übereignet seine Sammlungen der Stadt Leipzig (18. Dezember).	**1905** – Nach dem Teilabriss der mittelalterlichen Pleißenburg entsteht in den Jahren 1899–1905 das Neue Rathaus.	**1905** – Gründung der expressionistischen Künstlergemeinschaft »Brücke« in Dresden (7. Juni).	**1906** – In Hamburg wird der neue Hauptbahnhof mit der größten Bahnhofshalle der Welt eingeweiht. Das fünf Millionen Mark teure Projekt wurde gemeinsam von den Ländern Hamburg und Preußen finanziert (4. Dezember).
	1902–15 – Der Hauptbahnhof entsteht als der größte Kopfbahnhof Europas.	**1908** – Gründung des Landesvereins Sächsischer Heimatschutz (14. Juli) **1909** – Gesetz gegen die Verunstaltung von Stadt und Land (10. März).	**1908** – Im Deutschen Reich tritt das am 8. April vom Reichstag beschlossene Vereinsgesetz in Kraft. Es erlaubt erstmals Frauen die Mitgliedschaft in politischen Parteien und Vereinen (15. Mai).
1909 – Übersiedlung der Sammlungen ins Alte Rathaus (27. Oktober – 8. November) und Gründung des Stadtgeschichtlichen Museums.	**1909** – Wilhelm Ostwald (1853–1932) aus Leipzig wird Nobelpreisträger. **1909** – Gründung des Instituts für Kultur- und Universalgeschichte durch Karl Lamprecht.	**1909** – Historischer Festzug zum 500-jährigen Bestehen der Universität Leipzig in Anwesenheit des sächsischen Königs Friedrich August III. 30. Juli 1909).	**1909** – Das deutsche Kriegsministerium stellt das Luftschiff »LZ3« von Graf Ferdinand von Zeppelin in den Dienst der Armee (3. Februar).

Vereinsgeschichte	Stadtgeschichte	Sachsen	Deutsches Reich
1911 – Eröffnung des Stadtgeschichtlichen Museums im Alten Rathaus (11. Dezember)/neue Vereinsräume in der Packhofstraße 3.	**1912** – Gründung der Deutschen Bücherei in Leipzig.	**1912** – Gründung der sorbischen Domowina (als Bund Lausitzer Wenden; 13. Oktober).	**1911** – In Berlin wird die »Kaiser-Wilhelm-Gesellschaft zur Förderung der Wissenschaften« (heute: Max-Planck-Gesellschaft) gegründet. Erster Präsident der Gesellschaft wird der Theologe Adolf von Harnack, zum Führungsgremium gehören der Industrielle Gustav Krupp von Bohlen und Halbach und der Bankier Ludwig Delbrück (11. Januar).
1912 – Verabschiedung einer neuen Vereinssatzung.	**1913** – Einweihung des Leipziger Flugplatzes in Anwesenheit des sächsischen Königs Friedrich August III. Im Zentrum der für damalige Verhältnisse gigantischen Anlage in Mockau stand die weltgrößte Luftschiffhalle. **1913** – Einweihung des Leipziger Völkerschlachtdenkmals in Anwesenheit der europäischen Monarchen.	**1913** – Landgemeindeordnung (11. Juli).	**1912** – Bei der Reichstagswahl erringt die SPD 34,8 Prozent der Stimmen und stellt nach der Stichwahl am 25. Januar mit 110 Abgeordneten erstmals die stärkste Fraktion. Die Wahlbeteiligung lag bei 84,6 Prozent (12. Januar).
1917 – 50-Jahrfeier des Vereins im Neuen Rathaus (17. Dezember)/Gründung der Ernst-Kroker-Stiftung.	**1920** – Umbau des Geländes am Völkerschlachtdenkmal zur Technischen Messe Leipzig.	**1918** – Abdankung Friedrich Augusts III. Damit endet die über 800 Jahre während Herrschaft der Wettiner.	**1917** – Im Deutschen Reich werden kriegsbedingt die Brotrationen auf 170 g pro Tag und die Kartoffelrationen auf 2 500 g pro Woche gekürzt (1. April).

Vereinsgeschichte	Stadtgeschichte	Sachsen	Deutsches Reich
1924 – Verlust der Geschäftsstelle in der Packhofstraße/Archiv und Sitzungen provisorisch in Krokers Wohnung, dann im Alten Rathaus.	**1924** – Gründung des Mitteldeutschen Rundfunks MIRAG) als erste Rundfunkanstalt in Europa. Das 1923 gegründete Leipziger Sinfonie-Orchester (LSO) wird als Rundfunkorchester übernommen.	**1924** – Fürstenabfindung mit den Wettinern, die eine Entschädigung für Kunstschätze u. ä. erhalten (9.–10. Juli).	**1924** – Im Hitlerprozess verkündet das Münchner Volksgericht milde Urteile: Hitler und drei weitere Angeklagte werden zu einer Mindeststrafe von je fünf Jahren Festungshaft verurteilt. Ludendorff wird freigesprochen. Die verhängten Haftstrafen werden vorzeitig erlassen (1. April).
1925 – Mit 806 Mitgliedern erreicht der Verein die höchste Mitgliederzahl seiner Geschichte.	**1926** – Unter dem Leipziger Markt wird die 1 800 m² große erste Untergrundmessehalle der Welt fertiggestellt.	**1925** – Wiederbegründung der NSDAP (27. Februar) **1926** – Gründung des Verbands sächsischer Geschichts- und Altertumsvereine (21. November).	**1925** – Reichspräsident Friedrich Ebert stirbt an einem Blinddarmdurchbruch. Ebert, ausgleichende Kraft in der Republik, hatte wegen eines laufenden Beleidigungsprozesses gegen sich die medizinische Behandlung verschleppt (28. Februar).
1938 – Neue Vereinssatzungen (25. Februar): »Nichtarier« als Vereinsmitglieder nicht mehr zugelassen/Geschäftsstelle in das Haus des Verkehrsvereins, Reichsstraße 15, verlegt.	**1938** – In der von den Nationalsozialisten so bezeichneten »Reichskristallnacht« werden 12 von 13 Leipziger Synagogen und viele jüdische Geschäfte zerstört./Eröffnung des O-Busbetriebes und Änderung der Betriebsbezeichnung in Leipziger Verkehrsbetriebe (LVB) Juden und politische Gegner des NS-Regimes dürfen Stadtarchiv und Stadtbibliothek nicht mehr benutzen.	**1938** – Wehrmacht besetzt von Sachsen aus das Sudetenland, das die Tschechoslowakei im Münchner Abkommen an Deutschland abtreten musste (1. Oktober).	**1938** – sog. »Reichskristallnacht« Kampftruppen der SA und der SS veranstalten ein Pogrom gegen die jüdische Bevölkerung in ganz Deutschland. Mit systematischen Misshandlungen und Morden werden Juden terrorisiert, über 25 000 werden in Konzentrationslager gebracht. Zahlreiche Synagogen, Friedhöfe und jüdische Geschäfte werden zerstört (9. November).

Vereinsgeschichte	Stadtgeschichte	Sachsen	Deutsches Reich
1942 – 75-Jahrfeier (24.–25. Oktober)/ Festvortrag von Rudolf Kötzschke.	**1942** – Aufgrund des Krieges fallen ab diesem Jahr alle Messen aus. Leipzig wird zum Kriegsziel alliierter amerikanischer und britischer Luftangriffe, die vor allem die kriegswichtigen Rüstungsbetriebe im Visier haben. Am 20. Oktober starten fast 360 britische Bomber zum Nachtangriff gegen Leipzig.	**1942** – Beginn der Deportation jüdischer Bürger (21. Januar).	**1942** – Auf der Wannsee-Konferenz in Berlin wird unter Vorsitz von Reinhard Heydrich über organisatorische Fragen der »fabrikmäßigen« Ermordung der europäischen Juden beraten (20. Januar).
1944 – die Kriegsereignisse zwingen zur Einstellung der Vorträge (22. Februar). Seit 1868 wurden 607 Vorträge gehalten.	**1943/44** – Leipzig wird wiederholt Zielscheibe alliierter Luftangriffe. Der schwerste britische Luftangriff erfolgt am 4. Dezember 1943. Zwischen 3.58 Uhr und 4.14 Uhr werfen mehr als 400 britische Bomber in mehreren Angriffswellen Luftminen, Spreng- und Brandbomben über Leipzig ab. Noch drei Tage später brennt die Stadt, die Angriffe kosten mehr als 1800 Männer, Frauen und Kinder das Leben, 140000 Menschen, ein Fünftel der Einwohner, werden obdachlos. Über 4000 Gebäude werden durch den Angriff total zerstört, darunter 56 Schulen, mehrere Krankenhäuser, neun Kirchen, mehrere Theater, das Museum der bildenden Künste,	**1944** – Schließung aller »kriegsunwichtigen Betriebe«, Geschäfte, Bars u. a.	**1944** – Das Bombenattentat der Widerstandsgruppe um Oberst Claus Graf Schenk von Stauffenberg auf Hitler scheitert. Die im Besprechungszimmer der »Wolfsschanze« platzierte Bombe verletzt Hitler nur leicht (20. Juli).

Vereinsgeschichte	Stadtgeschichte	Sachsen	Deutsches Reich
	das Hauptgebäude der Universität. Schwer beschädigt wird auch das Alte Rathaus mit dem Stadtgeschichtlichen Museum. In Trümmern liegen 29 innerstädtische Messehäuser, die Hallen der Technischen Messe im Südosten der Stadt sowie mehr als drei Viertel des Graphischen Viertels mit Verlagen, Versand-Buchhandlungen, Buch- und Schriftmuseum. 50 Millionen Bücher verbrennen. Am 7. Juli 1944 erhält der Hauptbahnhof einen Volltreffer. **1945** – am 18. April besetzen amerikanische Einheiten Leipzig, die am 2. Juli von der Roten Armee abgelöst werden (Generalmajor Trufanow erster Stadtkommandant).		
1947 – Gründung des Arbeitskreises für Stadt- und Kulturgeschichte (6. Dezember).	**1945** – Erich Zeigner wird Oberbürgermeister **1946** – Wiedereröffnung der Universität Leipzig. Die erste Nachkriegsmesse (»Erste Leipziger Friedensmesse«) mit Ausstellern aus den vier Besatzungszonen und der Sowjetunion wird eröffnet.	**1947** – Der Landtag beschließt die Verfassung des Landes Sachsen (28. Februar).	**1947** – Fünfte Außenministerkonferenz der vier Siegermächte in Moskau: Auf Empfehlung der Außenminister wird ab 27. April die weitere Durchführung der Entnazifizierung in deutsche Verantwortung übertragen (10. März – 24. April).

163

Vereinsgeschichte	Stadtgeschichte	Sachsen	Deutsches Reich
	1947 – Nachdem bis November 1945 bereits über 5 500 ehemalige NSDAP-Mitglieder aus der Verwaltung entlassen wurden, veranlassen die Entnazifizierungskommissionen beim Rat der Stadt die Entlassung weiterer 802 Mitarbeiter aus Verwaltung und Wirtschaft.		
1948 – offizielle Auflösung des Vereins für die Geschichte Leipzigs, Streichung im Vereinsregister (14. Dezember)/ Vereinsvermögen fällt an die Stadt.	**1948** – Die SED beginnt unter dem Einfluss des Kalten Krieges und des Stalinismus unter ihrem aus Leipzig stammenden Generalsekretär Walter Ulbricht immer stärker ihren Führungsanspruch beim Wiederaufbau auch in der Messestadt durchzusetzen.	**1948** – Beendigung der Entnazifizierung in der SBZ durch den SMAD-Befehl Nr. 35 (26. Februar).	**1948** – Die SMAD beginnt die Großblockade der Berliner Westsektoren zu Lande und zu Wasser als Reaktion auf den gescheiterten Versuch, ihre Währungsreform auf Gesamtberlin auszudehnen; die Westmächte führen in ihren Sektoren die D-Mark ein. Die Sowjetunion erklärt die Vier-Mächte-Verwaltung Groß-Berlins für »praktisch beendet« (24. Juni).
1950 – Der Arbeitskreis für Stadt- und Kulturgeschichte schließt sich dem Kulturbund an, nachdem die Versuche, als Rechtsnachfolger des Vereins anerkannt zu werden, gescheitert sind.	**1949** – 3. Deutscher Volkskongress tagt in Leipzig; nach der Gründung der DDR bekunden auf dem Leipziger Karl-Marx-Platz mehr als 100 000 Menschen ihre Zustimmung zum neuen Staat; Leipzig gehört 1950 zu den Städten, in denen die Aufräumungsarbeiten am weitesten fortgeschritten sind.	**1949** – Gründung der DDR (7. Oktober). Der sächsische Justizminister Johannes Dieckmann wird Präsident der Volkskammer, Fritz Selbmann Wirtschaftsminister, Kurt Fischer Innenminister.	**1949** – Feierliche Verkündung des Grundgesetzes für die Bundesrepublik Deutschland in Bonn. Das Grundgesetz tritt damit in Kraft (23. Mai). Gründung der DDR. Die Provisorische Volkskammer (bisher 2. Deutscher Volksrat) setzt die Verfassung in Kraft (7. Oktober).

Vereinsgeschichte	Stadtgeschichte	Sachsen	Deutsches Reich
1955 – Umbildung des Arbeitskreises zur »Fachgruppe Stadtgeschichte« beim Kulturbund der DDR.	**1953** – In Leipzig demonstrieren am 17. Juni Zehntausende gegen den SED-Staat; sowjetische Panzer beenden die Proteste. Im Jahr darauf findet in Leipzig das 1. Deutsche Turn- und Sportfest in Leipzig mit 30 000 Aktiven und 100 000 Besuchern statt.	**1955/1958** – Rückgabe von Kunstschätzen an die Staatlichen Kunstsammlungen Dresden, die als »Beutekunst« in die UdSSR gebracht worden waren.	**1953** – Der Streik gegen die Normenerhöhung in Ost-Berlin weitet sich auf 72 Städte und zahlreiche Ortschaften in der DDR zum Aufstand gegen das kommunistische Regime aus. Die Demonstrationen werden von sowjetischen Soldaten und DDR-Volkspolizisten gewaltsam zerschlagen. Über 167 Städte und Landkreise wird der Ausnahmezustand verhängt (17. Juni).
1980 – 25 Jahre Fachgruppe im Kulturbund/ Vortrag Wolfgang Grundmann.	**1981** – Einweihung des Neuen Gewandhauses auf dem Karl-Marx-Platz (seit 3.10.1990 wieder Augustusplatz).	**1985** – Wiedereröffnung der kriegszerstörten Semperoper.	**1981** – Bei den Wahlen zur DDR-Volkskammer stimmen laut offiziellen Angaben 99,86 Prozent der Wähler für die Kandidaten der »Nationalen Front«, des Zusammenschlusses von Parteien und Organisationen unter Leitung der SED (14. Juni).
1990 – Neugründung des Geschichtsvereins im Alten Rathaus (17. Dezember).	**1989** – Die friedlichen Montagsdemonstrationen leiten das Ende der DDR ein **1990** – Runder Tisch in Leipzig (17.1.–2.5.); erste freie, demokratische und geheime Wahlen zur Volkskammer (18.3.) und zur Stadtverordnetenversammlung (6.5.)	**1990** – Wiedervereinigung Deutschlands. Damit werden zugleich die fünf neuen Bundesländer gegründet, darunter auch der Freistaat Sachsen (3. Oktober).	**1990** – Inkrafttreten der Währungs-, Wirtschafts- und Sozialunion. Damit überträgt die DDR die Hoheit über die Finanz- und Geldpolitik an die Bundesrepublik und die D-Mark wird zum einzigen Zahlungsmittel in der DDR (1. Juli). Die DDR tritt dem Geltungsbereich des Grundgesetzes bei. Die Bundesrepublik verfügt von nun an über die volle Souveränität (3. Oktober).

Vereinsgeschichte	Stadtgeschichte	Sachsen	Deutsches Reich
1991 – Wiederaufnahme der Vortrags- und Exkursionstätigkeit.	**1991** – Aufbau neuer Verwaltungs- und Wirtschaftsstrukturen.	**1991** – Die Gemeindeordnung beseitigt die Kommunalverfassung der DDR (21. April).	**1992** – Die neugegründeten Sendeanstalten im Gebiet der ehemaligen DDR, der Ostdeutsche Rundfunk Brandenburg (ORB) und der Mitteldeutsche Rundfunk, der für Thüringen, Sachsen und Sachsen-Anhalt produziert, starten ihre Programme (1. Januar).
1992 – Wiederaufnahme der Tradition der Vereinsschriften.	**1992** – Leipzig feiert 300 Jahre Oper, 250 Jahre Gewandhausorchester und 150 Jahre Konservatorium der Musik; Grundsteinlegung für das Neue Messegelände im Leipziger Norden.	**1992** – Verabschiedung der sächsischen Verfassung im Landtag, die am 6. Juni in Kraft tritt (26. Mai).	**1993** – Das Landgericht Berlin verurteilt den ehemaligen Minister für Staatssicherheit der DDR, Erich Mielke, wegen eines Doppelmordes im Jahr 1931 zu sechs Jahren Haft.
2008 – Erster »Tag der Stadtgeschichte« – Treffen Leipziger Verein im Stadtbad.	**2008** – Die Leipziger Universität erhält einen neuen Campus.	**2008** – Inkrafttreten der umstrittenen Kreisgebietsreform, die zehn Großkreise errichtet (vorher 22). Kreisfreie Städte bleiben Chemnitz, Dresden und Leipzig (1. August).	**2008** – Die Gesellschaft für Deutsche Sprache (GfdS) wählt »Finanzkrise« zum Wort des Jahres 2008.
2009 – »Tag der Stadtgeschichte« wird zu einem festen Bestandteil der Vorbereitung des Jubiläums 1000 Jahre Leipzig (2015).	**2009** – die Universität Leipzig feiert ihr 600-jähriges Jubiläum **2012** – 800 Jahre Thomana und Thomaskirche; 500 Jahre Nikolaischule **2013** – 200 Jahre Völkerschlacht bei Leipzig **2015** – 1000 Jahre Leipzig (Ersterwähnung), Übergabe des 1. Bandes der wissenschaftlichen Stadtgeschichte (Bd. 2: 2016, Bd. 3 und 4: 2017).	**2009** – Bei den Landtagswahlen erreicht die CDU 40,2 % und geht mit der FDP eine Koalition ein (30. August).	**2009** – Das historische Stadtarchiv in Köln stürzt in eine Baugrube der Stadtbahnlinie und reißt zwei Männer mit in den Tod. Ungefähr 85 Prozent der Dokumente können geborgen werden, die Restaurierung wird vermutlich dreißig Jahre in Anspruch nehmen (3. März).

Anhang

Transkription der handschriftlichen Quellen im Text

Mitgliederverzeichnis des »Vereins für Geschichte der Stadt Leipzig« (Abb. 2)

Nr.	Vor- und Zunahme, Beruf
1.	Dr. Oscar Mothes, Architekt
2.	Dr. Adolf Bräutigam, Direktor der Lehranstalt für Buchhändler
3.	Ernst August Rommel, Bürgerschullehrer
4.	Dr. Emil Kneschke, Schriftsteller
5.	Dr. Heinrich Wuttke, Prof. der Historischen Hilfswissenschaften
6.	Adolf Böttger, Schriftsteller
7.	Wilhelm Deimling, Maler
8.	Christian Zucchi, Maler
9.	E. Bornemann, Schuldirektor
10.	Philipp Schleissner, Stadtschreiber
11.	Eduard Mangner, Lehrer an der 5. Bürgerschule
12.	Otto Moser, Architekt und Schriftsteller
13.	H. Knaur, Bildhauer
14.	Julius Schirmer, Steinmetzmeister
15.	Theodor Kirsten, Dr. med.
16.	Friedrich August Eckstein, Rektor und Professor
17.	Franz Schneider, Holzbildhauer
18.	A. Buschik, Lager- und Hausmeister
19.	Guido Reusche, Buchhändler

Jahresrechnung des Vereins für 1909/1910 (Abb. 9)

Verein für die Geschichte Leipzigs.
Rechnungsabschluss
Für das Vereinsjahr
1909/1910
Dauer des Vereinsjahres: vom 1. November
1909 bis 31. October 1910

A.
Einnahme:

Mitglieder-Beiträge	M 1635.–
Zinsensaldo	M 166.90
Verkaufte Staatspapiere	M 498.25
Baarbestand 1909	M 610.53

	M 2910.67

B.
Ausgabe:

Unkosten	M 854.85
Utensilien, Anschaffung	M 542.24
Gekaufte Staatspapiere	M 1228.80
Baarbestand 1910	M 284.79

	M 2910.67

Das Vereinsvermögen beträgt 1910:
Staatspapiere, Courswerth M 4740.–

Verzeichnis der Pflegschaften mit den dafür Verantwortlichen (Abb. 20)

(Abschrift)

Nr.	Pflegschaft	Pfleger
1.	Münzen, Medaillen, Siegel etc.	Herr Ernst Ellssig
2.	Plastische Kunstwerke – Holz	Herr H. Behr
3.	Plastische Kunstwerke – Stein, Gips etc.	Herr G. Niese
4.	Schatullen, Geräthe, Pretiosen	Herr Max Niclas
5.	Glasgemälde, Gegenstände aus Thon	Herr Ad. Schulze
6.	Oelgemälde, Pastellgemälde	Herr Mart. Laemmel
7.	Portraitsammlung	Herr Georg Müller
8.	Pläne, Karte, architektonische Ansichten	Herr Felix Modes
9.	Schlachtenpläne	Herr Felix Modes
10.	Historische Darstellungen, Kostümbilder etc.	Herr Hans Bey
11.	Bibliothek	Herr Ad. Mackroth
12.	a) Repertorium	Herr Ludw. Fischer
	b) Autographen	Herr Herm. Schulz
	c) Gästechronik	Herr Alb. Anders
	d) Journalwesen	Herr Wilh. Violett
	e) Auswärtige Schriften	Herr Wilh. Violett
13.	Archiv, Urkundensammlung	Herr Otto Moser
14.	Kostüme, Stickereien, Gewebe	Herr Wilh. Brück
15.	Waffen aller Zeiten, Völkerschaft	Herr L. A. Kramer
16.	Holzgeräthe, Mobiliar	Herr L. A. Werner
17.	Modelle, Plastische Werke	Herr G. B. Hanicke

Nr.	Pflegschaft	Pfleger
18.	Ausgrabungen	Herr Albr. Anders
19.	Urgeschichtliche Alterthümer	Herr Ed. Sehauer

1. Sammlungsvorsteher   Georg Müller
2. Sammlungsvorsteher   L. A. Werner
Schriftführer   Max Niclas
Kassierer   Wilhelm Brück

Verzeichnis der Zugänge für die Vereinssammlungen, 1871/1873 (Abb. 22)

Eingegangene Geschenke
für den Verein für Geschichte Leipzig.
XII. Pfleger-Section

Datum	Stück	Gegenstände	Schenkgeber
13.09.1871	2	Messgewänder nebst einem Chorhemd, aus der Kirche zu Markranstädt	Attendorf
13.09.1871	1	Ledertapete, gefunden in der Katharinenstr. (Haus Nr.)	Bey
21.11. 1871	5	Pläne von Leipzig	Dr. Albrecht
22.6.1873	2	Schwedische Fahnen (sehr alte)	Bäckerinnung
10.07.1873	3	Contuschen, 1 von Jahre 1765, 1 vom Jahr 1766 im Juli, 1 (zum Pelz von Weihnachten)	Seidel Geschwister Seidel
19.07.1873	1	Fahnenkoppel v. 1799. Ein Meisterstück der Posamentierer hier.	Frau Joh. Meller geb. Vollbrechtshausen
20.07.1873	5	Brautschuh, Modelltuch, Zeugprobe von 1767 u. gefärbt 1830. 1 St. Seide von 1740	Geschwister Seidel
29.07.1873	16	2 Quästchen v. 1771. 5 Borde u. Sort. 7 Stoffproben, 2 Franzen	Geschwister Seidel
29.07.1873	1	gestickter Mützendeckel	Geschwister Seidel
29.07.1873	2	Streifen mit Perlen, gestickt	Geschwister Seidel
29.07.1873	4	Mützendeckel v. Procat, 1 Strickbeutel u. 2 Handschuhe	Geschwister Seidel

Der Sammlungsvorsteher des Vereins für die Geschichte Leipzigs Martin Laemmel bedankt sich am 22. Juli 1892 beim Leipziger Rat für die Übersendung einer stadtgeschichtlich relevanten Urkunde zur Errichtung der ersten Leipziger Gasanstalt (Abb. 23)

An den hohen Rath der Stadt Leipzig!

Für die gütige Uebersendung der Urkunde auf Pergament, die Erbauung der alten
Gasanstalt, wie die erste Inbetriebsetzung der Gaseinrichtung im Jahre 1837 bez. 1838
Betreffend in Leipzig, beehrt sich im Namen des Gesamtvorstandes der unterzeichnete Vorsteher der
Sammlungen des Vereins für die Geschichte Leipzigs den Empfang hierdurch
zu bestätigen und den ergebensten Dank auszusprechen.

Mit der Bitte um ferneres geneigtes Wohlwollen
Mit vorzüglichster Hochachtung
Leipzig den 22. Juli 1892

Der Sammlungsvorsteher des Vereins für die Geschichte Leipzigs
Martin Laemmel, Maler

Ordnung für den Vereinsdiener, Auszug (Abb. 26)

§ 1., Der Vereinsdiener hat Wohnung im Vereinslocale selbst zu nehmen, welche ihm mit 180 Mark angerechnet wird.
§ 2., Er hat für Reinhaltung, Lüftung und Instandhaltung des Locals zu sorgen und ist in diesem Ziel dem Pfleger XVIII unterstellt auf dessen Anordnung er ganze oder theilweise Reinigung, kleinere Reparaturen etc. vorzunehmen respektive zu besorgen hat.
§ 3., Er hat für Sicherheit des Locals zu sorgen, deshalb muss an den Tagen, wo dem Publikum der Eintritt gewährt wird, nur solche Mitglieder einzulassen, welche im Besitz der betreffenden Legitimationskarte sind, auch allabendlich untersuchen, ob Thüren und Fenster gehörig verschlossen sind, vor allem mit Feuer und Licht vorsichtig umzugehen.

Glückwunschschreiben des Rates der Stadt Leipzigs an den Verein aus Anlass des 50-jährigen Bestehens, 1917 (Abb. 30)

An den Verein für die Geschichte Leipzigs
Leipzig

50 Jahre sind heute verflossen, seit der Verein für die Geschichte Leipzigs gegründet ward.
Voll Stolz und Freude kann er am heutigen Tage Rückschau halten in die Vergangenheit, voll
Zuversicht ausblicken in die Zukunft, steht er doch fest und gesichert selbst inmitten der gewaltigen
Kriegszeit, die wir heute durchleben. Von den beiden großen Aufgaben, die sich der
Verein gestellt hat, Sammlung und Erhaltung der geschichtlichen Erinnerungszeichen unserer
Stadt und Erforschung der Stadtgeschichte, hat er letztere, wie seine wertvollen Veröffentlichungen
erkennen lassen, stets in geradezu vorbildlicher Weise sich angelegen sein lassen, die erstere aber gelöst,

gelöst in einem Umfange und einer Weise, die dem Verein und nicht minder der Stadt und ihrer Bürgerschaft dauernd Ehre und Freude bringen wird. Wenn heute unser Stadtgeschichtliches Museum im ehrwürdigen Alten Rathause Sammlungen birgt, wie sie an Wert und Umfang nur wenigen Städten beschieden sind, wenn Tausende sich dieser Sammlungen erfreuen, ihre Liebe zur Heimatstadt vertiefen und an ihnen ihr Wissen bereichern, so ist das nicht zuletzt das Verdienst des Vereins für die Geschichte Leipzigs.

Ihm hierfür zu danken, ist uns auch am heutigen Tage Bedürfnis. Mit diesem Dank aber verbinden wir unsere herzlichsten Glück- und Segenswünsche für die Zukunft.

Möge dem Verein weiteres tatkräftiges Gedeihen beschieden sein, mögen die vortrefflichen Beziehungen, die ihn allzeit mit der städtischen Verwaltung verbunden haben, von Dauer und ihm vor allem vergönnt sein, sich der verständnisvollen Förderung in allen Kreisen unserer Bevölkerung in weit größerem Umfange zu erfreuen, als dies bisher der Fall war, auf dass er mit nachhaltigem, sich stets vertiefendem Erfolge sich betätigen kann, sich selbst zur Freude und Genugtuung, der Stadt Leipzig aber zur Ehre und zum Nutzen.

Mit vorzüglicher Hochachtung
der Rat der Stadt Leipzig
Geheimer Rat Dr. Dittrich
Oberbürgermeister

Quellen und Dokumente zur Geschichte des Vereins für die Geschichte Leipzigs

Die nachfolgende selektive Auswahl von Dokumenten zur Geschichte des Vereins für die Geschichte Leipzigs sowie nach 1945 zur Geschichte der entsprechenden Fachgruppe im Kulturbund der DDR und zur Wiedergründung des Leipziger Geschichtsvereins e. V. berücksichtigt 25 ausgewählte Zeugnisse, die die wechselvolle Historie des Vereins von seinen Anfängen bis in die DDR-Zeit hinein beleuchten und unterschiedliche Aspekte berücksichtigen. Diese reichen von den Vereinsstatuten über Dank- und Glückwunschschreiben bis hin zum Alltag im letzten Viertel des 19. Jahrhunderts, die NS-Zeit sowie die Jahre des Wiederaufbaus nach dem Zweiten Weltkrieg und die Arbeit in der Fachgruppe Stadtgeschichte in der DDR-Zeit.

1. Leipziger Nachrichten vom 20. Dezember 1867 – Bericht über die Gründung des Vereins (Quelle: Stadtarchiv Leipzig).

Leipziger Nachrichten.

Siebenter Jahrgang.

Erscheint täglich früh ½7 Uhr.
Expedition: Roßplatz Nr. 13, parterre
(zwischen der Königs- u. Roßstraße)

Abonnementspreis:
Monatlich 7½ Ngr. pränumerando, incl. Bringerlohn.
Eine einzelne Nummer kostet 1 Neugroschen.

Die Expedition ist geöffnet bis Mittag 12 Uhr und von 1½, bis Abends 7 Uhr; Sonntags Vormittags von 10 bis 12 Uhr.
Die in diesen Stunden aufgegebenen Inserate gelangen in die nächste Nummer zum Abdruck; die Spaltzeile kostet 1 Neugroschen.

Inseraten-Annahme bei C. G. Naumann, Universitätsstraße 7, und bei O. Leiner, Lurgensteins Garten.

№ 354.   Freitag den 20. December.   1867.

Leipzig, 20. December.

2. Programm und Statuten von 1867 (aus: Schriften, Bd. 1 – Universitätsbibliothek Leipzig).

Beilagen,

den Verein für die Geschichte Leipzigs betreffend.

A.

Programm,

aufgestellt im December 1867.

Der „**Verein für Geschichte Leipzigs**" hat sich den Zweck vorgesetzt, für die Erforschung der Geschichte der Stadt Leipzig mit besonderer Berücksichtigung geschichtlicher Denkmäler zu wirken und die Resultate seiner Arbeiten durch Veröffentlichung zum Gemeingute aller Derjenigen zu machen, welche an der Geschichte und Sage unserer Stadt Interesse nehmen.

Zugleich bestrebt sich derselbe, vorhandene geschichtliche Denkmäler zu erhalten und wichtige Vorgänge durch äußerliche Merkzeichen der Vergessenheit zu entziehen.

Hierin liegt von selbst die Aufgabe, nicht allein das Vergangene in einer der historischen Kritik genügenden zugleich aber allgemein zugänglichen Form zusammenzufassen, sondern auch die Ereignisse der Gegenwart aufzuzeichnen und der Nachwelt dergestalt zu überliefern, daß künftig die historische Wahrheit in möglichster Einfachheit und Lauterkeit aus diesen Aufzeichnungen erkannt werden möge. Diese Aufgabe ist eine so große, daß eine auch nur annähernde Lösung derselben ein befriedigendes Resultat sein wird.

Um dem vorgesteckten Ziele möglichst nahe zu kommen, bedarf es des Zusammenwirkens vielfacher Kräfte.

Zunächst ist die Betheiligung von Fachmännern der historischen Wissenschaften unerläßlich, um den älteren und ältesten Quellen mit Sachkenntniß nahe treten, dieselben mit Erfolg benutzen und dasjenige Unwahre beseitigen zu können, was durch oberflächliche und dilettantische Geschichtsschreibung zum großen Nachtheile der wirklichen Geschichte verbreitet worden ist. — Sodann bedarf es künstlerisch und technisch gebildeter Mitarbeiter, welche die ihren Fächern zugehörigen Gegenstände übernehmen.

Weiter hat der Verein die Mitwirkung einer möglichst großen
Anzahl Solcher nöthig, welche ganz im Allgemeinen es sich zur
Pflicht machen, zufällig zu ihrer Kenntniß gelangte Thatsachen und
geschichtliche Nachweise zu weiterer Verarbeitung dem Vereine mit=
zutheilen.

Ferner bedarf er solcher Mitglieder, welche befähigt sind und
Gelegenheit haben, gewonnene Resultate zu fixiren und durch Wort
und Schrift oder Bild der Oeffentlichkeit zu übergeben.

Endlich sind die zur Erhaltung des Vereins und Erreichung
seiner Zwecke unerläßlichen Geldmittel durch Beiträge zu beschaffen.

Erst nach begonnener und einige Zeit fortgesetzter Thätigkeit
im Kleinen würde sich ermessen lassen, wie der Verein im Einzelnen zu regeln sei, namentlich auch, ob er einer weitern Entfaltung
bedürftig und im Stande sein wird, unbeschadet seines Charakters
als Verein für Lokalgeschichte, durch den Verkehr mit andern gleichen oder ähnlichen Vereinen sich dasjenige auswärtige Material zu
eigen zu machen, welches zwar nicht unmittelbar auf die Geschichte
der Stadt Leipzig sich bezieht, aber für dieselbe nützlich, ja unent-
behrlich ist.

Daher schien es räthlich, das Statut mit Vermeidung aller
Details nur in ganz allgemeinen Umrissen und lediglich in soweit
zu entwerfen, als dieselben für die Begründung des Vereins uner=
läßlich sind, alles Weitere aber der Zukunft anheim zu stellen.

B.

Satzungen,

berathen und genehmigt in der constituirenden Versammlung vom
17. December 1867.

1.

Der Verein hat den aus dem beigefügten (vorstehenden) Programm sich ergebenden Zweck.

2.

Verbindlich für den Verein sind alle Beschlüsse, die in einer
Versammlung durch Majorität der in derselben erschienenen und
bei der jeweiligen Abstimmung anwesend gebliebenen Mitglieder gefaßt
worden sind.

174

3.

Der Verein wählt einen Ausschuß für die Prüfungen der An=
meldungen zur Aufnahme. Der Ausschuß hat die von ihm zur
Aufnahme geeignet Befundenen in der nächsten Versammlung durch
eine ausgehängte Liste bekannt zu machen. Alle Diejenigen sind für
aufgenommen zu achten, gegen welche nicht bis zu der der Bekannt=
machung folgenden Sitzung von einem Mitgliede Widerspruch erho=
ben ist. Im Falle solchen Widerspruches entscheidet der Verein.

4.

Der Verein wird durch einen jedesmal auf zwei Jahre gewähl=
ten Vorstand von fünf Mitgliedern vertreten und geleitet. Der
Vorstand wählt aus sich einen Vorsitzenden, einen Schriftführer und
einen Kassirer. In diesen Funktiunen vertreten sich die Vorstands=
mitglieder gegenseitig. Nach Ablauf der Wahlperiode sind die Vor=
standsmitglieder von Neuem wählbar.

Scheiden außer der Zeit Vorstandsmitglieder aus oder findet
der Vorstand für nöthig sich zu verstärken, so sind auf die Dauer
der Wahlperiode Diejenigen in den Vorstand zu berufen, welche die
nächstmeisten Stimmen haben. Bei Ablehnung wird weiter zurück=
gegriffen, bei Stimmengleichheit entscheidet das Loos.

5.

Der Vorstand hat die Vereinsthätigkeit dem Programm gemäß zu
regeln. Er hat die Vereinsbeschlüsse auszuführen, die gewöhnlichen
Versammlungen festzustellen, zu denselben einzuladen und außer=
gewöhnliche jedesmal dann zu veranstalten, wenn wenigstens zehn
Mitglieder dieselben unter Angabe der Gegenstände, welche sie zur
Sprache bringen wollen, schriftlich beantragen.

6.

Jedes Mitglied hat bei seinem Eintritte das Statut zu un=
terschreiben und verpflichtet sich dadurch zur Zahlung eines im Vor=
aus zahlbaren Beitrags von jährlich 1 Thlr.

7.

Wer Beiträge über drei Monate im Rückstande läßt, kann vom
Vorstande aus dem Vereine ausgeschlossen werden.

Außerdem können Mitglieder, welche sich der Mitgliedschaft
unwürdig machen, durch Vereinsbeschluß ausgeschlossen werden.

16

3. Einladung zur Sitzung des Vereins mit Tagesordnung, 28. Januar 1875 (Stadtarchiv Leipzig, Verein für die Geschichte Leipzigs, Nr. 111, Bl. 002).

2

EINLADUNG

zur

Sitzung des Vereins für die Geschichte Leipzigs

Donnerstag, den 28. Januar 1875

Abends punkt 8 Uhr

im

SAALE DES HOTEL „STADT DRESDEN".

Tages - Ordnung:

Beiträge zur kleinen Chronik Leipzigs.

Beiträge zur Topographie Leipzigs.

Bericht der artistischen Section über Eingänge zur Sammlung.

Ausstellung einiger interessanter von diesen Eingängen.

Besprechung über die Lage des Vereins und seine nächsten Aufgaben.

Anmeldung neuer Mitglieder, wozu Sie gebeten werden, thunlichst beizutragen unter Benutzung untenstehenden Coupons.

Nach der Sitzung geselliges Beisammensein.

DER VORSTAND.

Ich melde hiermit zum **Mitglied des Vereins für die Geschichte Leipzigs:**

Herrn

wohnhaft

erbötig .... Mark Jahresbeitrag zu zahlen.

(nicht unter 3 Mark)

Name des Anmeldenden:

Leipzig, den .... 1875.

An Herrn **Hänichen** bei F. A. Hietel hier zu senden oder in der Sitzung abzugeben.

4. Verein für die Geschichte Leipzigs an den Rat der Stadt wegen der Übergabe der Sammlungen an letztere, 4.2.1906 (Quelle: Stadtarchiv Leipzig, Verein für die Geschichte Leipzigs, N. 100, Bl. 061 und 062).

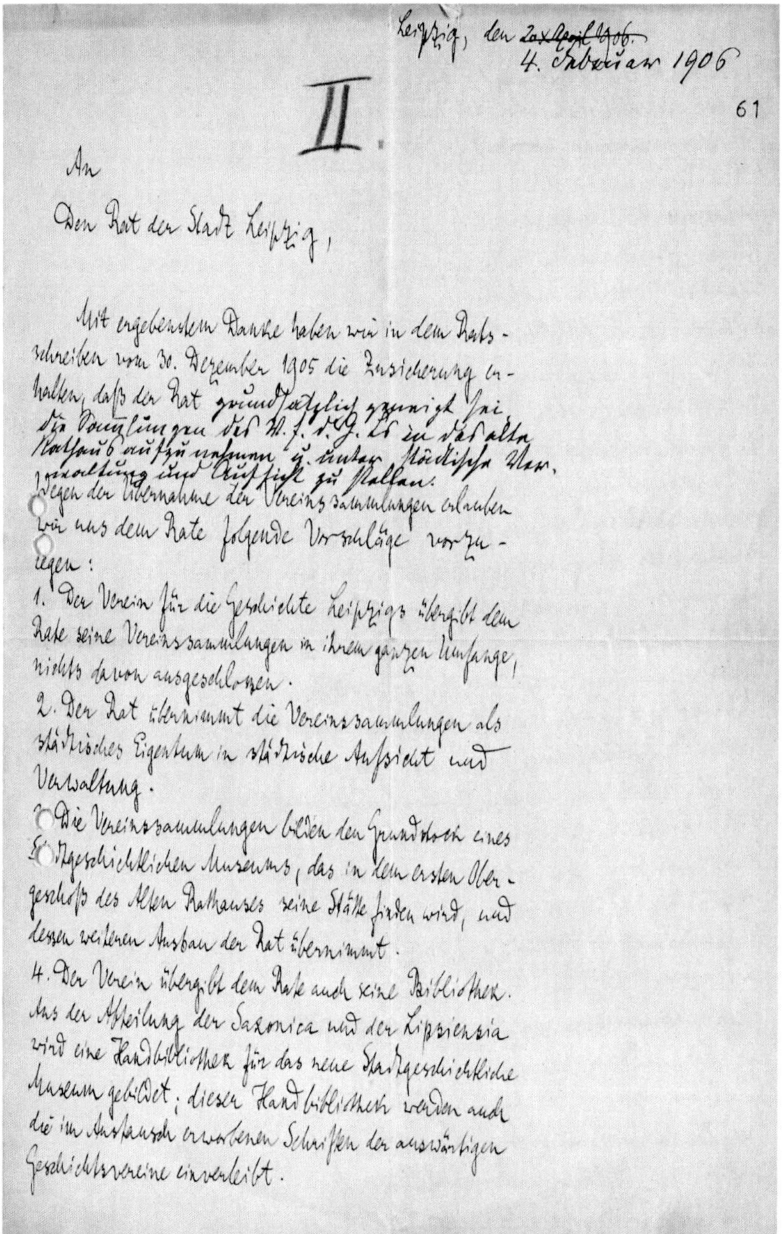

Leipzig, den ~~2. April 1906.~~ 4. Februar 1906

II.

61

An

Den Rat der Stadt Leipzig,

Mit ergebenstem Danke haben wir in dem Ratsschreiben vom 30. Dezember 1905 die Zusicherung erhalten, daß der Rat grundsätzlich geneigt sei die Sammlungen des V. f. d. G. L. in das alte Rathaus aufzunehmen u. unter städtische Verwaltung und Aufsicht zu stellen.

Wegen der Übernahme der Vereinssammlungen erlauben wir uns dem Rate folgende Vorschläge vorzulegen:

1. Der Verein für die Geschichte Leipzigs übergibt dem Rate seine Vereinssammlungen in ihrem ganzen Umfange, nichts davon ausgeschlossen.
2. Der Rat übernimmt die Vereinssammlungen als städtisches Eigentum in städtische Aufsicht und Verwaltung.
3. Die Vereinssammlungen bilden den Grundstock eines Stadtgeschichtlichen Museums, das in dem ersten Obergeschoß des Alten Rathauses seine Stätte finden wird, und dessen weiteren Ausbau der Rat übernimmt.
4. Der Verein übergibt dem Rate auch seine Bibliothek. Aus der Abteilung der Saxonica und der Lipsiensia wird eine Handbibliothek für das neue Stadtgeschichtliche Museum gebildet; dieser Handbibliothek werden auch die im Austausch erworbenen Schriften der auswärtigen Geschichtsvereine einverleibt.

5. Die Kosten der Überführung der Vereinssammlungen und der Vereinsbibliothek, sowie der Räumung der bisherigen Museumsräume trägt der Rat.

6. Der Verein erklärt sich dazu bereit, das neue Stadtgeschichtliche Museum nach Kräften zu unterstützen, besonders werden die dem Verein jährlich regelmäßig zugehenden Tauschobjekten und Geschenke an Bücher der Stadtbibliothek überwiesen.

7. Der Verein erhält für seine Geschäftsführung ein größeres Zimmer im Alten Rathause.

8. Die Mitglieder des Vereins haben freien Eintritt in das Stadtgeschichtliche Museum auch an den Tagen, an denen Eintrittsgeld erhoben werden sollte, mit Ausschluß der Reinigungstage. Auch wird ihnen die Benutzung der Stadtbibliothek erleichtert.

9. Wenn der frühere Sitzungssaal in den Alten Börse Vereinen zu Vorträgen wieder zur Verfügung gestellt werden sollte, so wird der Verein für die fraglichen Tage in erster Linie berücksichtigt.

10. In der Kommission, die dem Direktor des Stadtgeschichtlichen Museums an die Seite treten wird, erhalten zwei vom Verein vorgeschlagene Mitglieder des Vorstands Sitz und Stimme.

11. Die Stellung des Direktors wird einem Beamten im Hauptamt übertragen.

Nach unserer Überzeugung läge für die Entwicklung des neuen Stadtgeschichtlichen Museums eine große Gefahr vor, wenn die Direktorialgeschäfte von einem Beamten im Nebenamt erledigt werden sollten. Die Einrichtung und die weitere Ausgestaltung des Museums erfordern die volle Kraft eines Mannes,

der auch museumstechnisch für seine Aufgabe vorgebildet sein muß. Die Verzeichnisse, die der Verein mit seinen Sammlungen übergeben wird, können doch nur eine Unterlage bleiben für einen neuen, großen Katalog, der aus einem einheitlichen Gesichtspunkte die Vereinssammlungen und die reichen Zuvorträge, die von der Stadtbibliothek und aus dem Kunstgewerbemuseum und hoffentlich auch aus den Sammlungen der Deutschen Gesellschaft für das Stadtgeschichtliche Museum zu erwarten sind, zu einem Ganzen verarbeiten muß. Ganz besonders hoffen wir auf reiche Zuwendungen aus unserer Bürgerschaft; die Stiftung F. F. Tosts würde gewiß zahlreiche Nachfolger haben, wenn die Begründung des Stadtgeschichtlichen Museums gesichert ist. Wir halten es für eine der vornehmsten Pflichten, Aufgaben des Direktors, Schätzen, die jetzt noch in Privathänden ruhen, nachzuspüren und sie als Geschenk oder als Leihgabe dem Stadtgeschichtlichen Museum zuzuführen. Dem Vereine für die Geschichte Leipzigs ist als Provinzvereine vieles unzugänglich geblieben, was dem unter der Verwaltung des Rates stehenden Stadtgeschichtlichen Museum zugänglich werden wird.

Mit Eintritt milderer Witterung wird sich der Vorstand des Vereins Geschichtsvereins erlauben, den verehrten Rat zu einer Besichtigung der Vereinssammlungen einzuladen.

In ausgezeichneter Hochachtung
und Ergebenheit
D. V. D. V. f. G. L.

5. Mietvertrag Packhof-Straße, 12.4.1911 (Stadtarchiv Leipzig, Verein für die Geschichte Leipzigs, Nr. 112, Bl. 002 und 003).

Dreihundertfünfzig Mark

Miet-Vertrag

in zwei gleichlautenden Exemplaren ausgefertigt und eigenhändig unterschrieben.

Leipzig, den 12. April 1911

6. Ankündigung der Vorträge 1913–1917 (Quelle: Stadtarchiv Leipzig, Verein für die Geschichte Leipzigs, Nr. 71, Bl. 004).

Verein für die Geschichte Leipzigs

Vorträge im Winterhalbjahr 1913/14

15. Oktober 1913. Herr **Dr. Eduard Eyßen**: Major Friccius und der Sturm auf das Äußere Grimmaische Tor am 19. Oktober 1813. Mit Vorführung von Lichtbildern, im Saale der Alten Börse.

29. Oktober 1913. Herr Bibliothekar **Siegfried Moltke**: Friedrich List und seine Bedeutung insbesondere für Leipzig.

12. November 1913. **Hauptversammlung und Feier des 46. Stiftungsfestes.**

26. November 1913. Herr **Dr. Kurt Krebs**: Der Poststall in Leipzig.

10. Dezember 1913. Herr **Prof. Dr. Ernst Kroker**: Stadtbibliothek, Volksbibliotheken und Städtische Bücherhallen. Im Saale der Alten Börse.

14. Januar 1914. Herr **Dr. Bernhard Lange**: Die Schicksale der sächsischen Armee 1812 und 1813.

28. Januar 1914. Herr **Dr. Albert Poetzsch**: Rudolf Hildebrand und sein Vermächtnis.

11. Februar 1914. Herr **Prof. Dr. Erich Michael**: Gellert, eine Würdigung des Dichters und Menschen.

25. Februar 1914. Herr Oberlehrer **Paul Benndorf**: Das Feuerlöschwesen in Leipzig bis zur Mitte des 19. Jahrhunderts.

18. März 1914. Herr Pfarrer **D. Dr. Georg Buchwald**: Die Matrikula ordinatorum (Verzeichnis aller Personen, die eine Weihe empfingen) des Hochstifts Merseburg 1469–1543 in ihrer Bedeutung für Leipzig.

Verein für die Geschichte Leipzigs.

— 4

Vorträge im Winterhalbjahr 1914/15

28. Oktober 1914. Herr Prof. Dr. **Ernst Kroker**: Leipzigs neunhundertjähriges Jubiläum.

11. November 1914. **Hauptversammlung und Feier des 47. Stiftungsfestes.**

25. November 1914. Herr Dr. **Hermann Michel**: Paul Fleming und der Leipziger Dichterkreis.

9. Dezember 1914. Herr Dr. **Friedrich Schulze**: Der Kißing, ein Leipziger politischer Kreis um 1800.

13. Januar 1915. Herr Dr. **Kurt Krebs**: Das erste Leipziger Postkursbuch von 1703.

27. Januar 1915. Herr Prof. Dr. **Erich Michael**: Der Jüngling, eine Leipziger moralische Wochenschrift.

17. Februar 1915. Herr Prof. Dr. **Oskar Seipt**: Kurfürstliche Privilegien für das Leipziger Quartierwesen.

10. März 1915. Herr Pfarrer **Fr. Senfert**: Der Anteil der Sachsen an der Völkerschlacht.

24. März 1915. Herr Dr. **Wilhelm Bruchmüller**: Das studentische Verbindungswesen der Universität Leipzig. Ein geschichtlicher Überblick.

Verein für die Geschichte Leipzigs.

Vorträge im Winterhalbjahr 1915/16.

27. Oktober 1915. Herr Dr. **Hermann Michel**: Goethe und Leipzig.

10. November 1915. Herr Oberlehrer Dr. **Kurt Krebs**: Die Ausmessung des Leipziger Kreises durch Mag. Zürner (um 1720).

24. November 1915. **Hauptversammlung (48. Stiftungsfest).**

1. Dezember 1915. Herr Dr. **Friedrich Schulze**: Zur Geschichte der Luftschiffahrt in Leipzig.

15. Dezember 1915. Herr Prof. Dr. **Rudolf Kötzschke**: Leipzig in der Geschichte der ostdeutschen Kolonisation.

12. Januar 1916. Herr Bibliothekar P. **Friedrich Rosenthal**: Zur Gerichtsverfassung des alten Amts Leipzig.

26. Januar 1916. Herr Prof. Dr. **Oskar Seipt**: Umbildungen des Leipziger Quartierwesens durch den Rat 1813—1815.

9. Februar 1916. Herr Architekt **Richard Bauer**: Alte Gemälde in der Thomaskirche.

23. Februar 1916. Herr Prof. Dr. **Erich Michael**: Karl Theodor von Küstner und das Leipziger Stadttheater.

8. März 1916. Herr Oberlehrer Dr. **Robert Stein**: Leipziger Naturforscher um 1800.

Verein für die Geschichte Leipzigs.

Vorträge im Winterhalbjahr 1916/17.

25. Oktober 1916. Herr Bibliothekar **Siegfried Moltke**: Bernhard v. Tauchniß, ein Leipziger Buchhändler.

8. November 1916. Herr Oberlehrer Dr. **Hellmut Schmidt-Breitung**: Aus Kriegswirren zur Friedenswirtschaft 1763. Aktenzeugnisse über Fürsorgemaßnahmen der sächsischen Verwaltung, namentlich auch zur „Wiederemporbringung des Handels und Wohlstandes der Stadt Leipzig".

15. November 1916. **Hauptversammlung (49. Stiftungsfest).**

29. November 1916. Herr Pastor Lic. theol. Dr. **Bruno Markgraf**: Wlämen als Kolonisatoren der Leipziger Gegend im 12. Jahrhundert.

13. Dezember 1916. Herr Dr. **Hermann Michel**: Das Leipziger Theater zur Zeit des jungen Goethe.

10. Januar 1917. Herr Prof. Dr. **Ernst Kroker**: Über den Ablaßprediger Johann Tetzel.

24. Januar 1917. Herr Prof. Dr. **Franz Tetzner**: Aegidius Morch von Werdau, ein Leipziger Bürgermeister der Reformationszeit.

14. Februar 1917. ~~Herr Prof. Dr. Ulbrecht Kurzwellt: Ein vergessener Leipziger Bildhauer.~~

14. März 1917. Herr Dr. **Friedrich Schulze**: Das Leipziger Theater unter der Direktion von August Förster und Angelo Neumann.

7. Glückwunschschreiben des Vereins an Eduard Mangner zu dessen 80. Geburtstag, 21.8.1917 (Quelle: Stadtarchiv Leipzig, Verein für die Geschichte Leipzigs, Nr. 112, Bl. 055 und 056).

8. Dankschreiben von Georg Buchwald an den Verein anlässlich der Verleihung der Ehrenmitgliedschaft, 1.12.1917 (Quelle: Stadtarchiv Leipzig, Verein für die Geschichte Leipzigs, Nr. 112, Bl. 068).

9. Zeitungsartikel 50 Jahre Verein für die Geschichte Leipzigs, Leipziger Tagblatt, 16.12.1917 (Quelle: Stadtarchiv Leipzig, Verein für die Geschichte Leipzigs, Nr. 112, Bl. 092).

92

2. Beilage. Sonntag, 16. Dezember 1917 **Leipziger Tageblatt**

Leipzig und Umgebung

Fünfzig Jahre Verein für die Geschichte Leipzigs

Dienstag, den 17. Dezember 1867, fanden sich im Gasthause zur Stadt Frankfurt, Große Fleischergasse 21, 19 Leipziger Männer zusammen, die nach gewissen vorbereitenden Handlungen, und zwar einem von dem Architekten Dr. Oskar Mothes verfaßten Aufruf einleiten, einen „Verein für die Geschichte Leipzigs" gründeten. Der Verein bezweckt durch wissenschaftliche Forschungen die geschichtliche Entwicklung Leipzigs möglichst aufzuklären, die Kenntnis der letzteren in weitere Kreise zu verbreiten und für Erhaltung und Vermehrung der städtischen Merkzeichen thätig zu sein." Diese 19 Gründer des Vereins, mit Dr. Mothes und Ernst August Rommel, Lehrer an der 5. Bürgerschule, an der Spitze, die die Anregung zur Gründung in einer Vorversammlung am 10. Dezember gegeben hatten, waren folgende Männer: Dr. Adolf Bräutigam, Direktor der Buchhändlerschule; Maler W. Deimling; Bildhauer Herm. Knaur; Bürgerschullehrer Eduard Mangner; Stadtschreiber Philipp Schleißner; Porträtmaler Christian Philipp Zschil; Dr. E. O. R. Bornemann, Direktor der 5. Bürgerschule; Schriftsteller Adolf Böttger; Bezirksbaumeister E. A. Buschick; Prof. Dr. Fr. Aug. Eckstein, Rektor der Thomasschule; Dr. med. Th. Kirsten; Schriftsteller Dr. Emil Kneschke; Buchhändler Guido Reusche; Steinmetzmeister Schirmer; Holzbildhauer Franz Schnelder und Prof. Dr. Heinrich Wuttke. Drei andere: Schriftsteller Max Moltke, Lehrer Ch. M. Beyer uno Sprachlehrer Chr. O. Oertel, waren vorher wieder ausgeschieden.

Der erste Vortragsabend war am 23. Januar 1868 im Gasthause zur Stadt Dresden (jetzt Sachsenhof) statt. Der hier gewählte Vorstand umfaßte fünf Mitglieder: Schleißner, Mothes, Eckstein, Kneschke und Wuttke. Der Vortrag des Abends, gehalten von Kneschke, behandelte die Geschichte des Alten Theaters in den 100 Jahren seit seiner Eröffnung am 10. Oktober 1766. 52 Mitglieder waren damals anwesend; ihre Zahl wuchs in einem Jahr auf 182. Am 18. Dezember 1869 trat Dr. Mothes als 1. Vorsteher an die Spitze des jungen Vereins, den Professor Dr. Eckstein bis dahin geleitet hatte. Da der Verein sich zur Aufgabe gestellt hatte, zu „erforschen" und zu „erhalten", so ergaben sich daraus zwei Ausschüsse, die „artistische" und „literarische" Sektion zubenannt wurden; Mothes diente Leiter der ersteren, Wuttke Leiter der anderen. Neben beiden Vorstandsmitgliedern standen Buchhändler Herm. Francke als Schatzmeister und Bibliothekar Rommel als Schriftführer und außerdem der Küster an der Neukirche (Matthäikirche), Friedrich Reppin, als Kustos der Vereinssammlungen und Geschäftsführer eines Pflegerausschusses. Am 18. März 1868 hielt die artistische Sektion ihre erste Sitzung ab; sie führte zur Gründung einer Vereinssammlung, der erste Anfang zu dem in 5 Jahrzehnten geschaffenen Grundstocke unseres stadtgeschichtlichen Museums. Wie fleißig und meist mit fachmännischem Verständnis im Laufe der Zeit wechselnden Pfleger diese Sammlungen von Büchern, Schriften, Gedenktafeln, vorgeschichtlichen Gegenständen, kirchlichen und profanen Altertümern, Kunstwerken aller Art usw. angelegt, ausgebaut und vervollständigt haben, zeigt uns heute ein Gang durch die Museumsräume im Alten Rathause. Mehrfach hat der Ort der Zusammenkunft für den Vortragsabend gewechselt. Bis zum 12. September 1878 tagte man in „Stadt Dresden". Hierauf hielt man die Vereinssitzungen bis zum 5. Februar 1880 in „Trietzschlers Gastwirtschaft", jetzt Thomasring Nr. 4, ab. Vom 25. November 1880 bis zum 20. Januar 1886 diente wieder „Stadt Dresden" als Sitzungsort; „Vierbaums Gastwirtschaft", Petersstraße Nr. 39, nahm die Versammlung vom 20. Oktober 1886 bis zum 23. März 1887 gastlich auf. Fast fünf Jahre war „Stadt Hamburg", Nikolaistraße 10, Ort der Sitzungen; endlich erwählte der Verein den „Thüringer Hof" im Jahre 1892 zum bleibenden Vereinslokal. Die lange Reihe der Vorträge, die in wesentlichen die Geschichte Leipzigs und verwandte historische Gebiete behandelte, führte naturgemäß dazu, wissenschaftliche Schriftwerke zu verfassen als „Schriften des Vereins für die Geschichte Leipzigs" herauszugeben. Dabei war es Aufgabe der literarischen Sektion, die Literatur über die Geschichte unserer Stadt zu sammeln; es entstand eine reichhaltige Bibliothek (heute im Stadtgeschichtlichen Museum),

deren Gründung durch die Erwerbung der 5000 Bände zählenden Bibliothek von Maximilian Poppe L. J. 1873 ermöglicht wurde. Ein anderes Verdienst der Sektion ist die Aufstellung von Gedenktafeln an den Wohnhäusern berühmter Leipziger. Die Vereinsschriften sollten ursprünglich in der Gestalt von Jahrbüchern herausgegeben werden; daß dies nicht durchgeführt werden konnte, lag weniger an den Mitarbeitern, als an der Wahl und Gliederung des Stoffs. Man gab darum diesen Plan auf und ließ 1873 den „1. Band der Vereinsschriften" erscheinen, der, außer anderen Beiträgen, eine „Geschichte Leipzigs bis zum Ausgang des 13. Jahrhunderts" aus der Feder Heinrich Wuttkes enthält. Mit dieser Schrift war ein guter Wurf getan. Man erkannte den großen Wert der Bestrebungen des Vereins. Trotzdem konnten fünf Jahre vergehen, ehe durch die Anregung von Wuttkes Nachfolger, Dr. Wustmann, und von Mangner ein zweiter Band erschien. Den Hauptteil lieferte Wustmann; der dritte Band kam 1885 zur Veröffentlichung und ist ganz mit Beiträgen von Wustmann gefüllt. Von diesem Jahre an setzte die literarische Sektion ihr Wirken ein. Die Vorbereitung der Vortragsabende übernahm nebst der Herausgabe der Vereinsschriften der Vorstand. Im ganzen sind bis zu Ende des Jahres 1917 zwölf Bände der Schriften des Vereins erschienen, wovon Band 12 als „Denkschrift zum fünfzigjährigen Bestehen des Vereins" zur Veröffentlichung gelangt. Verfasser sind Professor D. Dr. Ernst Kroker und Oberlehrer Paul Benndorf; letzterer gibt im 6. Abschnitt eine „Führung durch die früheren Sammlungsräume im Alten Johannishospital" mit sieben Abbildungen und einem Plane (von Fr. Drechsler). Diese Sammlungen waren seit 1890 im zweiten Stockwerk des Alten Johannishospitals untergebracht worden, nachdem sie seit 1873 den ersten Stock eingenommen ha ten. Ende Oktober 1909 übersiedelten sie nach dem Alten Rathause und kamen unter städtische Verwaltung und Aufsicht als Hauptbestandteil des neugegründeten „Stadtgeschichtlichen Museums". Am 11. Januar 1907 hat der Vereinsvorstand dem Rate den Beschluß der außerordentlichen Hauptversammlung über das Angebot seiner Sammlungen mitgeteilt, und am 22. Januar erfolgte die zustimmende Antwort des Rats, der den Vorstand betreffs der Uebernahme. Dies war für den Verein die Erfüllung lang gehegter Hoffnungen. Leider glaubte eine Anzahl von Mitgliedern, daß hiermit seinen Zweck erfüllt habe und sich auflösen könne. Das war aber keineswegs die Absicht des Vorstandes. Er hatte niemals daran gedacht, daß mit der eigenen Sammlung von Altertümern usw. für eine Pflegschaft ihr Ende gefunden habe, so bleibt doch ein Hauptzweck: Die Erforschung der Geschichte der Stadt. Was damals fast einem Ueberwollen von manchen Seiten gegen den Verein gleichkam, hat sich heute in ein aufrichtiges Wohlwollen der hiesigen Stadt verwandelt. In den Jahren 1916 und 1917 ist der Verein um mehr als 100 Mitglieder gewachsen, ein Beweis für die Anerkennung seiner wissenschaftlichen Tätigkeit, vor allem auf dem Gebiete der Stadtgeschichte. Noch immer aber gilt es, für ihn zu werben. Eine Stadt von mehr als 600 000 Einwohnern darf hinter anderen, rief die stadtgeschichtlichen Vereine sich, nicht zurückstehen, darum ist die Zahl von rund 400 Mitgliedern für Leipzig als gering anzusehen. Möchte der Sinn für die Heimat, für die Geschichte dahingegangener bedeutender Geschlechter unserer Stadt, für die leider immer spärlicher werdenden Altertümer, Bauten und geschichtlichen Kunstwerke und Denkmäler nach den bitteren Zeiten schwerer Kriegsnot wieder erweckt werden; dazu will der Verein für die Geschichte Leipzigs nach wie vor die Hand bieten. Paul Benndorf.

10. Börsenverein der Deutschen Buchhändler zu Leipzig an den Verein für die Geschichte Leipzigs – Spende von 100 Mark als Anerkennung für dessen Verdienste, 3.1.1918 (Quelle: Stadtarchiv Leipzig, Verein für die Geschichte Leipzigs, Nr. 25, Bl. 069).

BÖRSENVEREIN DER DEUTSCHEN BUCHHÄNDLER ZU LEIPZIG 69

Geschäftsstelle:
Deutsches Buchhändlerhaus,
Gerichtsweg 26.

Leipzig, den 3. Januar 1918.

An den

Verein für die Geschichte Leipzigs

Leipzig.

Der Verein für die Geschichte Leipzigs hat dem ergebenst unterzeichneten Vorstand mit Schreiben vom 8. Dezember 1917 von seinem 50jährigen Jubiläum am 17. Dezember sowie von den verschiedenen Stiftungen anlässlich dieses Jubiläums Kenntnis gegeben und zur Zeichnung eines Beitrags ersucht.

In Anbetracht der grossen Verdienste dieses Vereins um die Stadtgeschichte hat der Vorstand des Börsenvereins beschlossen, einen einmaligen Betrag von M 100.-- zu zeichnen und bittet, diesen Betrag bei der Kasse des Börsenvereins erheben lassen zu wollen.

Mit vorzüglicher Hochachtung

Der Vorstand des Börsenvereins der Deutschen Buchhändler zu Leipzig

Arthur Seemann
Erster Vorsteher.

1917, 140.

11. Beispiel einer Mitgliedskarte 1920 (Quelle: Stadtarchiv Leipzig, Verein für die Geschichte Leipzigs, Nr. 27, Bl. 004).

12. Satzung des Vereins für die Geschichte Leipzigs 1938 (Quelle: Stadtarchiv Leipzig, Verein für die Geschichte Leipzigs, Nr. 10, Bl. 1 und 1R).

1

Satzung
des Vereins für die Geschichte Leipzigs
(jur. Pers.)
(Angenommen in der Hauptversammlung vom 25. Februar 1938)

§ 1.
Wesen des Vereins.

Der am 17. Dezember 1867 gegründete Verein für die Geschichte Leipzigs
ist im sächsischen Genossenschaftsregister eingetragen, hat juristische Persönlichkeit und seinen Sitz in Leipzig. Er gehört dem Gesamtverein der deutschen
Geschichts- und Altertumsvereine an.

§ 2.
Zweck.

Der Verein bezweckt die Förderung der heimatgeschichtlichen Wissenschaft
und Volksbildung und ist in zwei Abteilungen gegliedert:
I. Heimatgeschichtliche Wissenschaft:
      A. Heimatforschung (Wissenschaftliche Vorträge, Studienausflüge,
         Schriften, Förderung des Stadtgeschichtlichen Museums).
      B. Stadtchronik.
II. Heimatgeschichtliche Volksbildung:
      A. Heimatpflege (Heimatschutz).
      B. Volksbildung und Heimatwerbung.
Die beiden Abteilungen haben je einen vom Vereinsführer zu bestimmen-
den Leiter; die Abteilungsleiter arbeiten in ständiger gegenseitiger Fühlung-
nahme. Sie sind berechtigt, in ihren Unterabteilungen Fachreferate zu errichten,
und machen über deren Besetzung Vorschläge an den Vereinsführer.
Die Abteilung II wird nur in Verbindung mit dem Heimatwerk Sachsen,
der Volksbildungsstätte Kreis Leipzig und dem Verkehrs-Verein Leipzig E. V.
tätig. Hierüber ist mit diesen Einrichtungen durch den Vereinsführer ein schrift-
liches Abkommen zu treffen.

§ 3.
Vereinsführung.

Der Führer des Vereins ist der jeweilige Dezernent des Kulturamtes der
Reichsmessestadt Leipzig. Er ist der gesetzliche Vertreter des Vereins. Seine
Legitimation gegenüber den Registerbehörden erfolgt durch schriftliche Anzeige.
Ihm steht ein Beirat zur Seite, dem angehören:
1. der Oberbürgermeister der Reichsmessestadt Leipzig;
2. der Kreisleiter der NSDAP. Kreis Leipzig;
3. der Regierungspräsident zu Leipzig;
4. der Vorsitzende des Verkehrs-Vereins Leipzig E. V.;
5. der Leiter der Volksbildungsstätte Kreis Leipzig;
6. die Abteilungsleiter;
7. weitere 3 Mitglieder des Vereins, welche der Vereinsführer bestimmt.
Der Beirat wird vom Vereinsführer nach Bedarf einberufen.
Die Geschäfte des Vereins werden ehrenamtlich von einem Geschäftsführer
wahrgenommen, den der Vereinsführer bestimmt.
Der Vereinsführer ist berechtigt, Vertrauensmänner des Vereins in einzelnen Stadtteilen zu bestimmen.

§ 4.
Erwerb und Verlust der Mitgliedschaft.

Mitglied des Vereins kann jeder werden, der deutschen oder artverwandten Blutes ist. Die Entschließung über die Aufnahme faßt der Vereinsführer. Die Mitgliedschaft endigt mit dem Tode, dem freiwilligen Austritt oder dem Ausschluß. Über den Ausschluß bestimmt der Vereinsführer nach Anhörung des Beirates. Der Ausschluß muß erfolgen, wenn die Mitgliedschaft dem Wohle des Vereins zuwiderläuft.

Der Verein kann durch seinen Führer nach Anhörung des Beirates Ehrenmitglieder ernennen.

§ 5.
Rechte und Pflichten der Mitglieder.

Die Mitglieder haben freien Zutritt zu den Sammlungen des Stadtgeschichtlichen Museums und können dessen Bücherei unentgeltlich benutzen. Sie erhalten unentgeltlich ein Stück der Veröffentlichungen der Schriftenreihe beim Erscheinen und können ohne Entgelt an den vom Verein veranstalteten wissenschaftlichen Vorträgen und Studienausflügen teilnehmen; für die Ausflüge sind jedoch die baren Auslagen zu ersetzen.

Die Mitglieder sind zur Zahlung eines jährlichen Mindestbeitrages verpflichtet, dessen Höhe vom Vereinsführer nach Anhörung des Beirates festgesetzt wird. In dieser Höhe beschränkt sich ihre Haftung und sie erhalten hierüber Quittung durch Aushändigung einer jährlichen Mitgliedskarte. Im Notfall kann der Vereinsführer jährlich eine einmalige Umlage nach Anhörung des Beirates einfordern.

§ 6.
Vereinsvermögen.

Das Vereinsvermögen wird vom Geschäftsführer verwaltet, der hierüber bei der ordentlichen Hauptversammlung Rechnung zu legen hat. Es ist sicher und verzinslich anzulegen.

§ 7.
Hauptversammlung.

Die ordentliche Hauptversammlung findet einmal jährlich in Leipzig statt. Sie wird auf Veranlassung der Vereinsführung durch den Geschäftsführer mindestens eine Woche vorher schriftlich einberufen. Als Ausweis der Mitglieder dient hierbei die Mitgliedskarte des laufenden Geschäftsjahres.

Über die Einberufung außerordentlicher Hauptversammlungen beschließt der Vereinsführer.

Die Hauptversammlung beschließt über die Auflösung des Vereins mit einer Mehrheit von drei Viertel der Anwesenden und über Satzungsänderungen mit einfacher Mehrheit.

§ 8.
Auflösung des Vereins.

Wird der Verein aufgelöst, so fließt sein nach Erfüllung seiner Verbindlichkeiten etwa noch vorhandenes Vermögen der Stadtgemeinde Leipzig zu mit der Bestimmung, dieses lediglich für gemeinnützige Zwecke zu verwenden.

§ 9.

Diese Satzung tritt am 26. Februar 1938 in Kraft. Damit sind alle früher geltenden Satzungsbestimmungen aufgehoben.

GEBR. WITTENBECHER, LEIPZIG.

13. Schreiben des Geschäftsführers des Vereins für die Geschichte Leipzigs,
Walter Engemann, an den Oberbürgermeister der Reichsmessestadt Leipzig
vom 26. Juni 1939, die Stadtrechtsverleihung betreffend (Stadtarchiv Leipzig, Kap. 74, Nr. 77, Bl. 003).

3

Verein für die Geschichte Leipzigs

jur. Perſon

Geſchäftsſtelle Reichsſtraße 15 (Kochs Hof) Aufgang C · Fernruf 18144
Bankkonto 58540 Stadt- u. Girobank Leipzig, Barfußgäßchen 11 · Poſtſcheck: Leipzig 52433

Gegründet 1867

Dr.E./F.   Leipzig C1, den   26. Juni 1939

                                                    Der Oberbürgermeiſter
                                                      der Stadt Leipzig
An den   30. Juni 1939
Oberbürgermeister der Reichsmessestadt   Kulturamt
K u l t u r a m t

L e i p z i g   C 1

Täubchenweg 2 a

Hiermit stelle ich den Antrag, dass von dem Stadtarchiv um-
gehend festgelegt wird, ob das Jahr

                1156   oder   1160

das Jahr der Stadtrechtsverleihung gewesen ist.

In den Werbeschriften der Stadt (Leipziger Beobachter, Werbe-
prospekte usw.) wird stets das Jahr 1160 angegeben. Es muss
bereits heute festgelegt werden, welches Jahr in Frage kommt,
denn das 8oo-jährige Jubiläum der Stadt kann nur 1156 oder 1160
gefeiert werden, wenn nur eines der beiden Jahre in allen Veröffentlichungen genannt wird.

Es ist sogar notwendig, dass in einer Abhandlung die beiden
Jahre untersucht und die Beweise für die Richtigkeit des fest-
gelegten Jahres aufgeführt werden. Leipzig darf es weder wie
Rochlitz gehen, wo nachträglich festgestellt wurde, dass man das
Stadtjubiläum an einem falschen Termin gefeiert hatte, noch darf
ein Streit beginnen, wenn der Termin nahegerückt ist.

Ich bitte, mir das Ergebnis der Untersuchung mitzuteilen, das
ich allen Stellen weiterleiten werde, die diese Jahreszahl ge-
brauchen.

                            Heil Hitler

                            W. Walter Engemann

Kochs Hof, größtes Bürgerhaus Alt-Leipzigs aus der Barockzeit mit Durchgang von Markt 3 nach Reichsſtraße 15,
wurde erbaut 1735—1739.

14. Schreiben des Geschäftsführers des Vereins für die Geschichte Leipzigs, Walter Engemann, über die »Neuordnung der Geschichtsschreibung der Stadt« mit der zentralen Forderung nach Abfassung einer »modernen nationalsozialistischen wissenschaftlichen Stadtgeschichte« (Stadtarchiv Leipzig, Kap. 74, Nr. 77, Bl. 047–048).

Zur Neuordnung der Geschichtsschreibung
der Stadt.

16./10. 40.

1) Der Vorschlag zur einheitlichen Zusammenfassung der Geschichtsschreibung der Stadt ist vom Unterzeichneten ausgegangen. Er hat einen Vorschlag hierzu an Herrn Oberbürgermeister und an Herrn Stadtrat Hauptmann überreicht. Herr Stadtrat hat einen Gegenvorschlag von Herrn Archivar Dr. Ernst Müller Herrn Oberbürgermeister überreichen lassen.

2) Das Ziel des ersten Vorschlages war eine Zusammenfassung der gesamten heimatkundlichen und wissenschaftlichen Geschichtsschreibung in einer Hand. Zentralstelle hierfür sollte die Geschäftsstelle des Vereins für die Geschichte Leipzigs sein, welche unter der Aufsicht des Herrn Oberbürgermeisters, bezw. des Herrn Stadtrats, die Herausgabe des gesamten Schrifttums im nationalsozialistischen Sinne leiten, und von Herrn Oberbürgermeister finanziell unterstützt werden sollte.

Der Gegenvorschlag trennt die heimatkundliche und wissenschaftliche Geschichtsschreibung. Er stellt die wissenschaftliche Geschichtsschreibung unmittelbar unter die Leitung des Herrn Oberbürgermeisters. Es besteht hierdurch die Gefahr, daß die wissenschaftliche Geschichtsschreibung nicht mit der heimatkundlichen zusammenarbeitet.

3) Wenn der nationalsozialistische Grundsatz "Männer machen die Geschichte" das gesamte wissenschaftliche Geschichtswerk erfüllen soll, so ist die erste Voraussetzung, daß die Geschichtsforscher ihre Arbeit diesem Sinne angleichen. Wenn Herr Dr. Müller betont, daß nur die Männer, die bisher dauernd Stadtgeschichte getrieben haben, geeignet sind, die Grundlagen für ein solches Geschichtswerk zu schaffen, so möchte dabei nicht übersehen werden, daß bisher keiner von ihnen die Voraussetzungen für ein solches Gesamtwerk im nationalsozialistischen Sinne geschaffen hat. Außerdem wird jeder zünftige Historiker die wissenschaftlichen Voraussetzungen für eine solche Aufgabe ebenso besitzen, wie die bisherigen Historiker betonen, Wustmann bereits überholt zu haben.

4) Herr Dr. Müller betont in seinem Gegenvorschlag, daß nur die Arbeit von den von ihm vorgeschlagenen Referenten geleistet werden kann, wenn sie dienstlich so entlastet werden, daß sie die meiste Zeit ihres Dienstes mit dieser Arbeit ausfüllen können. Es wäre demnach am besten, die drei vorgeschlagenen Referenten im Interesse einer beschleunigten Herausgabe einer Stadtgeschichte von ihrem Dienst völlig zu befreien und an ihre Dienststellen andere wissenschaftliche Kräfte zu setzen, zumal diese Herren gesundheitlich nicht mehr intakt sind. Während neue Kräfte im Dienst neu aufbauen könnten, wäre die Herausgabe einer wissenschaftlichen neuen Stadtgeschichte für die alten Kräfte ein würdevoller Abschluß ihrer wissenschaftlichen Arbeit. Von mir ist in meinem Vorschlag besonders darauf hingewiesen worden, daß das Interesse der Bevölkerung an der Stadtgeschichte nicht durch die bisherigen hierfür verantwortlichen Stellen geweckt worden ist, sondern erst durch die Veranstaltungen des Verkehrs-Vereins, obwohl gerade diese Aufgabe die vornehmste dieser Stellen hätte sein sollen. Mögen diese Stellen wissenschaftlich überlastet gewesen sein, so wäre es zweckmäßig, ihre Arbeitskraft für die wissenschaftliche Forschung völlig freizumachen.

48 44

5) Der erste Vorschlag wollte auch Sachbearbeiter für die einzelnen
Zeitabschnitte. Im Gegenvorschlag von Herrn Dr. Müller fehlt völlig
die Vorgeschichte, die eine der wesentlichen Wissenschaften der
Gegenwart ist. Herr Dr. Müller lehnt die Vorgeschichte als exakte
Wissenschaft ab. In einer modernen nationalsozialistischen wissenschaftlichen Stadtgeschichte darf keinesfalls dieser Zeitabschnitt
fehlen. In meinem Vorschlag ist gerade dieser Zeitabschnitt besonders gewürdigt worden. Schon allein diese Tatsache beweist, daß
die Leitung der Gesamtherausgabe des neuen Geschichtswerkes einem
zünftigen Historiker von Anfang an übergeben werden müßte, der dafür verantwortlich ist,

daß trotz des wissenschaftlichen Charakters des Gesamtwerkes
dieses nach Fertigstellung mit der heimatkundlichen Literatur
und mit dem gesunden Volksempfinden für Geschichte in Einklang
stehen muß. Aus diesem Grunde bitte ich den Herrn Oberbürgermeister, nochmals zu prüfen, ob es nicht im Interesse des Gesamtwerkes zweckmäßiger ist, insofern an meinem Vorschlag festzuhalten,

1., daß die Geschäftsführung, die für die Herausgabe der heimatkundlichen Literatur verantwortlich ist, auch mit der Herausgabe des wissenschaftlichen Gesamtwerkes betraut wird,

2., daß von Anfang an ein zünftiger Historiker mit der Leitung
der Herausgabe des Gesamtwerkes betraut wird, der sowohl für
die Herausgabe im nationalsozialistischen Sinne verantwortlich ist, als auch auf Grund seines Lebensalters voraus-
sichtlich die Herausgabe in dessen Interesse zumindest
längere Zeit in seiner Hand behalten wird.

Dr. Walter Bergemann

15. Schreiben des NS-Kulturdezernenten Hauptmann an den Oberbürgermeister der Stadt Leipzig (Alfred Freyberg) über die Notwendigkeit einer
wissenschaftlichen Stadtgeschichte, 3. April 1940 (Quelle: Archiv der Stadt
Leipzig, Kap. 74 Nr. 77, Bl. 007).

Kulturamt,
am 3. April 1940.

Herrn

Oberbürgermeister.

Ich möchte in folgendem Ihre Aufmerksamkeit auf einen
Punkt des kulturellen Leipzigs lenken, wo eine Abhilfe dringend
nötig ist:

Es ist bisher dem Schrifttum über unsere Stadt verhältnismäßig wenig Beachtung geschenkt worden. Vor allem fehlt ein
wissenschaftliches Werk über die Leipziger Stadtgeschichte. Da
die Stadt in den Jahren 1956 bis 1960 das Jubiläum ihres 800jäh-
rigen Bestehens feiern wird, wäre es eine höchst wünschenswerte
und dringliche Aufgabe, bis dahin ein solches Geschichtswerk zu
schaffen. Da hierfür eine Unzahl zeitraubender Kleinarbeiten auf
den einzelnen Gebieten als Vorbereitung des Gesamtwerkes erforderlich sind und von einer großen Anzahl von Mitarbeitern zu er-
ledigen sein würden, drängt die Zeit, und es muß trotz des Krieges baldigst mit den Vorbereitungen begonnen werden.

Um Ihre Stellungnahme zu diesem Gedanken kennen zu ler-
nen, wäre ich Ihnen dankbar, wenn Sie mich zusammen mit Herrn
Archivar Dr. M ü l l e r empfangen würden, damit wir Ihnen Nä-
heres vortragen könnten.

16. Schreiben von Dr. Johanna Schmidt an den ehemaligen Direktor des Stadtgeschichtlichen Museums Leipzig, Dr. Friedrich Schulze vom 26. September 1950, in dem Schmidt über den letztlich gescheiterten Versuch der Neugründung des Vereins für die Geschichte Leipzigs informiert und um Auskunft bittet (Stadtarchiv Leipzig, Verein für die Geschichte Leipzigs, Nr. 57, Bl. 045 und 045R).

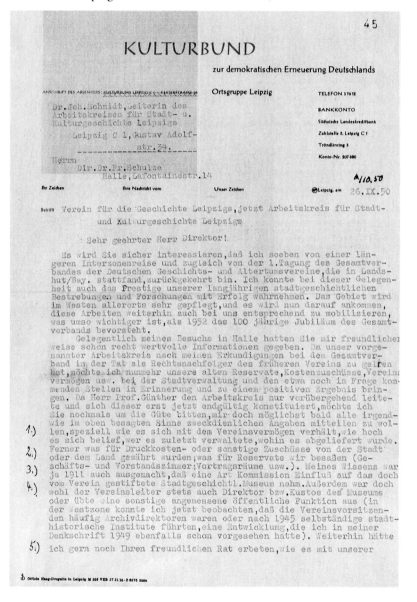

stadtgeschichtlichen Spezialbibliothek steht,die ursprünglich garnicht
mit gestiftet werden sollte. Sie gewinnt nämlich heutzutage insofern
an Wert,als die eigentliche Stadtbibliothek vernichtet ist.Selbstver-
ständlich müßte sie ergänzt,gesichtet und neu katalogisiert werden.
6.) In diesem Zusammenhang interessiert mich auch,wie es mit dem Schriftenaustausch stand. Eine Kartei konnte ich nicht finden;ich habe auch noch
keine systematisch fortlaufenden Schriftenreihen anderer Städte gesehen. Aber ich traf im Westen verschiedene Kollegen an,die schon viele,viele Jahre Geschichtsvereinsvorsitzende in ihrer Heimatstadt waren
und an Hand ihrer erhaltenen Akten nachwiesen,daß Leipzig mit sehr
vielen Orten Austausch hatte. Leider fand ich im Stadtgeschichtl.Mu-
seum in einem Winkel überhaupt nur einen verhältnismäßig kleinen und
wohl infolge Umräumens und Unkenntnis der Nachfolger in Unordnung ge-
brachten Teil der Vereinsakten vor. Also eine recht mühsame Arbeit,
alles wieder richtig in Fluß zu bringen. Da wir zudem ursprünglich mit
der von Gottsched geleiteten 'Deutschen Gesellschaft' gewissermaßen
zusammenhängen und als ältester Geschichts- und Altertumsverein Deutsch-
7.) lands gelten,wäre ich Ihnen schließlich sehr dankbar,wenn Sie mich noch
über den Charakter und Bestand,Vorsitzenden usw. dieser Gesellschaft
in den letzten Jahren orientieren würden,die inzwischen offenbar eingegangen ist. In den Festschriften unseres Vereins finde ich erwähnt,daß
Goethe und Alexander (merkwürdigerweise nicht Wilhelm) v.Humboldt Ehrenmitglieder gewesen seien,jedoch ohne nähere Belege;würden Sie mir darübe
8.) sowie über etwaige sonstige berühmte Mitglieder noch Auskunft geben
können? Sicher hatten wir auch Beziehungen zur Sächs.Kommission für Geschichte und zur Universität,was ich aber insofern nicht genauer nach-
prüfen kann,als Herr Prof.Kötzschke unterdessen gestorben ist,sodaß ich
9.) mich auch in dieser Beziehung auf Ihre Mitteilungen verlassen muß. Jedenfalls bin ich für alle Angaben,die dem Wiederaufbau unserer stadtgeschichtlichen Arbeiten irgendwie förderlich sein könnten,außerordentlich
dankbar.

        Mit vielem Dank schon im Voraus für Ihre freundlichen Bemühungen,
ergebensten Grüßen -auch an Ihre verehrte Frau Gemahlin- und allen guten Wünschen verbleibe ich

                              Ihre

                              Johanna Schmidt.

Abs.: Dr.Johanna Schmidt,Leipzig C 1,
      Gustav Adolfstr.34.

17. Bericht der Fachgruppe für Stadtgeschichte im Deutschen Kulturbund vom 22. Juni 1960 (Sächsisches Staatsarchiv, Staatsarchiv Leipzig 21758, Kulturbund der DDR, Fachgruppe Stadtgeschichte Leipzig, Nr. 6).

Leipzig, am 22.Juni 1960

Bericht der Fachgruppe für Stadtgeschichte im Deutschen Kulturbund.

Die Fachgruppe für Stadtgeschichte im Deutschen Kulturbund hat es sich zur Aufgabe gesetzt, interessierte Bundesfreunde mit der Geschichte der Stadt Leipzig sowie der Landesgeschichte vertraut zu machen.

Beginn: Die Fachgruppe wurde im April 1955 mit wenigen Mitgliedern gegründet.

Mitglieder-   Der Höchststand von 151 Mitgliedern wurde bis April
stand: 1959 erreicht. Durch Todesfälle und Wegzüge, leider
               aber auch durch die Erhöhung der Mitgliedsbeiträge,
               war der Mitgliederstand auf 120 gesunken; durch Werbung und Eintritt neuer Mitglieder wurde bis Ende
               Mai 1960 der Stand von 134 erreicht.

Beitragsmar-   Für Beitragsmarken wurden bis Ende Mai 1960 - also
ken: in 5 Monaten- 387.50 DM vereinnahmt.

Leitungs-   Die Fachgruppe wird von Herrn Dr. Füßler geleitet,
sitzungen: ihm stehen 8 Leitungsmitglieder zur Seite, die
               verschiedene Aufgabengebiete betreuen. Allmonatlich
               werden Leitungssitzungen durchgeführt, in denen die
               Veranstaltungen der kommenden Wochen beraten werden.

Einladun-   Für die monatlichen Veranstaltungen erhalten die
gen: Mitglieder Einladungen; auch den interessierten
               Nichtmitgliedern gehen dieselben zwecks Werbung zu.

Veranstal-   Die Veranstaltungen gliedern sich in nachstehend
tungen: aufgeführte Gruppen:
               a) Vorträge
               b) Führungen
               c) Kulturfahrten
               d) Hausmusiken m. Leipziger Komponisten

- 2.-

- 2 -

a) <u>Vorträge:</u> 12. 1.60 Dr. Füßler: "Meine Reise nach Krakau
und Zakopane"   150 Pers

21. 1.60 Siegf.Hoyer: "Staat und Universität
Leipzig im Zeitalter
der Reformation"   50 "

9. 2.60 Dr.Weber: "Die Universität Leipzig
in der Revolution 1848/49"   50 "

23. 2.60 Dr. Füßler i.Vertrt.f.H.Rosenbaum
"Alte Leipziger Frühlings-
bräuche"   140 "

11. 3.60 Kammervirtuos Einh. Nietner:
"Mit dem Gewandhausorchester
durch Westdeutschland, Belgien, Frankreich und die
Schweiz"   210 "

26. 4.60 Udo Baumann:"Zur Geschichte der Universität Leipzig 1918-1923"
30 "

13. 5.60 Kammervirtuos Einh. Nietner:
"Mit dem Gewandhausorchester
durch Westdeutschland, Belgien, Frankreich und die
Schweiz"   212 "

24. 5.60 Dr. Füßler: "Die wissenschaftliche
Untersuchung des Bach-
bildes v. Haußmann"   84 "

b) <u>Führungen:</u> 17. 7.60 Wener Starke:Fhrg u. Vortrag, " Auf
Goethes Spur in Auerbachs
Keller"   60 "

14. 2.60 "   "   Fhrg. u. Vortrag "Auf
Goethes Spuren in Auer-
bachs Keller"   60 "

20. 3.60 "   "   desgleichen   45 "

1o. 4.60 DHfK: "Leipzig als Turn- und
Sportstadt"   80 "

28. 5.60 Koll. Thieme:"Führung durch das
Feierabendheim "Andersen
Nexö"   65 "

- 3 -

- 3 -

c) <u>Kulturfahrten:</u> 22.5.60, W. Behrends: "Wiederau und Pegau"

                                                     58 Pers.

d) <u>Hausmusiken mit</u> 12.4.60, "Bach und Telemann"   110 "
    <u>Werken Leipziger</u>
    <u>Komponisten:</u>
                    29.4.60, Wiederholung   140 "

-.-.-.-.-.-.-.-.-.-.-.-.-.-

<u>Veranstaltungen im Juni 1960:</u>

10.6. <u>Vortrag,</u> Prof. Losse: "Robert Schumann in Leipzig"

19.6. <u>Kulturfahrt,</u> W. Behrends: "Delitzsch"

24.6. <u>Hausmusik,</u> "Spielmusik zeitgenössischer Leipziger Komponisten"

-.-.-.-.-.-.-.-.-.-.-.-.-.-

<u>Geplante Veranstaltungen:</u>

Kunsthändler Lehmann: "Leipziger Sammlungen"

Ferdinand May: "Leipziger Theater"

3. Hausmusik Anfang Oktober, "Spielmusik Leipziger Komponisten
                            aus dem 16. u. 17. Jahrh."

4.   "   Mitte November, "Unbekannte Meister und Werke des
                            17. u. 18. Jahrh."

5.   "   Dezember,   "Klavichord-Abend"

<u>Juli:</u> Kulturfahrt, Gnandstein

          "   Lindenthal, Tannenwald, Gohlis

<u>August:</u>   "   Bad Lausick

          "   Lößnig-Dölitz

<u>September:</u> "   Beuchergshain, Pomßen, Horburg

18. Arbeitsgemeinschaftsveranstaltungen 1964–1967 (Sächsisches Staatsarchiv, Staatsarchiv Leipzig 21758, Kulturbund der DDR, Fachgruppe Stadtgeschichte Leipzig, Nr. 2).

1964– 1977

Arbeitsgemeinschaftsveranstaltungen

1964

September	1. Ausspracheabend
Oktober	2. "
November	3. "
Dezember	4. "

1965

Januar	5. "
Februar	Theater- und Musikgeschichtliche Sammlung im Museum - Frau Richter
März	Beratung
April	Geschichte der Philatelie - Herr Hesse
Mai	Einsatz im Alten Johannisfriedhof
September	Bibliothek im Museum - Frl. Walter
Oktober	Bilderaustausch
November	Vorgeschichte - Frau Lichtenberger
Dezember	Traditionregimant 1813 in England - Dr. Füssler

1966

Januar	Lichtbildervortrag: Leipziger Denkmäler von früher und heute" - Herr Ehrhardt
Februar	allgemeine Fragen
März	Leipziger Messeabzeißhen - Herr Behrends
Mai	Großzschocher - Herr Johnen
September	Ein Blick in die Geschichte des Stadtarchivs - Dr. Unger
Oktober	Pläne unserer Stadt - Dr. Beyer
November	Ständekämpfe 1250/1360 - Prof. Dr. Czok
1967 Januar	Besuch des Stadtarchivmagazins - Dr. Unger
Februar	Medaillen und Münzen - Herr Breiter
März	Goethe und Leipzig - Herr Voigt
April	Von der mittelalterlichen Stadt zur Handelsmetropole - Prof. Dr. Czok
Mai	Das Institut für ~~Länderkunde~~ *Regionalgeschichte* - Prof. Dr. Czok
September	Autographensammlung im Museum - Frl. Walter
November	Georgi-Dimitroff-Museum - Dr. Bernhard

1968

Januar	Chronik der Stadt Leipzig - Frau Naumann
Februar	Messeverbindungen zu französischen Hafenstädten - Dr. Beyer
März	Über Dr. Gördeler - Dr. Unger
April	Über die Entwicklung und Herstellung der Zinnfigu - Herr Schönpflug
Mai	Dr. Zwar
September	Kirchen- und Denkmalspflege in Polen und derCSSR - Herr Grundmann Gedenken an den verstorbenen Bundesfreund Behrend
Oktober	Nautreissenschaftliches Museum - Dr. Beer
November	Leipziger Frauenpersönlichkeiten- Herr Voigt

1969 1969

Januar	Leipzig am 4. Dezember 1943
Februar	Leipziger Wasserstraßen - Dr. Beer
Mai	Besichtigung des Nexö-Heims - Herr Thieme
September	20 Jahre Leipzig im Spiegel des Stadtarchivs - Dr. Beyer
Oktober	Besichtigung des Magazins des Staatsarchivs - Dr. Unger
November	Das Bilderarchiv des Stadtarchivs - Dr. Beyer
1970 Januar	Bericht über eine Reise in die Sowjetunion - Herr Grundmann
Februar	Ein Film über die Iskra - Herr Kretzschmar
September	Über die Einnahme der Stadt Leipzig 1945 - - Herr Steinicke
Oktober	Schönefeld in Wort und Bild - Herr Wohlrath
November	Bacharchiv - Herr Schulze

1971

Januar	Deutsches Buch- und Schrifttumsmuseum - - Herr Schwannecke
Februar	Entwicklung von Wahren - Herr Haunstein
März	Zentralstelle für Genealogie - Herr Keßler
Mai	Besteigung des Turmes der Nikolaikirche

1972

Februar	Besuch des Göschenhauses
März	Über die Entwicklung der Territorialstaaten - Prof. Dr. Czok
Mai	Aus dem Leben Dr. Georg Sackes - Dr. Unger
November	Die Parthe von der Quelle bis zur Mündung - Herr Wohlrath

1973

Januar	Entwicklung der deutschen Territorialstaaten
Februar	Aus dem Leben Gellerts - Frl. Walter
April	Stadtkernforschung - Frau Lichtenberger
Oktober	Über bäuerliche Aktionen im späten Feudelismus im Raum von Leipzig - Drau Reich

1974

Januar	Museum des Kunsthandwerkes - Frau Dr. Hanisch
Februar	Über die Entwicklung des Staatsarchivs - Frau Gebauer
März	Die Leipziger Vorstädte während der frühbürgerlichen Revolution im 16. Jahrh. - Prof. Dr. Czok
April	Geographisches Museum- Herr Müller
Mai	Besuch der Vogelschutz-Lehrstätte in Stötteritz - Herr Homann
September	10 Jahre Arbeitsgemeinschaft Stadtgeschichte Rück- und Ausblick
November	Sender Leipzig - Herr Tietz und Herr Meyer

1975

Februar	Der Macherner Park - Herr Wohlrath
April	Die Eingemeindung der Leipziger Vororte und ihre Probleme - Prf. Dr. Czok
Mai	Wetterdienststelle in Leipzig - Herr Sieblitz
Oktober	Universitäts-Bibliothek - Herr Luft

1976 Januar

	Geographisches Museum - Herr Müller
Februar	Eine Fahrt nach Transkaukasien - Herr Voigt
März	Leipziger Stadtansichten und Grundrisse als geschichtliche Quellen- Prof. Dr. Czok
April	Funde im Fregehaus - Frau Gebauer
April	Die Leipziger Familie Preußer - Herr Jahn
Oktober	Kennen Sie Schönefeld wirklich? - Herr Wohlrath

1977

April	Eine wenig bekannte Leipziger Persönlichkeit: Karl Scheithauer - Herr Voigt
Mai	Der sogenannte Calvinistensturm 1593 - Prof.Dr.Czok
Oktober	Zentralstelle für Geneologie - Herr Dr. Rothe
November	Zu Besuch in Uniosstädten der UdSSR - Herr Voigt

organisiert und durchgeführt von Hein & Voigt

19. Fachgruppe Stadtgeschichte im Kulturbund der DDR – Arbeitsplan für das Jahr 1966/1967 (Sächsisches Staatsarchiv, Staatsarchiv Leipzig 21758, Kulturbund der DDR, Fachgruppe Stadtgeschichte Leipzig, Nr. 166).

Fachgruppe Stadtgeschichte

Arbeitsplan für 1966 (1. Halbjahr)
1967

Die Fachgruppe Stadtgeschichte stellt sich für das erste

Halbjahr 1966 folgende Hauptaufgaben:

    a, x Gewinnung neuer, vor allem jüngerer Mitglieder

    b, x Einbeziehung weiterer Mitglieder der Fachgruppe in die
       Tätigkeit der AG'n

    c, x Durchführung öffentlicher Veranstaltungen für
       interessierte Bürger unserer Stadt

Verwirklichung dieser Ziele:

1,   Die AG Stadtgeschichte unter Leitung des Bundesfreundes Voigt
    wird durch Mitarbeiter des Museums über stadtgeschicht-
    liche Probleme informiert. Weiterhin führen Mitglieder der
    AG Forschungen auf dem Neuen und Alten Johannisfriedhof durch.

2,   Die AG Junge Historiker unter der Leitung der Bundes-
    freundinnen Schumann und Richter wird weitere stadtge-
    schichtlich interessierte Schüler und Pioniere zur Mit-
    arbeit und als Nachwuchs für die Fachgruppe gewinnen. Sie
    stellt sich die Aufgabe, die baugeschichtliche Entwicklung
    Leipzigs von der Romanik und Gotik an bis zum Werden der
    Sozialistischen Großstadt durch Exkursionen, Arbeitsnach-
    mittage u.a. zu behandeln.

3,   Die bereits zur Tradition gewordenen Kulturfahrten zur Er-
    schließung der Sehenswürdigkeiten und Gedenkstätten des
    Bezirkes Leipzig und der angrenzenden Gebiete unter Leitung
    der Bundesfreunde Behrends und Voigt führen interessierte
    Mitglieder und Bürger u. a. nach Bad Dürrenberg, Altenburg,
    sowie Borsdorf- Beucha- Naunhof. Zwei Sonnabend- Nachmittag-
    Exkursionen sind geplant: " Rund um das Völkerschlachtdenkmal"
    und " Auf Spuren der Vorgeschichte in Kleinzschocher".

4,   Schwerpunkte der Vortragstätigkeit werden unter anderem sein :
    Januar   In Verbindung mit der Ausstellung in der 1.Etage
          des Alten Rathauses spricht der Direktor des Deut-
          schen Spielzeugmuseums Sonneberg zum Thema "Schö-
          nes Spielzeug aus aller Welt". Mit Farblichtbildern.

          Weiterhin findet auf vielfachen Wunsch ein Vortrag
          mit Führung in Auerbachs Keller statt, Ltg. W. Starke

Februar Dr. H. Kuas spricht in Weiterführung des Gedankens der 800
Jahr-Feier über "Die Entstehung Leipzigs im Lichte der
Archäologie".

März Unter besonderer Berücksichtigung der Leipziger Verhältnisse spricht Herr Dr. Smolian über das Thema " Von der
Kufenschleife zum Luftkissenauto".

April In Verbindung mit der Bildungsstätte der SED-Stadtleitung
findet ein Vortrag anläßlich des 2o. Jahrestages der
Gründung der SED über die Entwicklung und Politik der
Partei in Leipzig statt.

Die Vortragstätigkeit wird im Winter fortgesetzt.

5. Die Leitungssitzungen der Fachgruppe finden monatlich einmal
statt. Neben organisatorischen Problemen ist besonders die
politisch-ideologische Arbeit mehr in den Mittelpunkt der
Aussprache zu stellen. Alle Veranstaltungen sind unter diesen
Aspekten gründliche vorzubereiten und auszuwerten.

Schwerpunkte der Leitungssitzungen:

Januar 7.1. 16.00 Auswertung der Stadtkommissionssitzung
Aufgaben der Fachgruppe im 1. Halbjahr

Februar 25.2. 15³⁰ Vorbereitung des 2o. Jahrestages der SED
Aussprache mit dem Stadtarchiv Leipzig
über weitere Zusammenarbeit

März 18.3. 15³⁰ Konzeption der Kulturfahrten 1966 (1.Hj.

April 22.4. 15³⁰ Stand der Mitgliederwerbung und Einbezie-
ung weiterer Mitglieder in die Tätig-
keit der AG

Mai 27.5. 16⁰⁰ Vorbereitung des Arbeitsplanes 2.Halbjah

Juni Die Arbeit der AG Junge Historiker

Leipzig, den 12.12.1965

Fachgruppenleitun

gez. i.A. Kretzschmar

20. Rechenschaftsbericht der Fachgruppe Stadtgeschichte im Kulturbund der DDR 1972 (Ausschnitt) (Sächsisches Staatsarchiv, Staatsarchiv Leipzig 21758, Kulturbund der DDR, Fachgruppe Stadtgeschichte Leipzig, Nr. 166).

Ein weiterer Schwerpunkt war und ist die Weiterführung der begonnenen Untersuchungen stadtgeschichtlicher Probleme besonders auf dem Gebieten der Denkmalspflege und Vorstadtentwicklung.

Bundesfreund Voigt ist es zu verdanken, daß in der Arbeitsgemeinschaft "Stadtgeschichte" ein Kreis besonders interessierter Fachgruppenmitglieder immer wieder mit speziellen Ergebnissen der Stadtgeschichtsforschung bekanntgemacht wird und dadurch Anregung für die eigene Arbeit auf dem Gebiet der Heimatgeschichte erhälten. — 155 Teiln. gesamt —

Unter den Forschungsvorhaben können u.a. genannt werden: Bundesfreund Pannicke zur Geschichte der Nikolaischule, Bundesfreund Grundmann zur Geschichte Eutritzsche, An der Erforschung des Ortes Plösen arbeitet gegenwärtig B.-frd. ....Jahn.......... und wird (sicher/uns) bald über seine Resultate informieren können. Den Problemen der Denkmalspflege hat sich bes. Bundesfreund Grundmann zugewandt. Als Mitglied des Bezirksfachausschusses Denkmalspflege arbeitet er gemeinsam mit B.-freund Beyer dort und beide halten die Verbindung mit dem Denkmalspfleger der Stadt Leipzig, Herrn Maaß. Besonders hervorzuheben ist hier die gemeinsame Arbeit bei der Registratur der Grabdenkmäler des Neuen Johannisfriedhofs. Bundesfreund Kretzschmar hat sich die Erfassung aller Denkmäler und Erinnerungsspuren der Völkerschlacht 1813 zum Ziel gestellt, da Gebäude-Abbrüche und die Umgestaltung des Gebietes südlich von Leipzig durch den Braunkohlenabbau eine Bestandsaufnahme erforderlich machen.

21. Das Engagement der Fachgruppe Stadtgeschichte im Kulturbund der DDR
für den Schutz von Denkmalen 1973 (Sächsisches Staatsarchiv, Staatsarchiv Leipzig
21758, Kulturbund der DDR, Fachgruppe Stadtgeschichte Leipzig, Nr. 166).

XXXXXXXXXX   der DDR

30.1.1973

An das Büro des Chefarchitekten
        der Stadt Leipzig
            7o1 Leipzig
            Neues Rathaus

Betr.: Fußgängerbrücke am Friedrich-Engels-Platz/ Treuenfeld-Denkmal

Im unmittelbaren Baustellenbereich der neu zu errichtenden
Fußgängerbrücke am Friedrich-Engels-Platz(nahe dem Konsument-
Warenhaus) befindet sich das unter Denkmalschutz stehende Treuen-
feld-Denkmal.
Um das Denkmal vor Beschädigungen zu schützen, bitten wir Sie
zu veranlassen, daß der ausführende Baubetrieb um das Denkmal
einen massiven Bretterverschlag in der Form, wie er bereits beim
Bau des Konsument-Warenhauses ausgeführt war, errichtet.
Im Interesse der Denkmalpflege wäre eine umgehende Erledigung
der Angelegenheit zu begrüßen. Bitte betrachten Sie unseren
Brief als Eingabe.

            Mit freundlichen Grüßen

            Leitung der Fachgruppe Stadtgeschichte

22. Fachgruppe Stadtgeschichte im Kulturbund der DDR – Veranstaltungsprogramm Mai 1975 (Sächsisches Staatsarchiv, Staatsarchiv Leipzig 21758, Kulturbund der DDR, Fachgruppe Stadtgeschichte Leipzig, Nr. 16).

FACHGRUPPE STADTGESCHICHTE IM KULTURBUND DER DDR

Veranstaltungsprogramm
M a i   1 9 7 5

Liebe Heimatfreunde!

Wir laden Sie hiermit zu unseren nachfolgenden Veranstaltungen ein und hoffen, Sie auch dabei begrüßen zu können.

Mittwoch, 7. 5. 1975, 17,00 Uhr, Altes Rathaus, I.Stock: 143 KMU-Hochhaus
 "Alexander Nikolajewitsch Radistschew, seine Zeit und wir".
 Vortrag von Herrn Prof.Dr.sc. Erhard H e x e l s c h n e i d e r ,
 Karl-Marx-Universität Leipzig.   Eintritt: M 1.55, für Ermäßigungsberechtigte M 1.05, für Fachgruppenmitglieder M 0.75.

Sonnabend, 10. 5. 1975, 15,00 Uhr:
 "Unser Südfriedhof".
 Ein stadtkundlicher Rundgang mit Heinz V o i g t .
 Treffpunkt: Eingang Friedhofsweg.   Teilnehmergebühr: M 1.--.

Mittwoch, 21. 5. 1975, 19,00 Uhr, Schillerhaus, Menckestraße 42.
 Aus der Geschichte der Stadt Leipzig.
 Vortrag von Frau Hermine R o s e n k r a n z über
 "Friedrich Schiller und Leipzig" mit Besichtigung des Schillerhauses.
 Gemeinschaftsveranstaltung Stadt-archiv Leipzig, Kulturbund der DD,
 Fachgruppe Stadtgeschichte und Leipzig-Information.
 Eintritt: M 1.05, Ermäßigungsberechtigte gegen Ausweis M 0.50.

Veranstaltungsreihe "Bauernkrieg" in der Tagespresse zu ersehen.

Zur Beachtung! Im Foyer des Staatsarchivs Leipzig, Dimitroffplatz 1 findet bis Mitte Mai 1975 eine interessante Dokumentenausstellung zum deutschen Bauernkrieg und bäuerlichen Klassenkampf im Bezirk Leipzig 1525 bis 1790 "Die Macht soll gegeben werden dem gemeinen Volk" statt.

Vorankündigung!   **Sonntag, 15. 6. 1975.**
Kulturfahrt nach dem 700-jährigen Colditz – Denkmale der Geschichte,
Baukunst und Natur in und um Colditz. Ltg.: Karl-Heinz Kretzschmar.
Eine kulturhistorische Excursion mit Herrn Rudolf P r i e m e r ,
Direktor des Kreismuseums Grimma.
Abfahrt: 8,49 Uhr Hbf., Sonntagsrückfahrkarte lösen. Bitte Sommerfahrplan beachten! Treffpunkt: 10,15 Uhr Bhf.Colditz. Rückfahrt ca.18,00 Uhr.
Teilnehmergebühr: für Fachgruppenmitglieder M 7.50, für Nichtmitglieder M 8.50 einschließlich Mittagessen.
Anmeldungen bis 2. 6. 1975 montags von 16,00 bis 19,00 Uhr im Alten Rathaus, Salzgäßchen.

Fachgruppe Stadtgeschichte
im Kulturbund der DDR

Fachgruppe Stadtgeschichte im Kulturbund der DDR, 701 Leipzig, Markt 1   Promediendienst Leipzig 5227

III/18/71 LpG 876/74

23. 25 Jahre Leipziger Fachgruppe Stadtgeschichte im Kulturbund der DDR (1973 – Ausschnitt). (Sächsisches Staatsarchiv, Staatsarchiv Leipzig 21758, Kulturbund der DDR, Fachgruppe Stadtgeschichte Leipzig, Nr. 4).

25 Jahre Leipziger Fachgruppe Stadtgeschichte im Kulturbund der Deutschen Demokratischen Republik

Am 7. April 1973 führte die Leipziger Fachgruppe Stadtgeschichte im Kulturbund der DDR aus Anlaß ihres 25jährigen Bestehens im Leipziger Klub der Intelligenz eine Festveranstaltung durch, an der 140 Bundesfreunde und Gäste teilnahmen.

Dieses 25jährige Fachgruppenjubiläum soll Anlaß sein, auf die Entwicklung einer der ältesten und rührigsten Leipziger Kulturbundgruppen zurückzublicken.

Die Fachgruppe Stadtgeschichte ist die größte Kulturbundgruppe im Bezirk Leipzig, in der sich 120 geschichtlich interessierte Bürger unterschiedlicher Berufsgruppen und einige Fachhistoriker zusammengefunden haben.

Hauptgegenstand der Fachgruppenarbeit ist die Geschichte der Stadt Leipzig von den Anfängen bis zur Gegenwart, wobei sich die Fachgruppe aber nicht nur auf die Lokalgeschichte beschränkt, sondern den Blick für größere geschichtliche Zusammenhänge zu weiten und durch Vergleiche Regionalgeschichte in größerem Rahmen zu betreiben versucht. Neben reger stadtgeschichtlicher Vortragstätigkeit und der Durchführung von Kulturfahrten, bei denen wertvolle Kenntnisse über die Leipziger Heimat vermittelt werden, gehören die Tätigkeit einiger Arbeitsgemeinschaften und die Forschungsarbeiten einzelner Bundesfreunde über spezielle stadtgeschichtliche Themen zum festen Bestandteil. Seit ihrer Gründung hat sich die Fachgruppe ohne Unterbrechung kontinuierlich entwickelt. Sie arbeitete eng zusammen mit dem Museum für Geschichte der Stadt Leipzig, dem Stadt- und Staatsarchiv Leipzig und verschiedenen Institutionen der Karl-Marx-Universität. Anfang 1973 wurde mit dem Direktor des Museums für Geschichte der Stadt Leipzig, Dr. Wenzel,

eine Vereinbarung abgeschlossen, die für die weitere gute und seit 25 Jahren bewährte Zusammenarbeit die Grundlage bildet.

Die Anfänge der Fachgruppe reichen in das Jahr 1946 zurück.

Durch Zufall wurde eine Notiz aus dem Jahre 1947 über die Gründungsversammlung eines Arbeitskreises Stadtgeschichte und eine Mitgliedskarte vom Jahre 1948 entdeckt. Eine Umfrage unter Mitgliedern erbrachte weitere Einzelheiten. Für die Bereitstellung wertvoller Unterlagen aus dem Archiv ihres Mannes ist Frau Behrends und für wichtige Hinweise dem ehemaligen Vorsitzenden, Dr. Füßler, zu danken.

Bereits 1946 waren im Leipziger Stadtgeschichtlichen Museum Bestrebungen im Gange, eine Arbeitsgemeinschaft zu gründen. Es wurden Verbindungen mit stadtgeschichtlich interessierten Bürgern aufgenommen, und am 6. Dezember 1946 fand die erste Aussprache über den geplanten Arbeitskreis Stadtgeschichte statt. Im Kulturbundhaus Käthe-Kollwitz-Straße wurden vorbereitende Zusammenkünfte durchgeführt, und am 12. September 1947 erschien eine Aufforderung des Volksbildungsamtes zur Gründung einer Arbeitsgemeinschaft für die Stadtgeschichte Leipzigs. In der vom damaligen Leiter des Stadtgeschichtlichen Museums, Prof. Dr. Günther, unterzeichneten Einladung zur konstituierenden Versammlung wurde u. a. mitgeteilt, „daß auf Grund der Zeitungsnotiz die Meldungen zur Arbeitsgemeinschaft für die Stadtgeschichte Leipzigs in großer Zahl eingegangen sind. Unter den Interessenten befinden sich erfreulicherweise zahlreiche Mitglieder des ehemaligen Vereins für die Geschichte Leipzigs. Besonders dankenswert ist die

24. Die Fachgruppe Stadtgeschichte im Kulturbund der DDR fühlt sich auch den fortschrittlichen Traditionen des einstigen Vereins für die Geschichte Leipzigs verbunden (1973) (Sächsisches Staatsarchiv, Staatsarchiv Leipzig 21758, Kulturbund der DDR, Fachgruppe Stadtgeschichte Leipzig, Nr. 166).

Was will die Fachgruppe Stadtgeschichte des Deutschen Kulturbundes ?

persönliches Erlebnis - Leiterin eines Museums bei Besuch der
                        Fachgruppe - Frage nach Vorsitzenden ?
Feststellung des Präsidialrates - "Jeder, der sich im Kultur
bund betätigt, soll daran seine Freude haben! "
Sozialistische Heimatkunde = echte schöpferische Freizeit-
                        betätigung   - inhaltvolle Erholung
                                      - Erwerb von Kenntnissen
                                      - schöpferische Betätigung
deshalb Durchführung unserer Tätigkeit unter dem Motto:

Lerne Leipzig kennen!

Lerne Leipzig lieben!

durch die Veranstaltungen der Fachgruppe Stadtgeschichte im Deutschen Kulturbund Leipzig
- Interessante Vorträge über Geschichte und Gegenwart unserer Stadt Leipzig
- gemeinsame Museumsbesuche
- Stadtexkursionen
- Kulturfahrten in Leipzigs Umgebung

bietet Ihnen die Fachgruppe Stadtgeschichte seit über 15 Jahren. Außerdem besteht die Möglichkeit der Mitarbeit in Arbeitsgemeinschaften.

Fachgruppenarbeit beruht auf den fortschrittlichen Traditionen
des ehem. Vereins für die Geschichte Leipzigs, der im Dez. 1867
entstand - Begründer des Museums für die Geschichte der Stadt
Leipzig - Sammlungen -   nach Gründung des Deutschen Kulturbundes
Bildung der Fachgruppe Stadtgeschichte - ca. 130 Mitglieder.

— einige Auszüge aus der Arbeit im Lichtbild —

Einladung zu Veranstaltungen der nächsten Zeit

          24. Mai   25. Juni

25. Fachgruppe Stadtgeschichte Leipzigs (1980). (Sächsisches Staatsarchiv, Staatsarchiv Leipzig 21758, Kulturbund der DDR, Fachgruppe Stadtgeschichte Leipzig, Nr. 2).

FACHGRUPPE STADTGESCHICHTE LEIPZIG

Geschäftsstelle: 7o1o Leipzig Markt 1 (Bibliothek des Museums für Geschichte der Stadt Leipzig - Altes Rathaus Eingang Salzgäßchen)

Öffnungszeiten: 1. und 2. Montag des Monats von 17-19 Uhr

Postscheckkonto Leipzig 7499 - 51 - 52227

Vorsitzender: Wolfgang Grundmann 7o22 Leipzig Dinterstraße 18

Stellvetretende Vorsitzende: Heinz Voigt 7o5o Leipzig
Riebeckstraße 29

Kurt Pannicke 7o22 Leipzig
Otto-Nuschke-Straße 4o a

Kassiererin: Charlotte Bemmann 7o39 Leipzig Bruno-Plache-Str.6/23o

Mitgliederstand am 1. Juli 198o: 153 ordentliche Mitglieder
21 Spendenmitglieder

Die Fachgruppe Stadtgeschichte besteht seit 6. Dezember 1947.

Arbeitsgegenstand sind die Geschichte, Gegenwart und Zukunft der Stadt Leipzig, wobei sich die Arbeit nicht nur auf lokale Ereignisse beschränkt, sondern diese in Verbindung mit der Regionalgeschichte des gesamten Leipziger Raumes gebracht und in größere geschichtliche Zusammenhänge eingeordnet werden.
In diesem Rahmen widmet sich die Fachgruppe sowohl der politischen Geschichte und örtlichen Arbeiterbewegung als auch der Vor- und Frühgeschichte, Kulturgeschichte, Kunstgeschichte, Architektur und bildenden Kunst.

Arbeitsformen:
1. Die Fachgruppe sieht ihre wesentliche Aufgabe darin, durch Vermittlung regionalgeschichtlicher Kenntnisse die Leipziger Bürger mit ihrer Heimat bekannt zu machen und damit zur Herausbildung von Heimatliebe und Heimatbewußtsein beizutragen. Auch die Propagierung des Denkmalpflegegedankens ist schon seit der Gründung der Fachgruppe ein wichtiges Anliegen.
Die Fachgruppe veranstaltet ganzjährig Lichtbildervorträge im Festsaal des Alten Rathauses, Stadtführungen, gemeinsame Museums- und Ausstellungsbesuche und schon seit 25 Jahren in den Sommermonaten Kulturfahrten in andere Städte und historisch bemerkenswerte Orte vorwiegend des sächsisch-thüringischen Raumes. Eine gesellige Veranstaltung (Konzert, Kulturveranstaltung) vereint alle Mitglieder und Freunde der Fachgruppe jeweils zum Jahresende.
2. Innerhalb der Fachgruppe arbeiten Bundesfreunde an stadtgeschichtlichen Forschungsthemen, insbesondere an der Erforschung der Geschichte der Leipziger Vororte, und treffen sich zu Erfahrungsaustauschen in kleinem Kreise.
3. Mit einer Vielzahl von Veröffentlichungen in der Leipziger Tagespresse wendet sich die Fachgruppe mit stadtgeschichtlichen Themen an die Leipziger Bevölkerung.

Die Fachgruppe gibt gedruckte Monats- und Jahresprogramme heraus, die allen Interessenten auf Wunsch regelmäßig zugesandt werden.
Alle Veranstaltungen sind öffentlich. Gäste sind jederzeit herzlich willkommen.

Leipzig, den 5. Juli 1980

W. Grundmann

Quellen- und Literaturverzeichnis

Stadtarchiv Leipzig, Verein für die Geschichte Leipzigs (eine grundlegende Orientierung bietet hier zunächst das 1968 erarbeitete und im Archiv einsehbare Findbuch von Manfred Unger und Christine Rothe)

Sächsisches Staatsarchiv, Staatsarchiv Leipzig, 21758 Kulturbund der DDR, Fachgruppe Stadtgeschichte Leipzig

Stadtgeschichtliches Museum, Verein für die Geschichte Leipzigs

Berger, Beate, Geehrt und vergessen. Einige Anmerkungen zum 160. Geburtstag von Gustav Wustmann (1844–1910), in: Volker Schimpff und Wieland Führ (Hrsg.), Historia in Museo. Festschrift für Frank-Dietrich Jacob, Langenweißbach 2004, S. 23–31.

Dies., Stadtarchiv und Geschichtsverein in Leipzig. Partner in Vergangenheit, Gegenwart und Zukunft, in: Archivar. Zeitschrift für Archivwesen, 65. Jahrgang, Heft 4, 2012, S. 372–379.

Blumberg, Nora, Leipzig unterm Sternenbanner. Der Neuaufbau der Stadtverwaltung unter amerikanischer Besatzung, in: Ulrich von Hehl (Hrsg.): Stadt und Krieg, S. 461–495

Brunner, Detlef – Kenkmann, Alfons (Hrsg.), Leipzig im Nationalsozialismus. Beiträge zu Zwangsarbeit, Verfolgung und Widerstand, Leipzig 2016 (Quellen und Forschungen zur Geschichte der Stadt Leipzig, 13).

Bünz, Enno, Ein Landeshistoriker im 20. Jahrhundert. Rudolf Kötzschke (1867–1949) zwischen methodischer Innovation und Volksgeschichte, in: Enno Bünz (Hg.), 100 Jahre Landesgeschichte (1906–2006). Leipziger Leistungen, Verwicklungen und Wirkungen, Leipzig 2012 (Schriften des Vereins zur sächsischen Geschichte und Volkskunde, 38), S. 43–78.

Bünz:, Enno, 1000 Jahre Leipzig – der lange Weg zur großen Stadtgeschichte. Einführung, in: Geschichte der Stadt Leipzig. Bd 1: Von den Anfängen bis zur Reformation, hrsg. von Enno Bünz, Leipzig 2015.

Bürgerliches Leben in Leipzig im 18. und 19. Jahrhundert, hrsg. von Thomas Fuchs und Sylvia Kabelitz, Leipzig 2015.

Burleigh, Michael, Germany turns eastwards. A study of Ostforschung in the Third Reich. Cambridge University Press, Cambridge 1988.

Cottin, Markus, »... um es zu wahren und zu schützen« – Der Verein für die Geschichte Leipzigs und die Dorfkirchen, in: Stadtgeschichte. Mitteilungen des Leipziger Geschichtsvereins e. V. Jahrbuch 2/2003, S. 4–16

Czok, Karl (Hrsg.), Geschichte Sachsens, Weimar 1989.

Dahn, Otto (Hg.), Vereinswesen und bürgerliche Gesellschaft in Deutschland (Historische Zeitschrift, Beiheft 9), München 1984.

Franz, Doreen, Von Albertea bis Zöllnerverein – Die Leipziger Vereinslandschaft 1815–1914, in: Leipziger Almanach 2013/2014, Leipzig 2016, S. 207–234.

Giesel, Robert, Leipzigs nationalsozialistische Oberbürgermeister (1937–1945), in: Leipziger Stadtgeschichte, Jahrbuch 2011, S. 171–232.

Gränitz, Frauke, Daten und Fakten zur Leipziger Stadtgeschichte (Quellen und Forschungen zur Geschichte der Stadt Leipzig, 5), Leipzig 2013.

Grundmann, Wolfgang, 25 Jahre Fachgruppe Stadtgeschichte im Kulturbund der Deutschen Demokratischen Republik, in: Sächsische Heimatblätter 3, 1974.

Grundmann, Wolfgang - Wohlrath, Ernst – Haustein, Siegfried, Aus der Geschichte der Leipziger Stadtteile Eutritzsch, Schönefeld und Wahren, Leipzig 1983.

Grundmann, Wolfgang, Aus der Geschichte des Stadtteiles Leipzig-Eutritzsch, Leipzig 1985.

Grundmann, Wolfgang, 40 Jahre Wirken für die Leipziger Stadtgeschichte – ein Rückblick, in: 1165–1990: 825 Jahre Leipzig. Beiträge zur Stadtgeschichte, hrsg. von der Fachgruppe Stadtgeschichte im Kulturbund, Leipzig 1990, S. 82–93.

Härtrich, Diana u. a., Markkleeberg. Geschichte und Wandel. Markkleeberg 2009.

Hehl, Ulrich von, Krieg und Klassenkampf. Leipzig 1914–1918, in: Stadt und Krieg. Leipzig in militärischen Konflikten vom Mittelalter bis ins 20. Jahrhundert, hrsg. von Ulrich von Hehl, Leipzig 2014 (Quellen und Forschungen zur Geschichte der Stadt Leipzig, 8), S. 267–296.

Hein, Dieter, Soziale Konstituierungsfaktoren des Bürgertums, in: Lothar Gall (Hg.), Stadt und Bürgertum im Übergang von der traditionalen zur modernen Gesellschaft, München 1993, S. 151–181.

Heimpel:, Hermann, Geschichtsvereine einst und jetzt, Göttingen 1963.

Herde, Peter, Die gescheiterte Berufung Hermann Heimpels nach München (1944–1946), in: Sabine Arend u. a. (Hrsg.), Vielfalt und Aktualität des Mittelalters. Festschrift für Wolfgang Petke zum 65. Geburtstag, Bielefeld 2006 (Veröffentlichungen des Instituts für Historische Landesforschung der Universität Göttingen, 48), S. 695–737.

Hermann, Konstantin – Thieme, André, Sächsische Geschichte im Überblick. Texte, Karten, Grafiken, Leipzig 2013

Hochstetter, Susanne, Die Geschichte der Bibliothek des Stadtgeschichtlichen Museums zu Leipzig. Von den Anfängen bis zum Jahre 1953. Diplomarbeit an der HTWK Leipzig 1999.

Horn-Kolditz, Birgit, Leipzig im Bombenhagel, Leipziger Kalender, Sonderband 1998.

Dies., Die Nacht, als der Feuertod vom Himmel stürzte. Leipzig, 4. Dezember 1943. (Deutsche Städte im Bombenkrieg), Gudensberg-Gleichen 2003.

Dies., Alltag in Trümmern – Leipzig am Ende des Krieges, in: Ulrich von Hehl (Hrsg.), Stadt und Krieg. Leipzig in militärischen Konflikten vom Mittelalter bis ins 20. Jahrhundert, Leipzig 2014 (Quellen und Forschungen zur Geschichte der Stadt Leipzig, 8), S. 421–459.

Huth, Detlef – Kirste, Peter – Oehme, Ursula, Zwischen Anspruch und Wirklichkeit (1945–1961), in: Neues Leipzigisches Geschicht-Buch, hrsg. von Klaus Sohl, Leipzig 1990, S. 27–315.

Keiderling, Thomas, Aufstieg und Niedergang der Buchstadt Leipzig, Beucha 2012.

Keller, Katrin, Landesgeschichte Sachsen, Stuttgart 2002.

Kunz, Georg, Verortete Geschichte, Göttingen 2000.

Lehmstedt, Mark (Hrsg.), Leipzig brennt. Der Untergang des alten Leipzigs am 4. Dezember 1943 in Fotografien und Berichten, Leipzig 2003.

Ders., Leipzig wird braun. Das Jahr 1933 in Zeitungsberichten und Fotografien, Leipzig 2008.

Mannschatz, H.-Christian, Das Gedächtnis der Stadt Leipzig: Gustav Wustmann zum 150. Geburtstag, in: Leipzig Amtsblatt, Nr. 8 (18.4.1994).

Mommsen, Wolfgang, Bürgerliche Kultur und künstlerische Avantgarde. Kultur und Politik im deutschen Kaiserreich 1870 bis 1918, Frankfurt am Main 1994.

Müller, Anett, 125 Jahre Stadtarchiv? Die Gründung des Stadtarchivariats und statistischen Bureaus der Stadt Leipzig im Jahre 1867, in: Leipziger Kalender, Sonderband 2007/1.

Münkler, Herfried, Der Große Krieg. Die Welt 1914–1918, Berlin 2013.

Mundus, Doris, Das Alte Rathaus in Leipzig, Leipzig 2003.

Neitmann, Klaus, Willy Hoppe, die brandenburgische Landesgeschichtsforschung und der Gesamtverein der deutschen Geschichts- und Altertumsvereine in der NS-Zeit, in: Blätter für deutsche Landesgeschichte, Bd. 141/142, 2005/2006, S. 19 ff.

Neues Leipzigisches Geschicht-Buch, hrsg. von Klaus Sohl, Leipzig 1990.

Oehme, Ursula – Staude, Fritz, Leipzigs Aufstieg zur Großstadt (1871–1918), in: Ebd., S. 180–225.

Oehme, Ursula, Das Stadtgeschichtliche Museum Leipzig zwischen Gründung und Neubeginn, in: Wissenschaftliche Zeitschrift des Braunschweigischen Landesmuseums 2, 1995, S. 9–19.

Osterhammel, Jürgen, Die Verwandlung der Welt. Eine Geschichte des 19. Jahrhunderts, München 2009.

Paul, Alfred E. Otto, Der Neue Johannisfriedhof in Leipzig, Leipzig 2012.

Peschel, Andreas, Rudolf Haake und die Leipziger NSDAP, in: Stadtgeschichte, Mitteilungen des Leipziger Geschichtsvereins, Jahrbuch 2009, S. 133–152.

Reich, Ines, Carl Friedrich Goerdeler. Ein Oberbürgermeister gegen den NS-Staat, Köln-Weimar-Wien 1997.

Schlesinger, Joachim – Geier, Wolfgang, Gemeinschaften (Vereine) in Leipzig, Münster 1996.

Schreiber, Carsten, Die ›Ostkolonisationen‹ des SS-Obersturmführers Dr. Werner Emmerich. Als Landes- und Siedlungshistoriker in Leipzig, Bayreuth und Woroschilowsk, in: Neues Archiv für sächsische Geschichte 77 (2006), S. 119–173.

Ders., Als Historiker für die SS im »Osteinsatz«. Der Landes- und Siedlungshistoriker Werner Emmerich (1908–1968) als Vertreter der Generation der Sachlichkeit, in: Blätter für deutsche Landesgeschichte 141/142 (2005/2006), S. 449–473.

Schulze, Friedrich, Zur Erinnerung an Albrecht Kurzwelly, Leipzig 1917.

Sohl, Klaus, Sammeln, bewahren, vermitteln. Zum 75jährigen Bestehen des Museums der Stadt Leipzig, in: Leipzig: Aus Vergangenheit und Gegenwart, Bd. 3, Leipzig 1984, S. 184–231.

Speitkamp, Winfried, Landesgeschichte und Geschichtsvereine in der NS-Zeit, in: Blätter für deutsche Landesgeschichte, Bd. 141/142, 2005/2006, S. 1–18.

Stubbe La Luz, Helmut, »Die Arbeit in der gewohnten Form fortgesetzt«? Der Verein für Lübeckische Geschichte und Altertumskunde, die Bremische Historische Gesellschaft und der hansische Geschichtsverein in der NS-Zeit, in: Blätter für deutsche Landesgeschichte, Bd. 141/142, 2005/2006, S. 289–345.

Stadtgeschichtliches Museum Leipzig. 100 Jahre. Eine Revue in Bildern (Thema M 12), hrsg. von Volker Rodekamp, Leipzig 2009.

Stadtgeschichtliches Museum Leipzig. Leipzig original. Stadtgeschichte vom Mittelalter bis zur Völkerschlacht, hrsg. von Volker Rodekamp u. a., Leipzig 2006.

Stadtgeschichtliches Museum Leipzig. Das Alte Rathaus zu Leipzig, hrsg. von Volker Rodekamp. Altenburg 2004.

Stürmer, Michael, Das ruhelose Reich. Deutschland 1866–1918 (Siedler Deutsche Geschichte), Berlin 1994.

Wasserloos, Yvonne, Damnatio memoriae. Die städtische Kulturpolitik und die Demontage des Mendelssohn-Denkmals in Leipzig, in: Sabine Mecking – Andreas Wirsching: Stadtverwaltung im Nationalsozialismus. Systemstabilisierende Dimensionen kommunaler Herrschaft, Paderborn-München-Wien 2005 (Forschungen zur Regionalgeschichte 53), S. 139–179.

Weiß, Egbert, Hans Lipp, Helmut Weiß und Christoph Zeumer: Aktiv in der Monarchie. Leipziger Corpsstudenten 1807–1918. Lebensläufe der Leipziger Lausitzer. Festschrift zum 210. Stiftungsfest des Corps Lusatia, Neustadt an der Aisch 2017.

Wendehorst, Alfred, 150 Jahre Gesamtverein der deutschen Geschichts- und Altertumsvereine, in: Blätter für deutsche Landesgeschichte 2002, S. 1–63.

Zwahr, Hartmut, Leipzig im Übergang zur bürgerlichen Gesellschaft (1763–1871), in: Neues Leipzigisches Geschicht-Buch, hrsg. von Klaus Sohl, Leipzig 1990, S. 132–179.

Abbildungsverzeichnis

Abb. 1: Gasthaus »Stadt Frankfurt«, Fleischergasse. (Quelle: Stadtgeschichtliches Museum Leipzig, Sign. BB055065)

Abb. 2: Erstes handschriftliches Mitgliederverzeichnis des »Vereins für Geschichte Leipzigs. (Quelle: Stadtarchiv Leipzig, Verein für die Geschichte Leipzigs, Nr. 12, Bl. 002)

Abb. 3: Gasthaus Stadt Dresden, um 1860. Zeichnung von Adolf Eltzner. (Quelle: Stadtgeschichtliches Museum Leipzig, Sign. S0003735)

Abb. 4: Leipzig um 1890 – Marktplatz, Westseite. (Quelle: Stadtgeschichtliches Museum, Hermann Walter (1838–1909) - Inv.-Nr. 3285; Wikipedia)

Abb. 5: Die 1884 gegründete Firma entwickelte sich binnen eines Vierteljahrhunderts zur größten Baumwollspinnerei Kontinentaleuropas. (Quelle: unbekannt (Verleger: Eckert & Pflug Kunstanstalt Leipzig, 1909); Wikipedia)

Abb. 6: Leipzig, um 1890. (Quelle: Stadtgeschichtliches Museum, Inv.-Nr. 2675, Hermann Walter (1838–1909); Wikipedia)

Abb. 7: gedrucktes Programm und Statut des Vereins für die Geschichte Leipzigs, 1867. (Quelle: Stadtarchiv Leipzig, Verein für die Geschichte Leipzigs, Nr. 1, S. 1)

Abb. 8: Das Buchhändlerhaus um 1900 – Sitz des Börsenvereins von 1888 bis zur Zerstörung 1943. (quelle: Wikipedia)

Abb. 9: Handschriftliche Jahresrechnung des Vereins für 1909/1910. (Quelle: Stadtarchiv Leipzig, Kap. 35, Nr. 33, Bl. 6)

Abb. 10: Maschinenschriftliche Jahresrechnung 1915/1916. (Quelle: Stadtarchiv Leipzig, Verein für die Geschichte Leipzigs, Nr. 112, Bl. 052)

Abb. 11: Spendenaufruf des Vereins für die Geschichte Leipzigs zur Unterstützung seiner Sammeltätigkeit (1872). (Quelle: Stadtarchiv Leipzig, Verein für die Geschichte Leipzigs, Nr. 111, Bl. 001(2))

Abb. 12: Gedruckte Einladung zu einer Vorstandssitzung des Vereins für die Geschichte Leipzigs (1884). (Quelle: Stadtarchiv Leipzig, Verein für die Geschichte Leipzigs, Nr. 3, Bl. 17v)

Abb. 13: Ausschnitt aus den mit der Übergabe der Vereinssammlungen an den Rat verbundenen vertraglichen Bestimmungen. (Quelle: Stadtarchiv Leipzig, Verein für die Geschichte Leipzigs, Nr. 100, Bl. 074)

Abb. 14: Matthäikirchhof Leipzig, Beginn des Abrisses der barocken Bebauung 1909. (Quelle: Stadtgeschichtliches Museum Leipzig, Sign. F/7459/2005)

Abb. 15: Das Neue Rathaus kurz nach seiner Fertigstellung, 1905. (Quelle: Stadtgeschichtliches Museum, Inv.-Nr. 3300; Wikipedia)

Abb. 16: Auf der Sitzung der Finanzdeputation des Leipziger Rates wird am 23. Februar 1911 beschlossen, dem Verein für die Geschichte Leipzigs aufgrund der Kündigung seiner Räumlichkeiten Matthäi-Kirchhof 2 den Mietbeitrag der Stadt in bar zu erstatten. (Quelle: Stadtarchiv Leipzig, Kap. 6, Nr. 21, Reg. B)

Abb. 17: Mahnmal für die Gefallenen der Völkerschlacht bei Leipzig auf dem Nordfriedhof. (Quelle: Wikipedia)

Abb. 18: Haus »Zur Goldenen Fahne« mit Treppenturm (Lotterturm), Burgstraße 5. Aquarell von Karl Buchholz, 1940. (Quelle: Stadtgeschichtliches Museum, Sign. B 48/2)

Abb. 19: Altes Johannishospital, um 1880. (Quelle: Festschrift Kroker, Benndorf 1917)

Abb. 20: Handgeschriebenes Verzeichnis der Pflegschaften und der hierfür Verantwortlichen. (Quelle: Stadtarchiv Leipzig, Verein für die Geschichte Leipzigs, Nr. 3, Bl. 23v)

Abb. 21: Der Musiklehrer Ernst Elßig war für die erste Pflegschaft (Münzen, Medaillen und Siegel) verantwortlich. (Quelle: Stadtgeschichtliches Museum, Sign. Leb 2/7 d)

Abb. 22: Handschriftliches Verzeichnis der Zugänge für die Vereinssammlungen, 1871/1873. (Quelle: Stadtarchiv Leipzig, Verein für die Geschichte Leipzigs, Nr. 111, Bl. 020)

Abb. 23: Der Sammlungsvorsteher des Vereins für die Geschichte Leipzigs Martin Laemmel bedankt sich am 22. Juli 1892 beim Leipziger Rat für die Übersendung einer stadtgeschichtlich relevanten Urkunde. (Quelle: Stadtarchiv Leipzig, Kap. 35, Nr. 33, Bl. 192)

Abb. 24: Sammlungsraum im Alten Johannishospital. (Quelle: Festschrift Kroker, Benndorf, 1917)

Abb. 25: Plan der Ausstellungsräume im Alten Johannishospital. (Quelle: Fetschrift Kroker, Benndorf, 1917)

Abb. 26: – Handschriftliche Ordnung für den Vereinsdiener (Auszug). (Quelle: Stadtgeschichtliches Museum, Inv.-Nr. Bl. K.G5/3–10)

Abb. 27: Das Merzdorfsche Modell. (Quelle: Stadtgeschichtliches Museum, Inv.-Nr. F/3729/2005; Wikipedia)

Abb. 28 : Druckgrafisches Porträt von Adolph Mackroth. (Quelle: Deutsche Nationalbibliothek Leipzig, Deutsches Buch- und Schriftmuseum, BÖ-BI/P/1645)

Abb. 29: Der Universitätsgelehrte Wilhelm Stieda. (Quelle: Universitätsarchiv Rostock)

Abb. 30: Glückwunschschreiben des Rates der Stadt Leipzigs an den Verein für die Geschichte Leipzigs aus Anlass des 50jährigen Bestehens, 1917. (Quelle: Stadtarchiv Leipzig, Verein für die Geschichte Leipzigs, Nr. 115, Bl. 001, 002)

Abb. 31: Während der Inflation in Deutschland stieg die Unterstützung des Rates für den Verein für die Geschichte Leipzigs ins »Unermessliche«. (Quelle: Stadtarchiv Leipzig, Kap. 35, Nr. 33, Bl. 90)

Abb. 32: Grabplatte von Käthchen Schönkopf.)

Foto: Thomas Krzenck)

Abb. 33: Zusammensetzung des Vorstands des Vereins für die Geschichte Leipzigs (1926). (Quelle: Stadtarchiv Leipzig, Verein für die Geschichte Leipzigs, Nr. 23, Bl. 001)

Abb. 34: Urkunde für Rudolf Kötzschke anlässlich seiner Ernennung zum Ehrenmitglied des Vereins für die Geschichte Leiptzigs, 1930. (Quelle: Stadtgeschichtliches Museum, Dipl. A II/57)

Abb. 35: Ankündigung eines Vortrags von Otto Moser, November 1879. (Quelle: Stadtgeschichtliches Museum, Sign. Leb. 1/40b)

Abb. 36: Zusammenkunft in Erckels Keller (Weinhandlung im Souterrain der Alten Ratswaage, Markt 4) am 31.5.1899. (Quelle: Stadtgeschichtliches Museum, Sign. F0000666)

Abb. 37: Einladung zum Stiftungsfest (Hauptversammlung) des Vereins für die Geschichte Leipzigs 1903 (Stadtarchiv Leipzig). (Quelle: Stadtarchiv Leipzig, Verein für die Geschichte Leipzigs, Nr. 96, Bl. 109)

Abb. 38: Titelblatt von Band 1 der Vereinsschriften (1872). (Quelle: Universitätsbibliothek Leipzig)

Abb. 39: Auf dem u. a. nach Borna führenden Studienausflug am 7. September 1883 wurde auch das Schloss Thallwitz, zwischen Wurzen und Eilenburg gelegen, besucht. (Quelle: Stadtgeschichtliches Museum, Sign. F1007140)

Abb. 40: Auf dem gleichen Studienausflug wurde auch im Pfarrgarten in Prießnitz bei Borna Station gemacht (die abgebildeten Personen werden namentlich erwähnt). (Quelle: Stadtgeschichtliches Museum, Sign. GRO 12831)

Abb. 41: Urkunde des Vereins für die Geschichte der Stadt Leipzig anlässlich der Ernennung des Leipziger Oberbürgermeisters Dr. Karl Rothe (1865–1953) als Ehrenmitglied, 1930. (Quelle: Stadtgeschichtliches Museum, Sign. Dipl. B/III, 19)

Abb. 42: Artikel über einen Studienausflug des Vereins für die Geschichte Leipzigs im Leipziger Tageblatt vom 23. 9. 1887. (Quelle: Stadtarchiv Leipzig, Verein für die Geschichte Leipzigs, Nr. 70, Bl. 004)

Abb. 43: Der Augustusplatz in der NS-Zeit (1938). (Quelle: Stadtarchiv Leipzig, BA-1991–33038)

Abb. 44: Die »Gleichschaltung« des Vereins in der NS-Zeit. (Quelle: Stadtarchiv Leipzig, Kap. 35, Nr. 33, Bl. 139)

Abb. 45: Der NS-Stadtrat für Kultur Friedrich August Hauptmann (in der Mitte) auf einem Empfang in Berlin. (Quelle: Stadtarchiv Leipzig, Kap. 6, Nr. 125, Bd. 2, Bl. 132)

Abb. 46: NS-Bürgermeister Rudolf Haake. (Quelle: Stadtarchiv Leipzig, BA-1981–12333)

Abb. 47: Schreiben an den NS-Oberbürgermeister Walter Dönicke. 1937. (Quelle: Stadtarchiv Leipzig, Kap. 35, Nr. 33, Bl. 144)

Abb. 48: In der Neuen Leipziger Zeitung wurde am 30. März 1938 erneut über die »Umbildung« des Vereins für die Geschichte Leipzigs berichtet. (Quelle: Stadtarchiv Leipzig, Kap. 31, Nr. 15, Bh. 3, Bl. 031)

Abb. 49: Der Jurist, NSDAP-Politiker, SS-Gruppenführer und Leipziger Oberbürgermeister Alfred Freyberg (Quelle: Wikipedia)

Abb. 50: In einem Artikel in der Neuen Leipziger Zeitung vom 11. Januar 1939 wird über eine anzufertigende Stadtchronik berichtet. (Quelle: Stadtarchiv Leipzig, Kap. 31, Nr. 15, Bh. 3, Bl. 047)

Abb. 51: Leipzig bei Kriegsende – in der Burgstraße befanden sich kurz nach Gründung des Vereins für die Geschichte Leipzigs vorübergehend dessen Sammlungen. (Quelle: Stadtarchiv Leipzig, BA-1984–17707)

Abb. 52: Schreiben des Rates der Stadt Leipzig 1949 an Friedrich Schulze, in dem auf die Auflösung des Vereins für die Geschichte Leipzigs Bezug genommen und die Einziehung des Vermögens geregelt werden soll. (Quelle: Stadtarchiv Leipzig, Verein für die Geschichte Leipzigs, Nr. 57, Bl. 044)

Abb. 53: Ausweis des Kulturbundes der DDR. (Quelle: Archiv des Autors)

Abb. 54: Studienfahrt nach Pegau (1960). (Quelle: Sächsisches Staatsarchiv, Staatsarchiv Leipzig 21758, Kulturbund der DDR, Fachgruppe Stadtgeschichte Leipzig, Nr. 6)

Abb. 55: Heinz Voigt, »Leipziger Jahre. Aufzeichnungen aus einem reichen Leben.« (Privatdruck 1998) Quelle: Doris Mundus)

Abb. 56: Werbung für einen Beitritt zur Fachgruppe Stadtgeschichte. (Quelle: (Sächsisches Staatsarchiv, Staatsarchiv Leipzig, Sign. ergänzen))

Abb. 57: Ausschnitt aus der maschinenschriftlichen Übersicht der Arbeitsgemeinschaftsveranstaltungen 1964–1977. (Quelle: Sächsisches Staatsarchiv, Staatsarchiv Leipzig 21758, Kulturbund der DDDR, Fachgruppe Stadtgeschichte Leipzig, Nr. 2)

Abb. 58: Einladung zur 25-Jahrfeier der Fachgruppe Geschichte (1973). (Quelle: Sächsisches Staatsarchiv, Staatsarchiv Leipzig 21 758, Kulturbund der DDR, Fachgruppe Stadtgeschichte Leipzig, Nr. 4)

Abb. 59: Wolfgang Grundmann spricht auf der zentralen Delegiertenkonferenz der Gesellschaft für Denkmalpflege in Neubrandenburg (November 1981). (Quelle: Familie Grundmann. Aufnahme: Ulrike Rosenmüller)

Abb. 60: Veröffentlichungen der Fachgruppe Stadtgeschichte (Beispiele). (Quelle: Stadtgeschichtliches Museum)

Abb. 61: Faltblatt 1996 mit neuem Logo, entworfen vom Leipziger Grafiker Gerhard Raschpichler (1931–2011), eingelegt ein Aufruf an Schülerinnen und Schüler. (Quelle: Doris Mundus)

Abb. 62: Erster Tag der Stadtgeschichte 2008 im Stadtbad: Vereine stellen sich vor. Durch das Programm führte Karsten Pietsch als Bürgermeister Hieronymus Lotter. (Quelle: Dr. Beate Berger)

Abb. 63: Tag der Stadtgeschichte 2011 – Dr. Gerald Diesener, Geschäftsführer des Leipziger Universitätsverlages, präsentiert gemeinsam mit den Herausgebern Prof. Dr. Detlef Döring, und Dr. Jens Flöter den Band 2 der Reihe »Quellen und Forschungen zur Geschichte der Stadt Leipzig« zum Thema »Schule in Leipzig«. (Quelle: Leipziger Geschichtsverein/Stadtarchiv Leipzig, 2011, BA 2011, 43610)

Abb. 64: Tag der Stadtgeschichte im Jahre 2011 (Thema: Leipziger Wirtschaftsgeschichte). (Quelle: Leipziger Geschichtsverein/Stadtarchiv Leipzig)

Abb. 65: Flyer zum Tag der Stadtgeschichte 2008. (Quelle: Leipziger Geschichtsverein)

Abb. 66: Flyer zum Tag der Stadtgeschichte 2011. (Quelle: Leipziger Geschichtsverein)

Abb. 67: Flyer des Leipziger Geschichtsvereins. (Quelle: Leipziger Geschichtsverein)

Abb. 68: Cover des Jahrbuchs Leipziger Stadtgeschichte 2012. (Quelle: Leipziger Geschichtsverein)

Abb. 69: Aus Anlass seines 20-jährigen Wiederbestehens seit der Neugründung im Dezember 1990 dem Geschichtsverein gewidmete Übersicht über die im Sax-Verlag zwischen 1999 und 2009 erschienenen Mitteilungen und Jahrbücher. (Quelle: Sax-Verlag)

Abb. 70: Der Vorstand des Vereins 2009 im Thüringer Hof. Prof. Detlef Döring, Dr. Thomas Krzenck, Dr. Cathrin Friedrich, Dr. Beate Berger, Dr. Klaus Sohl, Thomas Staude (verdeckt), Dr. Gerald Kolditz, Thomas Bertz (v. l. n. r) (Foto: Doris Mundus)

Abb. 71: aktuelle Mitgliedskarte. (Quelle: Doris Mundus)

Abb. 72: Jahresprogramm 2017. (Quelle: Leipziger Geschichtsverein)

Orts- und Personenregister

Orte

Personen